JULES CHAVANON
ET GEORGES SAINT-YVES

JOACHIM MURAT

(1767-1815)

OUVRAGE COURONNÉ PAR L'ACADÉMIE DES SCIENCES

MORALES ET POLITIQUES

Deuxième édition.

PARIS

LIBRAIRIE HACHETTE ET Cⁱᵉ

79, BOULEVARD SAINT-GERMAIN, 79

1905

JOACHIM MURAT

(1767-1815)

635
8 Ln²⁷.
51700
A

8° Ln²⁷ 2224.I.

JULES CHAVANON
ET GEORGES SAINT-YVES

JOACHIM MURAT

(1767-1815)

*Je ferai mon chemin si Dieu et les balles
le permettent...*
(Lettre de Murat à un ami, oct. 1792.)

OUVRAGES COURONNÉ PAR L'ACADÉMIE DES SCIENCES
MORALES ET POLITIQUES

Deuxième édition.

PARIS
LIBRAIRIE HACHETTE ET Cie
79, BOULEVARD SAINT-GERMAIN, 79

1905
Tous droits réservés.

PRÉFACE

Le présent ouvrage a été soumis, sous une forme un peu différente au jugement de l'Académie des sciences morales et politiques, en 1903, et a obtenu le prix Bordin.

Les modifications qu'il a subies depuis pour l'impression, consistent simplement en ce que nous avons abrégé certains chapitres où l'histoire militaire aurait pu paraître trop détaillée pour une étude d'ensemble sur la vie d'un homme qui ne fut pas seulement général, mais prince d'Empire et roi. Nous avons aussi retranché bon nombre de documents inédits, recueillis dans divers dépôts d'archives, mais dont il n'était pas essentiel de mettre le texte sous les yeux du lecteur et nous n'en avons reproduit in extenso, le plus souvent en notes, que quelques-uns d'un intérêt spécial. Au cours du récit, nous en citons bien d'autres que les spécialistes retrouveront facilement en recourant aux sources que nous mentionnons en tête des chapitres[1].

[1] Nous sommes heureux de remercier ici MM. les archivistes des dépôts où nous avons travaillé. Tous ont facilité nos recher-

A part cela, le livre est le même que celui à qui le jugement de M. Chuquet et de ses savants collègues a été si favorable. Aussi croyons-nous ne pouvoir mieux faire que de reproduire, en manière d'introduction, la partie de son rapport où l'auteur de tant de beaux travaux sur la Révolution et l'Empire résume notre ouvrage.

L'auteur, écrit M. Chuquet[1], « a très bien montré le développement, le devenir de son héros.

Murat a d'abord des succès de club, il pérore, il intrigue, il change son nom en celui de Marat, il n'a pas de scrupules et ne recule pas devant le mensonge lorsque le mensonge doit lui servir. Il s'attache à Bonaparte. En Italie dans l'entourage du général, dans des expéditions, dans des missions il se forme aux pratiques du service d'état-major, au maniement des troupes, même à la diplomatie.

En Égypte, il réussit à se pousser au premier rang des hommes de tête et d'action qui sont désormais indispensables au vainqueur des Pyramides.

Au 18 brumaire, Bonaparte n'a pas de meilleur lieutenant, d'auxiliaire plus aveuglément soumis.

Voilà Murat beau-frère du premier Consul, et, après la seconde campagne d'Italie, il obtient un avancement prodigieux. Cependant il n'est pas satisfait, il cabale, il calomnie ses rivaux et il finit quoiqu'il n'ait pas les talents d'un général d'armée, par enlever un haut commandement. En 1805... il déploie les qualités d'un grand maître de la cavalerie, actif, audacieux, infatigable ; mais il est trop pressé dans

ches et ont mis à notre disposition, pour notre profit, leur compétence et leur érudition. MM. G. Espinas, aux Archives des Affaires étrangères et MM. Félix Brun et G. Martinien, au dépôt de la Guerre, ont particulièrement droit à notre reconnaissance.

[1] V. ce rapport dans « Séances et travaux de l'Ac. des sc. mor. et pol. », t. LX, 1903, 2e semestre p. 569, Picard, édit.

ses décisions, irréfléchi, téméraire ; il se lance à la légère, sans précaution aucune, et Napoléon lui reproche justement son étourderie ; la vanité, la gloriole l'emportent en Murat sur la prudence, et s'il défend ses intérêts avec une finesse gasconne, il montre quelque naïveté dans la conduite des affaires générales. Son rôle dans la campagne de 1806 est non moins brillant. Schleitz rappelle Wertingen, et la poursuite des Prussiens, cette poursuite fiévreuse, endiablée, extraordinaire, glorieusement terminée par la capitulation de Prenzlau et de Lübeck, efface certaines erreurs ambitieuses qu'il a commises dans l'administration du grand-duché de Berg. Ici se place un épisode important que l'auteur nomme le rêve polonais : « Quel général, dit-il, pouvait mieux que Murat, donner une bonne idée de la nature française à ces Polonais braves, chevaleresques, prompts à l'amitié, un peu frivoles et inconstants ?... Murat souhaite donc la résurrection de la Pologne qui lui promet un trône, et si les grandes dames raillent son accent cadurcien, ses airs de galantin et ses façons d'officier à bonnes fortunes plaisent à la petite noblesse, et les chefs de parti, comme Poniatowski, le désirent pour roi. Mais, malgré Hof et Eylau, Murat, qui porte déjà l'épée de Bathori, ne ceindra pas la couronne de Sobieski ; à l'entrevue du Niémen, Napoléon, le voyant arriver en grande tenue polonaise, le cingle d'une apostrophe mordante qui détruit ses dernières espérances : « Vous ressemblez à Franconi, allez mettre votre uniforme de général ».

Même déception en Espagne, Murat y montre énergie et résolution, il réprime l'insurrection de Madrid, il manœuvre avec habileté, il se tire de l'impasse où Napoléon l'a jeté, il en impose aux fiers hidalgos de Castille par ses allures de grand seigneur : il est persuadé que c'est son bien qu'il protége, qu'il travaille pour lui-même, que le trône va lui échoir. Napoléon lui donne à choisir entre Naples ou le Portugal, et Murat accepte Naples en versant des larmes de désappointement et de colère ! « La rapidité, remarque l'auteur, avec laquelle tel Napoléonide montait parfois aux plus hautes situations, donnait le vertige aux autres. Leur ambition croissait avec la fortune de leur chef. Ils en venaient à tout envier, à tout réclamer comme un dû. En 1800, Murat s'agite furieusement, sans mesures et sans tact, pour avoir le titre et le rang de général d'armée. Après la campagne de 1805, il est presque honteux de n'être que grand-duc, quand ses beaux-frères deviennent rois. En 1808, le royaume de Naples, qu'il aurait sollicité à genoux trois ans plutôt, lui semble une récompense dérisoire de ses services ». Suivent d'intéressants détails sur la royauté napoléonienne de Murat.

L'auteur ne croit pas, comme Botta, que son héros ait établi le régime de la soldatesque, et il prouve que l'administration civile confiée à Agar, l'ami et intendant de Murat et son homme de confiance, fut, sinon originale et réformatrice, du moins sage et souvent bienfaisante. Mais un véritable conflit éclate entre le roi et l'empereur. Napoléon entend que Murat reste son subordonné et lui impose les charges financières les plus lourdes. Murat regimbe ; il refuse d'être le gendarme de Napoléon et il cherche l'appui des nationaux ; il dit lui-même qu'il est, comme Français et soldat, le sujet de l'empereur, et que, comme roi de Naples, il prétend à une parfaite indépendance. La campagne de Russie lui fait un instant oublier sa royauté. Il y montre parfois, comme au combat de Witebsk, trop d'impétuosité. À Krasnoé, il laisse en arrière sa belle artillerie légère et n'obtient qu'un demi-succès. C'est que la poursuite des Russes énerve, agace cette âme mobile et téméraire ; il chasse, non plus, comme à Ulm ou à Prenzlau, un ennemi démoralisé qu'il sabre à plaisir, mais un adversaire aguerri, toujours formidable, et qui se retire avec une méthode rigoureuse.

Après le désastre, il recueillit le commandement, et l'on sait qu'il partit pour Naples, le 16 janvier 1813, malgré les supplications de Berthier et de Daru. Pourtant, quelques mois plus tard, il revient à la grande armée, et à Dresde, à Leipzig, il dirige et guide de nouveau, non sans éclat, la cavalerie française.

Bientôt il se tourne contre Napoléon, s'allie à l'Autriche, se fait duper, et, comme le montre l'auteur, ses louvoiements, ses désirs inquiets, ses hésitations, ses pas en avant et ses retours continuels finissent par mécontenter tout le monde. Menacé en 1815, sûr d'être abandonné de l'Autriche au premier prétexte, entraîné par les émissaires italiens, il déclare précipitamment la guerre; il est vaincu, renversé. Veut-il lorsqu'il débarque à Pizzo, tenter une restauration ? Non : l'auteur est d'avis que Murat renonçait alors à son entreprise, qu'il s'arrêtait à Pizzo pour prendre des provisions et trouver un bâtiment d'un plus fort tonnage; mais il veut débarquer en roi et il revêt un uniforme : jusqu'au bout, l'homme de la parade! Le jugement final du biographe peut être accepté sur presque tous les points : « Ce brave était fait pour être soldat, et rien d'autre. »

Il ne nous reste qu'à espérer que le public ratifiera l'appréciation de M. Chuquet. Puisse-t-il, comme l'éminent historien, trouver ce livre dans son « ensemble, net et clair », le lire « d'un bout à l'autre sans ennui ni fatigue », déclarer aussi nos jugements « équitables » et reconnaître que nous n'avons pas en vain recherché la plus complète impartialité.

J. C. et G. S.-Y.

Paris, juillet 1904.

JOACHIM MURAT

CHAPITRE I

LES ANNÉES DE JEUNESSE

Entre les riches et fertiles plaines qu'arrosent à leur confluent la Garonne, le Tarn et l'Aveyron et les terres élevées, froides et plutôt ingrates du haut Limousin et et de la haute Auvergne s'étend une région qui n'est déjà plus le centre de la France et qui n'est pas encore le Midi : le Quercy. La vallée du Lot orientée de l'est à l'ouest le coupe en deux parties et sépare le bas Quercy, situé presque tout entier dans le département de Tarn-et-Garonne, du haut Quercy qui forme les deux tiers du département du Lot : pays de collines pierreuses, de plateaux arides et de vallées profondes où sourdent avec un air de mystère les eaux pluviales absorbées par les couches superficielles du rebord élevé des rives. Sur les plateaux dénudés des Causses, vrais bancs de calcaire où les arbres sont rares, le vent souffle avec rage et les hivers sont rigoureux; l'été, le soleil darde

SOURCES IMPRIMÉES. — Lumbroso, *Correspondance de Joachim Murat*. — Comte MURAT, *Murat lieutenant de l'Empereur en Espagne*. — Fr. Masson, *Napoléon et sa famille*, t. I. — Marbot, *Mémoires*, t. I. — Lamartine, *Histoire de la Restauration*. — ZIVY, *Le 13 vendémiaire an III*. — Barras, *Mémoires* (éd. Duruy). — Fain, *Manuscrits de l'an III*.

SOURCES MANUSCRITES. — Archives administratives du Ministère de la guerre, dossier personnel de Murat.

d'impitoyables rayons et réduit le sol en une poussière
fine qui s'élève comme une buée et donne aux hommes
et aux choses un ton uniforme de grisaille. Le Quercy
est le prolongement du Rouergue, avec quelques-unes
des conditions climatériques de l'Auvergne occidentale.
Le roc blanchâtre est percé d'avens et ressemble à un
vaste crible. Pas une goutte d'eau de pluie ne peut
séjourner et former une réserve. Le sol boit tout et
le transmet aux habitants favorisés des vallées infé-
rieures. Les herbages sont secs, rugueux, tout au plus
dignes du coup de dent des moutons et propres à satisfaire les caprices gastronomiques des chèvres. Çà et là
cependant, dans des trous en entonnoirs, s'entasse la
terre végétale en masse profonde et noirâtre : terrain
de culture de premier ordre où prospèrent les plantes
qui exigent une véritable richesse du sol. Mais ces
oasis sont en somme rares et la vie est rude sur les
causses de Gramat, de Martel ou de Limogne.

Au contraire, dans les vallées, les rivières serpentent
capricieusement, entraînant toutes les eaux que n'a pu
retenir le causse. Les villages blottis frileusement dans
quelque anfractuosité de la rive souvent à pic, s'y
abritent du vent d'hiver; sur quelques collines moins
escarpées, la vigne prospère, égayant les coteaux : elle
donne — ou plutôt donnait avant l'invasion noire du
phylloxéra — des vins chauds et toniques que l'Europe
et l'Amérique ont savourés sous le nom de vins de
Bordeaux.

La race qui habite une telle contrée ne peut être
qu'une race mixte. Des gens du Rouergue et de l'Auvergne, ses voisins du nord et de l'est, elle a la vigueur
physique et l'endurance, la ténacité et aussi la lenteur
de conception; elle emprunte aux Gascons et aux
Languedociens auxquels elle touche au sud et à l'ouest,

quelques éclairs de bonne humeur et de gaieté, un peu
d'insouciance et pas mal de vantardise et de suffisance.
Le Quercy n'a guère donné naissance à des penseurs et
à des philosophes; le génie des grands artistes n'a pas
souvent non plus éclos sur son sol, mais il a fourni à la
France de vaillants soldats, depuis les intrépides capitaines de la guerre de Cent Ans et les persévérants
lutteurs des guerres religieuses jusqu'à Bessières et son
contemporain, notre héros, Joachim Murat. Bons compagnons, moins taciturnes que les Auvergnats, sociables et communicatifs, les soldats du Quercy ont doublé
leur finesse de caussenards de la rouerie gasconne; ils
savent « recoudre »... et à leur profit; Bessières l'a
prouvé aussi bien que Murat, et Lannes, le gascon de
Lectoure, a trouvé en ce dernier un sérieux partenaire.
Bessières était originaire de Prayssac, au rebord de la
vallée, pays de bon vin; Murat, de la Bastide-Fortunière
(aujourd'hui, la Bastide-Murat) village du haut Quercy,
en pleins causses. Sa famille y était enracinée depuis
plusieurs siècles. Cependant, chez lui, le méridional
l'emporte sur l'homme du centre. On le croirait plutôt
né dans la vallée riante que sur les plateaux nus. C'est,
croyons-nous, que l'éducation a développé ses instincts
sociables. Tout jeune, il quitta le pays natal pour
étudier à Cahors, patrie de Marot « l'élégant badi-
nage », et de Gambetta « la verve intarissable », puis à
Toulouse, capitale des lettres gasconnes et centre de
toutes les exubérances. Sa première garnison fut Carcassonne, dont le nom seul chante et où la mélancolie
ne fut jamais de mode. Le milieu occasionnel a exercé
sur son caractère une action au moins égale à celle du
milieu héréditaire. Celui-ci influe exclusivement, au
contraire, sur le frère de Joachim, André, qui, demeuré
à la Bastide, se montra toujours réfractaire à l'idée de

quitter le sol natal et se contenta, alors que Murat devenait roi, d'être le maire de son village — bel exemple de sagesse. André resta caussenard dans les moelles et conserva le type primitif de la famille.

La Bastide-Fortunière vit naître Joachim Murat, le futur roi de Naples, le 25 mars 1767. Il était baptisé le lendemain 26 et avait pour parrain Joachim Vidieu et pour marraine Jeanne Albesprit, sa cousine germaine. Son père, Pierre Murat, fils de Guillaume Murat et de Marguerite Herbeil, tous deux natifs de la Bastide, avait épousé le 22 février 1746, Jeanne Loubières, fille de feu Pierre Loubières et de Jeanne Vieillescazes; entre autres notables, Durand de Soyris avait signé comme témoin au mariage de Pierre Murat. Les Murat habitaient la Bastide dès le XVIe siècle; on trouve à cette époque un Guillaume Murat, procureur d'office, c'est-à-dire remplissant les fonctions de ministère public, près la justice seigneuriale; un autre Murat, François, était chapelain de l'abbaye de Marcillac. C'était une famille de cultivateurs, mais de cultivateurs aisés, allant de pair avec les gens d'église et les gens de robe. Pierre Murat eut douze enfants, dont trois garçons et trois filles survécurent; Joachim était le dernier né. De ses deux frères, l'aîné, Pierre, né en 1748, mourut à la fin de l'année 1792; le second, André, né en 1760, mort en 1841, vécut toujours, comme nous l'avons dit, à la Bastide. Les trois filles se marièrent également dans leur village : Jacquette à M. Samat, de Souloumès; Antoinette à M. Jean Bonafous, et Madeleine à M. Molinié.

Pendant ses premières années, Murat reçut l'éducation rustique des enfants du haut Quercy. Comme la plupart des aubergistes de campagne, son père était aussi cultivateur. Il donnait même plus de temps à ses terres qu'à son commerce dont il laissait la direction à sa femme. Quand le père était aux champs, c'est aux enfants qu'incombait le soin de s'occuper des chevaux des voyageurs. Le jeune Joachim devait s'acquitter avec plaisir de cette fonction et il gagna à la remplir le goût et la connaissance du cheval. Sa mère, « vieille paysanne catholique à qui son fils portera jusqu'à sa mort le plus affectueux respect », voulait faire de ce beau garçon à la physionomie douce et souriante, un prêtre. Dans ses rêves elle le voyait, la chance et quelque protecteur aidant, curé de la Bastide-Fortunière. Quel honneur pour la famille ! Aussi, comme on lui recommandait d'être attentif aux leçons qui lui étaient données à l'école du village et chez le curé qui, sans doute, essayait de lui inculquer les premiers rudiments du latin, entre deux pansages de chevaux ou deux séances aux champs ! Par protection, l'enfant obtint de bonne heure une bourse au collège Saint-Michel, à Cahors : il entrait dans sa dixième année. Du collège Saint-Michel, il passa au séminaire des Lazaristes, à Toulouse, où il prit le petit collet. Sans s'être montré précisément un latiniste capable de dépasser Rollin ou bien Lhomond, Murat, durant ses études, avait produit une bonne impression sur ses maîtres et on augurait bien de son avenir ecclésiastique. La science était sans étendue, mais le caractère était aimable et c'est une qualité qu'à la fin du xviiie siècle, le clergé prisait fort chez les jeunes gens qu'il recrutait.

La mère de Murat avait compté sans le tempérament et les aptitudes naturelles de l'enfant. Tandis qu'elle croyait son fils plongé dans l'étude de la somme de saint Thomas d'Aquin et occupé à discuter les arguments du diable contre l'existence de Dieu, le jeune homme songeait à ces jolis chevaux qu'il avait si souvent menés pendant son enfance. Comment avec le collet et le rabat, donner cours à cette passion presque irrésistible du cheval qui le possédait? Et puis, l'uniforme de soldat ne ferait-il pas mieux valoir la bonne mine et la prestance qu'on s'accordait à lui reconnaître?

Précisément, les chasseurs des Ardennes passaient à Toulouse pour se rendre d'Auch à Carcassonne, leur nouvelle garnison. Joachim s'échappe du séminaire des Lazaristes et, en se gardant bien de consulter sa famille, s'engage le 23 février 1787, dans la compagnie de Niel, appelée plus tard les chasseurs à cheval de Champagne, et le 12ᵉ régiment de chasseurs à cheval. Murat avait alors, d'après son livret, cinq pieds, six pouces, deux lignes : un beau cavalier! La famille de Murat eut beau intervenir auprès de l'intendant du Languedoc, M. de Ballainvilliers, qui écrivit au maréchal de Ségur, elle ne put obtenir que le fugitif fût mis en congé absolu et rejoignît le foyer paternel.

De Carcassonne, le régiment fut ensuite envoyé à Schelestadt. Grâce à son instruction rare parmi ceux qu'embauchaient les sous-officiers recruteurs, Murat devint rapidement maréchal des logis. Malheureusement l'ancien petit abbé crut devoir se poser en casseur d'assiettes et frayer tout de suite avec cette clique décrite si pittoresquement par Marbot. Une mauvaise affaire, sur laquelle nous n'avons pas de renseignements précis mais à laquelle on ne peut rien attribuer de déshonorant, le força à quitter l'armée en 1789 et à rentrer tout penaud à la Bastide. L'enfant prodigue fut plutôt mal accueilli : il n'avait pas voulu être prêtre et n'avait pas su rester soldat, tout cela n'était guère fait pour excuser son escapade.

On lui conseilla d'aller gagner sa vie comme il l'entendrait.

En cherchant bien, Murat parvint à se faire engager en qualité de commis chez un mercier de Saint-Céré, et Marbot, dont la famille passait l'hiver dans les environs, eut souvent l'occasion de le voir apporter des marchandises chez sa mère.

Cette modeste situation allait-elle être pour lui une impasse sans issue? La Révolution, avec ses surprises quotidiennes devait lui fournir un moyen d'en sortir tout à fait conforme à son caractère et à ses penchants. Tous les cantons de la France devaient envoyer à Paris un député de leur garde nationale pour assister à la fête de la Fédération, le 14 juillet 1790. La famille Murat était bien considérée; Joachim avait servi deux ans dans la cavalerie; il donnerait aux Parisiens une bonne idée des gardes nationales du Quercy : le canton de Montfaucon le choisit donc sans difficulté comme délégué. On lui marchanda l'indemnité de route et Murat dut insister pour obtenir le remboursement des avances qu'il avait faites. Il rappela à « MM. les administrateurs du département du Lot l'état dur où il se trouvait, ayant mangé son patrimoine, pour qu'ils lui assurassent le moyen d'opérer son remboursement. » L'administration, « ouï M. le procureur général syndic, décidait qu'il serait payé provisoirement audit sieur Murat, par le district de Gourdon, la somme de cent livres imputable sur le traitement ou indemnité qui lui serait accordé ».

Les gardes nationaux du canton de Montfaucon avaient eu raison d'escompter la bonne impression que produirait Murat, et le beau sous-officier ne s'était pas trompé non plus en espérant tirer avantage de cette mission. Il fut choisi le 8 février 1792, ainsi que son compatriote Bessières, pour faire partie de la garde constitutionnelle que l'Assemblée législative donnait au

roi Louis XVI. Ce corps spécial recruté surtout parmi
la haute et la moyenne bourgeoisie avait des opinions
très peu avancées : il eût voulu que la Révolution
s'arrêtât à l'étape marquée par l'Assemblée constituante.
Murat, enfant du peuple, se sentait dépaysé en ce
milieu nouveau pour lui; peut-être y subit-il quelque
froissement d'amour-propre, étant sans fortune et
d'éducation campagnarde gâtée encore par le séjour au
régiment de Carcassonne. Méridional désireux d'arriver,
il se serait bien gardé de ne pas se mettre du côté d'où
venait le vent. Non seulement il se retira de la garde
constitutionnelle, dès le 4 mars, mais en partant, il
dénonça au Comité de surveillance de l'Assemblée
législative l'incivisme de ce corps. Il accusait son
lieutenant-colonel Descours d'avoir tenté de l'embau-
cher pour l'armée de Coblentz. C'était vil et habile.
Après cette sortie tapageuse qui l'eût fait mal noter en
d'autres temps, Murat obtenait de rentrer dans son
ancien régiment, le 12ᵉ chasseurs à cheval, alors en
garnison à Toul. Il y était nommé brigadier le 29 avril
et maréchal des logis le 15 mai.

Le portrait que trace de lui Lamartine, d'après les
indications de M. de Mosbourg, peut s'appliquer à cette
période de sa vie : « Sa taille était élevée, son buste
svelte, son cou dégagé, ses bras souples quoique fortement noués aux épaules, ses jambes bien fendues pour
embrasser le cheval, ses pieds bien arqués pour mordre
les pentes des montagnes, sa physionomie ouverte et
rayonnante, ses yeux bleus, son nez aquilin, ses lèvres
gracieuses, son teint coloré, ses cheveux châtains,
longs, soyeux, naturellement ondés, flottant sur ses
joues ou rejetés sur son col à la manière des Basques,
frappaient les yeux et gagnaient le cœur. »

Une lettre du 5 juillet 1792, écrite de Toul à son

frère aîné Pierre, est pleine d'intérêt. Murat y annonce d'abord qu'il « travaille à son avancement » : on va le nommer fourrier. Il dit aussi qu'il a été envoyé à Montmédy, « à trois lieues de Varennes où a été arrêté le Roy. Montmédy devait recevoir le Roy et notre Régiment devait le garder. J'ai vu l'appartement qu'on y avait préparé pour lui ». Un maréchal des logis n'est pas riche et Murat ne se borne pas raconter à son frère des faits historiques. Le futur roi rappelle à André qu'il lui a promis un louis... qu'il attend encore. Enfin le brillant chasseur à cheval est amoureux ; il a laissé son cœur au pays : Mion, une jeune fille d'une famille bourgeoise plus aisée que la sienne, l'a conquis tout entier ; hélas ! l'aimée — ou peut-être sa famille — ne semble pas apprécier à son juste prix la passion inspirée. La petite Mion a-t-elle su plus tard quelle carrière elle eût probablement entravée en se rendant aux ardentes déclarations du beau Murat, et que, si elle ne l'avait éconduit, le prétendant malheureux n'eût jamais gouverné le royaume de Naples et ne fût pas mort fusillé à Pizzo ? Murat d'ailleurs ne perd pas à cette époque tout espoir de persuader celle qu'il désire épouser et ses desseins de mariage ne préoccupent pas uniquement son esprit. Il a bien au moins autant le souci de sa carrière. Arriver est sans doute son principal objectif. Nommé sous-lieutenant à l'escadron franc attaché au 12ᵉ régiment de chasseurs, le 15 octobre 1792, il ne se sent pas de joie d'avoir obtenu le premier grade d'officier. Un vaste horizon s'ouvre devant lui et, avec l'assurance des hommes du midi confiants en eux-mêmes, il écrit à l'un de ses amis d'enfance : « Ma famille verra que je n'avais pas de grandes dispositions pour la prêtrise, mais j'espère avant peu lui prouver d'une manière plus positive que je n'avais pas tort de vouloir être soldat. Je ferai mon chemin si Dieu et les balles le permettent. » A la vérité, les bonnes grâces de son colonel l'encouragent à se fier à son étoile. M. d'Urre de Molans l'a pris en affection et ne le laisse pas végéter dans les bas grades : il ne reste que deux semaines sous-lieutenant ; le 31 octobre 1792 il est promu lieutenant, et capitaine à titre provisoire le 14 avril 1793. Le colonel d'Urre avait écrit un mois avant au ministère de la guerre pour lui demander de nommer Murat, alors lieutenant de chasseurs dans l'escadron qui devait être levé sous les ordres de Dumouriez, « à la seconde compagnie de cavalerie vacante en ce moment »; à la lettre était jointe une attestation de civisme signée des députés du département du Lot, dont Cavaignac. Lorsque M. d'Urre de Molans devint général de brigade, il prit Murat pour aide de camp. La sympathie qu'inspiraient la personne et l'humeur du jeune officier, le bel avenir qui lui semblait promis lui valurent cet honneur plutôt que ses mérites réels, puisqu'il ne s'était encore distingué dans aucun fait de guerre. Son régiment prend part vers ce temps au combat de Grandpré, à la bataille de Jemmapes et au combat de Saint-Trond, mais Murat ne doit pas avoir assisté à ces divers engagements, car on n'en trouve aucune trace dans sa correspondance. En février 1793, d'après une lettre à son père, nous voyons qu'il se trouve à Paris et qu'il va partir pour Arras où son régiment est en garnison ; le 15 février, il a soupé à Valenciennes avec le général Dampierre ; il parle de la reprise du camp de Famars, mais comme quelqu'un qui n'y était pas présent ; il donne ensuite son adresse à Hesdin : « le citoyen Murat, aide de camp du général d'Urre, commandant à Hesdin en Artois »; au mois d'avril, nous le retrouvons encore à Hesdin.

C'est pendant cette période que Murat perdit son frère aîné. Les termes dans lesquels il écrivit à son père après cet événement sont si ampoulés qu'on se demande s'il en ressentit un vrai chagrin. Il était plus simple quand il entretenait sa famille de ses espérances. Sa correspondance contient deux lettres envoyées à la Bastide à la même époque et dans lesquelles il parle de son avenir, vu son « courage » et ses « talents militaires ». S'il n'a été élu député, c'est la faute de sa modestie et de sa jeunesse. Il semble d'ailleurs le regretter : « avec mes bonnes intentions, écrit-il, et mon courage, j'aurais opéré plus de bien que plusieurs de ceux qui y sont. »

Dans le même temps il pense toujours à Mion. Il dit en février 1793 : « J'ai écrit à Mion. Entre nous quelles sont ses intentions? Je les ignore; dis-lui de me répondre de suite;... dis-moi si elle fréquente des jeunes gens. » Le dédain de ses attentions le fatigue pourtant. Bientôt, sa susceptibilité, particulièrement vive en amour, s'irrite, et en avril, comme Mion n'a pas encore répondu, il « s'en moque ».

Murat, si l'on en croit ses lettres, est plus fidèle à la République; il a adopté les idées du jour et l'ardeur qu'il professe pour elles grandit... en proportion de l'intérêt qu'il trouve à les défendre. En novembre 1792 : « Ne m'oubliez pas auprès de mes concitoyens, écrit-il, dites-leur que c'est leur intérêt que je défends, que c'est notre cause commune que je sers, etc. » Dans une autre lettre adressée à son père, il joue les Cincinnatus : il voudrait vivre près de ses vieux parents et, se consacrer « aux pénibles travaux de la charrue ». Le 23 avril, au lendemain de la trahison de Dumouriez, ses phrases deviennent plus sonores et le cavalier Murat se montre brillant élève du professeur de rhétorique du séminaire des Lazaristes. « Je vois avec joie le dévouement qui vous anime. Il est universel. Nos armées ont abandonné l'infâme Dumouriez du moment où elles l'ont reconnu traître. Je loue ton civisme et celui de nos braves et jeunes concitoyens ; mais qu'ils restent paisibles cultivateurs. Nos champs ont besoin de leurs bras. Que vous êtes heureux d'habiter votre contrée ! Elle est tranquille. Elle n'est pas exposée à toutes les horreurs de la guerre. Elle n'entend pas ces foudres destructeurs de nos semblables et notre terre n'est pas arrosée du sang de ces hommes égarés ou trompés qui sont peut-être dignes d'un meilleur sort. Ici, des villages entiers ont été mis en poudre ; ici, un cultivateur a vu le toit de sa chaumière s'écrouler, sa fille violée, ses enfants arrachés des bras de sa tendre moitié ».

De telles lettres faisaient sans aucun doute sensation à la Bastide et circulaient le soir, à la veillée, de maison en maison et de main en main, et les plus calmes habitants des Causses n'étaient peut-être pas les moins prompts à s'émerveiller des pompeuses gasconnades de leur compatriote. En tout cas, il ne faut pas s'étonner qu'un homme qui se sert d'un tel jargon se croit, à cette époque, mûr pour toutes les situations auxquelles peut conduire un régime parlementaire et de plus en plus démocratique.

Les événements avaient marché, en effet, et pour réaliser ses rêves ambitieux, il fallait à Murat d'autres protecteurs que ces généraux de la Constituante et de la Législative, comme d'Urre de Molans, dont les origines nobiliaires n'avaient pas tardé à faire autant de suspects. Au cours de ses pérégrinations dans le nord de la France, il rencontra un de ces aventuriers, qui opérèrent dans les armées de la République, ou plutôt à côté des armées de la République, après le premier et merveilleux élan de la défense nationale. Landrieux — c'était son nom — avait obtenu du conseil Exécutif, une commission pour lever dans les départements du nord un corps franc auquel il avait donné le nom de « hussards braconniers ».

La monographie de ces routiers ne serait qu'une histoire de brigands. En fait d'opération d'avant-garde, Landrieux ne songeait à leur demander que l'exploitation... de la bourse des ci-devant, et la franchise chez leur chef consistait à se faire pourvoyeur de la guillotine à gros bénéfices; toutefois il fallait donner à sa troupe une allure quelque peu militaire et Landrieux se savait parfaitement incapable de ce rôle d'instructeur. Murat, jeune, actif, beau garçon, séduisant de manières, assez disciplinaire pour dresser, autant que possible, les « braconniers », et assez naïf pour laisser les profits des opérations à Landrieux, lui sembla bien l'homme qu'il fallait mettre à leur tête. Sachant qu'il prendrait Murat par la vanité, il lui proposa donc le grade de chef d'escadron dans cette armée singulière. Murat s'empresse d'accepter. Landrieux écrit à Paris en vantant le civisme de son candidat et le 1er mai 1793, Murat est officiellement nommé chef d'escadron à titre provisoire. Il prend son rôle au sérieux et organise de son mieux les hussards. Il réussit même à les entraîner dans une véritable campagne. Il se bat « comme un diable aux avant-postes de Pont-à-Marcq et entre à Lille avec des hommes dont l'uniforme n'existe plus qu'à l'état de souvenir. » Il y attend des ordres pour se rendre à Dunkerque. Le 18 février 1794, nous le retrouvons dans ce port prêt à partir pour la Hollande. La manière d'agir exclusivement militaire de Murat n'avait pu satisfaire Landrieux. Le genre de bénéfice qu'il avait compté tirer de son chef d'escadron, n'avait pas,

à ce compte, rendu au gré de ses espérances, et la
brouille s'était bientôt mise entre le créateur des braconniers et son auxiliaire. En somme, Landrieux n'avait
pas vu le méridional dans l'enfant du Quercy : il était
dupé. Il avait cru trouver un complice désintéressé et
Murat avait travaillé pour son compte personnel, c'est-
à-dire sa réputation et son avenir de soldat. Il avait
organisé à Hesdin les 2e et 3e escadrons du régiment
(devenu le 21e régiment de chasseurs à cheval), pendant que Landrieux perquisitionnait et effectuait des
arrestations à Boulogne, à Abbeville. Il entendait bien,
après avoir été à la peine, être à l'honneur et devenir
le chef de brigade du nouveau régiment. D'où la lutte
acharnée entre les deux hommes. Murat fut accusé en
1794 d'être noble et le ministre Pache voulait le
destituer, prétendant qu'il appartenait à la famille de
Murat d'Auvergne. Le péril était grand et Murat écrit
lettres sur lettres à ses parents à ce sujet, pour obtenir
des papiers justificateurs. Enfin la députation du département du Lot lui délivre un certificat attestant son origine roturière. Rassuré de ce côté, et pour répondre du
tac au tac, Murat accuse Landrieux d'être un aristocrate,
un suppôt du comte de Provence, Landrieux réplique
en le traitant d'indiscipliné, d'agitateur, d'agent secret
du comte d'Artois. Murat trouve en son imagination
une suprême ressource. Il s'avise de changer son nom
en celui de Marat, dans une pièce où les officiers du
régiment, depuis son collègue le chef d'escadron Chau-
veton jusqu'au sous-lieutenant Corbée, « la Liberté ou
la mort », attestent l'absence constante de Landrieux.
Un tel argument était irrésistible : Landrieux, est rayé
des contrôles, chassé, incarcéré.

Murat triompha sans penser que sa ruse même pourrait avant longtemps se retourner contre lui. Habile à

lutter et non à prévoir, il n'avait par réfléchi qu'en temps de révolution, les plus fanatiques peuvent être amenés très vite à brûler ce qu'ils adoraient naguère. C'est ce que fit quelques mois plus tard Landrieux qui sut profiter de la réaction pour se venger de son vainqueur. Il lui fit imputer à blâme d'avoir changé son nom de Murat en celui de Marat et donna ce fait comme une preuve formelle de *robespierrisme*, de terrorisme. Le 9 thermidor avait rendu ces opinions exécrables. Murat fut emprisonné à Amiens.

La défense de Murat auprès du Comité de Salut public est énergique et adroite. Il rappelle que le même homme qui l'a dénoncé et fait arrêter comme aristocrate vient l'accuser de terrorisme, « il sied bien à Landrieux, cet homme immoral qui ne vécut jamais que d'intrigues et de dilapidations, dit-il, à venir attaquer un homme qui a constamment marché dans le droit chemin de la vertu, qui n'a jamais quitté son poste et qui a eu un cheval tué sous lui la campagne dernière ». S'il a pris pendant quinze jours le nom de Marat, c'était uniquement pour se soustraire aux tyrannies de ses persécuteurs; que si on veut le condamner pour avoir cherché « à se soustraire à la tyrannie par ce moyen bien innocent, il faudrait donc punir la section entière de Paris qui a pris le nom de Marat ». N'a-t-il pas refusé de présider la commission militaire qui a fait guillotiner un officier du régiment, Chenel, dont tous ses camarades ont déploré la perte? Seuls, ces bons arguments n'eussent peut-être pas prévalu, mais la députation du Lot intervint encore une fois en faveur de Murat. Il échappa à la condamnation, mais il dut abandonner l'espoir de commander le régiment, et s'estimer bien heureux de reprendre son rang de chef d'escadron.

Après les péripéties, comiques par instants, mais qui faillirent se terminer tragiquement, de la lutte entre les deux compères, Murat rejoignit son corps à Paris. Le 2 prairial an III, c'est lui qui mena à la Convention nationale la première cavalerie dont elle pût disposer contre les faubourgs révolutionnaires; ce service fut peu remarqué et ne lui procura pas l'avancement désiré. Il devait être plus heureux en vendémiaire. A la veille de la journée du 13, le 21ᵉ chasseurs se trouvait au camp de Marly; sur un effectif de 498 hommes, 260 étaient disponibles; 79 étaient détachés à Paris, 16 à Nanterre. D'après les renseignements donnés par Menou après sa destitution à Barras et à Bonaparte, on comptait aux Sablons 40 pièces de canon sous la garde de 15 à 25 hommes tout au plus; il était de la plus grande importance de s'emparer de ces canons avant les sections royalistes, car de leur possession dépendait en quelque sorte la victoire. Vers minuit, on demande un officier de cavalerie énergique et sûr : Murat se présente. De son activité comme de sa capacité, on n'avait pas encore beaucoup de preuves, mais on voyait un gage de sa fidélité dans son républicanisme bruyant. Trois cents cavaliers lui sont donc confiés avec l'ordre de se rendre le plus rapidement possible aux Sablons et d'en ramener les quarante pièces. Inutile d'insister sur sa diligence : il arrive aux Sablons au moment où une colonne envoyée par la section Le Peletier vient pour s'emparer des canons. Murat n'est pas un homme à se laisser intimider; il est en plaine et ses chasseurs auront beau jeu contre les sectionnaires si ceux-ci veulent résister. Murat les force à se retirer. A six heures du matin, le 13 vendémiaire, les 40 pièces de canon entrent aux Tuileries. Murat venait de rendre un grand service à la République et surtout à Barras et à Bonaparte. De cet incident sans importance militaire, mais politiquement heureux, découlera toute sa fortune. Presque inconnu la veille, malgré ses fanfaronnades révolutionnaires, si communes alors à tant de gens, et ses démêlés avec Landrieux et les tribunaux, désormais il va marcher à grand pas vers la gloire et s'élever plus haut que ses rêves l'ont jamais porté, si ambitieux qu'ils aient pu paraître.

Les biographes de Murat ne se font pas illusion sur l'intérêt très relatif de ses débuts dans la carrière. Bien autrement brillants ont été ceux de certains officiers des armées de la Révolution qui pourtant n'ont pas dépassé dans la suite le grade de colonel. Les premières années militaires de Murat ne pouvaient cependant pas être négligées, non seulement parce que tout historien doit autant que possible être complet chronologiquement, mais parce que dans l'espace de temps qui va de son engagement au 12e chasseurs à sa participation au 13 vendémiaire, chaque acte de sa vie fournit un article de son signalement psychologique. On commence à dresser dès ce moment, en l'entendant parler, en lisant ses lettres, en le regardant faire, le double état de ses qualités et de ses défauts. Bien des traits recueillis plus tard au cours des événements plus importants de son existence achèveront de peindre son caractère. Déjà on peut inscrire à son bilan une intelligence qu'une instruction sommaire a commencé de former et qui ne demande qu'à se développer, de l'activité, du courage, assez de présence d'esprit et même d'audace pour faire tourner à son profit les circonstances difficiles, une somme de sensibilité suffisante pour le rendre sympathique, mais pas si grande qu'il en puisse souffrir; avec cela, au physique une santé de fer et une résistance à la fatigue peu commune.

Il n'échappe pas d'autre part à celui qui l'étudie que son scepticisme politique, en lui enlevant des scrupules, favorisera ses projets, qu'il se laisse volontiers aller à son penchant naturel pour la flatterie et que le mensonge utile ne lui répugne pas; que, tout en étant orgueilleux et égoïste, il manifeste une certaine faiblesse de caractère et écoute volontiers les conseils mauvais ou bons, qu'il est coutumier d'irréflexion, léger et inconstant. Nous n'avons encore vu en lui que l'homme qui cherche sa voie, mais avec le ferme propos de la trouver, où qu'elle le conduise, l'« arriviste », pour employer un terme nouveau mais expressif. Nous pressentons pourtant une nature sympathique, un de ces demi-méridionaux, en un mot, qu'on aime pour leurs qualités et même un peu aussi pour leurs défauts.

CHAPITRE II

MURAT A L'ARMÉE D'ITALIE ET EN ÉGYPTE

Après la journée de vendémiaire, le commandement de l'armée d'Italie fut pour Bonaparte la récompense de l'heureux appui prêté à Barras ; sa nomination comme aide de camp du nouveau général en chef (11 ventôse an IV), le prix des services rendus à Bonaparte par Murat, déjà chef de brigade depuis le 2 février 1796.

Aussi, pendant la mémorable campagne de quinze jours, qui force le roi de Sardaigne à se séparer de la coalition et ouvre à l'armée française les portes de la Lombardie, Murat se multiplie et, sous le titre d'aide de camp, remplit des fonctions pleines de variété. Le

Sources imprimées. — Correspondance de Napoléon, éd. in-8°, t. I-V. — Gachot, *Histoire militaire de Masséna. La première campagne d'Italie.* — Morris et Krebs, *Campagne dans les Alpes pendant la Révolution*, t. II. — Costa de Beauregard, *Un homme d'autrefois.* — A. Lumbroso, *Correspondance de Joachim Murat.* — *Mémoires de Barras*, t. II (éd. Duruy). — F. Masson, *Napoléon et sa famille*, t. I. — Tuetey, *le Général Serurier.* — Général Thoumas, *Les grands cavaliers du premier Empire*, t. I. — *Mémoires de Marmont*, t. I. — Marquis de Colbert, *le Général Auguste Colbert*, t. I. — A. Dufourcq, *le Régime jacobin en Italie, étude sur la République romaine.* — De la Jonquière, *l'Expédition d'Égypte*, t. I et t. II. — *Mémoires du général Desvernois*, publiés par A. Dufourcq.

Sources manuscrites. — Archives histor. du ministère de la guerre : Armée d'Italie et des Alpes, Armée d'Orient, Correspondance. — Archives des affaires étrangères, Correspondance : Gênes, Suisse, Grisons.

15 avril, lorsque les 4 000 hommes du général Wukas-
sowich surprennent les troupes françaises dans Dego,
Bonaparte accourt de Carcare avec une faible escorte
dans laquelle se trouve Murat. Deux escadrons de dragons sabrent les Impériaux dans le vallon de Casci-
nelle. Cette chevauchée vaut à l'aide de camp bien en
cour une mention dans le rapport officiel du général
en chef au Directoire exécutif. A Mondovi, la partie
est plus sérieuse. Le général Stengel, hors de combat,
Murat ramène ses soldats en fuite sur le champ de
bataille, charge l'ennemi et passe l'Ellero : charge et
passage de rivière, voilà des opérations qui lui devien-
dront familières et seront comme sa spécialité. Quelques jours plus tard, l'aide de camp est transformé en
diplomate : le général Colli ayant offert à Bonaparte la
conclusion d'un armistice, c'est Murat qui est envoyé à
Fossano pour transmettre au généralissime piémontais
les clauses de la suspension d'armes. Le marquis
Henry Costa de Beauregard l'entrevoit lors de la signature de cet armistice à Cherasco ; Murat se trouve avec
Marmont dans la salle à manger où l'on a préparé une
espèce de « médianoche » pour les négociateurs.

Assurément Bonaparte est content des services de
son aide de camp, car il lui donne l'agréable mission
de porter à Paris la nouvelle de la victoire et le texte de
la convention ; Murat y gagne le grade de général de
brigade (10 mai 1796).

Un général de vingt-neuf ans ne saurait rester inac-
tif, surtout dans ce temps, et, dès la fin du mois de mai,
Murat retrouve l'armée sur les rives du Mincio, qu'il
s'agit de franchir et que Beaulieu garde avec 15 000 hommes, dispersés et disséminés à l'excès selon l'habitude
autrichienne. L'opération s'effectue le 30 mai ; « notre
cavalerie commandée par le général Murat fit des pro-

diges de valeur, écrit Bonaparte au Directoire exécutif ; ce général dégagea lui-même plusieurs chasseurs que l'ennemi était sur le point de faire prisonniers. » Le rapport favorise Murat, car ce n'est pas lui qui commanda la cavalerie et qui, à ce titre, joua le premier rôle dans le passage du Mincio, c'est Kilmaine.

Malgré son grade de général, Murat semble remplir encore les fonctions d'aide de camp du général en chef. Le 15 juin, Bonaparte annonce à Faypoult, notre représentant extraordinaire à Gênes, qu'il lui envoie le général Murat, son aide de camp. Nous n'avons pas de détails sur les incidents et les résultats de cette « mission diplomatique » de Murat. Il en revient presque aussitôt. Le 26 juin, au départ de Pistoja, il conduit l'avant-garde, franchit l'Arno, à Fucecchio, et le lendemain, changeant brusquement d'itinéraire, s'achemine « à grands pas » sur Livourne, qui est occupé sans coup férir. Tandis que le général Vaubois organise la défense et l'administration de cette précieuse conquête, Murat rejoint sans tarder le gros de l'armée.

Désormais, il passe sans cesse d'une division à l'autre et on lui confie les missions les plus différentes. Général de brigade, il est attaché à l'état-major du général en chef. Le 16 juillet, il est chargé d'une tentative de surprise de la place de Mantoue, où Beaulieu, avant de se retirer dans le Tyrol, a constitué avec les débris de son armée un véritable camp d'arrêt. Une baisse inattendue des eaux empêche de mettre à exécution la surprise projetée : les barques, qui portaient les troupes de Murat sont arrêtées par les roseaux. Et si l'envieux Marmont, dans ses mémoires, reproche à Murat de ne pas avoir conduit son attaque avec assez de décision et d'énergie, le journal des opérations de la division Serurier, document plus impartial, attribue

simplement l'échec à cette modification survenue dans
l'étiage de la nappe d'inondation.

Cet incident fait changer le plan d'attaque : le 18 juillet, Murat reçoit le commandement de la colonne de
droite composée de 1000 grenadiers. Il chasse du camp
de Migliaresto les Autrichiens du général Rukavina et
les force à rentrer dans Mantoue ; Chasseloup-Laubat et
Samson ouvrent la tranchée à moins de 200 mètres des
remparts ; les batteries de Saint-Georges, de Pradella
et de la Favorite tirent à boulets rouges sur la ville où
bientôt la douane, le palais Colleredo et plusieurs cou-
vents sont en flammes.

De ses excursions dans les marécages du Mincio,
Murat rapporta la fièvre, plus difficile à vaincre que les
Autrichiens et qui le retint pendant quelque temps
éloigné de l'armée. Il se reposait à Brescia lorsque, le
30 juillet, le général autrichien Quasdanovich surprit
cette ville où Bonaparte avait commis l'imprudence de
ne laisser que trois compagnies. Murat raconte lui-
même son malheur à Carnot dans une lettre écrite à
Vérone le 8 août[1].

Qu'il ait été rendu libre par échange ou qu'il continue
à manquer « à la parole donnée », Murat ne reste pas
longtemps sans être employé d'une manière effective à
l'armée d'Italie.

Nous le voyons, le 10 août, effectuer une reconnaissance sur Collio, à 35 milles de Brescia et, le 13 août,

---

[1] « Une fièvre brûlante m'avait forcé de m'éloigner de l'armée
pour rétablir ma santé ; j'étais depuis quatre jours à Brescia
lorsque cette place fut surprise par l'ennemi qui me fit prisonnier
de guerre : c'est le premier tourment que j'aye éprouvé en ma
vie ; je n'ai pu dans ces jours de gloire partager les dangers de
mes compagnons d'armes ; je vous prie d'être convaincu de mes
regrets ; je n'ai pas, malgré ma parole donnée, quitté le général
en chef, le brave Bonaparte... »

il est chargé de punir avec une colonne mobile les habitants de Casal Maggiore, qui avaient massacré nos traînards et nos estafettes. Murat les désarme, leur fait payer une contribution d'un million de francs en numéraire de France, argent ou lingots ; les cloches, coupables d'avoir sonné le toscin, sont descendues de leur clocher et envoyées à Alexandrie ; une commission militaire juge ceux qui ont répondu à l'appel insurrectionnel. Mission facile, sinon agréable, et qui n'exige pas de Murat de grands efforts de stratégie.

Le 3 septembre, Murat commande la place de Vérone, en attendant l'arrivée du général Kilmaine. Le provéditeur vénitien refuse de lui remettre les clefs de la poudrière ; menacé de contrainte, il s'empresse d'obéir aux injonctions du bouillant général.

Mais Murat s'ennuie. Il demande à revenir auprès de Bonaparte et pour réussir, il invoque tous les prétextes, notamment la connaissance que son aide de camp a de la région jusqu'à Bassano. Enfin le général Kilmaine arrive de Desenzano ; Murat peut lui remettre le commandement de Vérone et prendre part à la campagne du Tyrol ; il s'agit de poursuivre dans ces régions montagneuses Wurmser vaincu mais non anéanti.

Débusqués d'Ala le 3 septembre, les Autrichiens sont battus à Roveredo le 4. Le lendemain, tandis que Masséna occupe Trente, le général Vaubois marche à la poursuite de l'ennemi. L'arrière-garde autrichienne était retranchée à Lavis dans les maisons du village ; le général Dallemagne franchit, non sans beaucoup de peine, avec la 25e demi-brigade le pont sur l'Avisio que Murat passe à gué à la tête d'un détachement du 10e chasseurs, chaque cavalier portant en croupe un fantassin.

Le général Dubois, qui commandait la cavalerie des

divisions du corps expéditionnaire du Tyrol, est tué à la bataille de Roveredo ; Murat le remplace dans son commandement. Tandis que le général Vaubois garde le Tyrol italien en prévision d'une jonction possible avec l'armée de Moreau, Bonaparte quitte la vallée de l'Adige pour celle de la Brenta et continue la poursuite de Wurmser qui s'efforce de dégager par le Frioul la garnison de Mantoue. Les Autrichiens ont un adversaire habitué à gagner les batailles avec les jambes de ses soldats ; ils ne sauraient lutter de vitesse. Le 8 septembre, Wurmser est atteint, à Bassano, l'infanterie légère culbute l'ennemi dont la cavalerie de Murat achève la déroute.

Il restait à prendre dans le filet les débris de l'armée de Wurmser ; le général autrichien, plus heureux cette fois, parvint à rompre l'une des mailles à Porto Legnago et à gagner Mantoue.

A la bataille de Saint-Georges livrée le 15 septembre par Bonaparte pour resserrer les Autrichiens dans Mantoue, Murat se distingue et se fait blesser légèrement. Les combats de ce jour marquent la fin de la seconde phase de la campagne d'Italie. Bonaparte a triomphé de Wurmser comme il avait triomphé de Beaulieu.

**

Les quelques jours de répit que lui laisse l'Autriche sont employés à perfectionner l'organisation de l'armée. La cavalerie placée sous le commandement du général Kilmaine est partagée en deux brigades : la première brigade, sous les ordres du général Beaumont, est attachée au corps qui assiège Mantoue, la seconde brigade, dont le commandement est confié à Murat, est destinée aux « opérations actives de l'armée ».

Pendant cette période de son commandement, Murat couvre évidemment du côté du nord les opérations du siège de Mantoue. A la fin du mois de septembre, il est attaché avec sa brigade à la division Masséna et se rend à Bassano par Vérone, Montebello et Vicence.

Une nouvelle armée autrichienne arrivait, celle dont l'empereur avait confié le commandement au magnat hongrois Alvinzy. Pendant les deux journées d'Arcole, on ne trouve pas trace de Murat dans les documents : quel infime rôle joua-t-il ou plutôt ne subissait-il pas la disgrâce momentanée du général en chef ?

Le 9 décembre, le jour où sa brigade était attachée à la division Augereau à Porto Legnago, il sollicitait de Barras le commandement de la garde du Directoire : « Les choses vont bien ici, mais je ne puis croire que le Directoire ne soit pas trompé sur les principes de bien des personnes que le ministre emploie dans cette armée ; on ne parle pas ici que de Monsieur de..., de Baron de..., de Comte de... et cela dans des sociétés composées d'officiers supérieurs. Je me donne à tous les diables. »

Si Murat fait montre une fois de plus de ses sentiments jacobins, ce n'est pas, comme semble le croire Barras dans ses Mémoires pour tromper la confiance du Directoire à l'instigation de Bonaparte et préparer de longue main un coup d'État. Non ; inquiet sur les sentiments du général en chef à son égard, il cherche à se ménager ailleurs de plus puissants appuis ; il s'efforce de ranimer le zèle de Barras en sa faveur.

S'il est facile, comme on le voit, de constater la disgrâce, il est plus difficile d'en connaître les causes exactes. On peut supposer avec M. Frédéric Masson que le séjour de Joséphine à Milan et à Mombello n'y fut pas étranger et que le général en chef voulut écarter de la volage créole le brillant officier, coupable pour le

moins de quelques indiscrétions de langage à la suite
de son voyage à Paris, au printemps de cette même
année 1796. C'est aussi ce que dit la médisante duchesse
d'Abrantès dans une page de ses mémoires. Elle conte
même une certaine histoire de déjeuner « où Murat
donna à entendre qu'il avait connu très intimement
Madame Bonaparte » ; la duchesse d'Abrantès ajoute
qu'il dut y avoir plus de légèreté et de vantardise que
de culpabilité chez Murat ; mais le souvenir de cet incident contribua à troubler de temps à autre les relations
de Bonaparte et de Murat.

En tout cas, pendant toute la période de la bataille
d'Arcole, l'ancien aide de camp ne reparaît plus dans
l'entourage direct de Bonaparte ; il continue à être détaché successivement auprès des diverses divisions. Le
12 janvier 1797, Bajalich, avec une colonne de cinq mille
hommes, attaque le plateau de San Michele pour forcer
l'entrée du ¡camp retranché de Vérone et donne le
signal d'un nouvel effort de l'armée d'Alvinzy : Murat
se trouve alors avec la division Rey sur la rive gauche
du lac de Garde. Le jour de la bataille de Rivoli (14 janvier), le général Rey, qui arrive un peu tardivement sur
le champ de bataille mais n'en contribue pas moins au
succès, donne comme motif de son retard que « divers
rapports qu'il avait reçus sur les mouvements de l'ennemi
lui annonçaient que son avant-garde commandée par
Murat devait être attaquée par une force supérieure à
la nôtre ; à huit heures du matin, le courrier qu'il avait
envoyé à Salo, lui apprend « que l'ennemi s'est présenté
en petit nombre et a été repoussé vigoureusement. »

Tandis qu'on se bat à Rivoli, Murat, qui se trouvait
donc à Salo, de l'autre côté du lac de Garde, ne demeure
pas à attendre les nouvelles ; il traverse l'eau en barque
avec une demi-brigade d'infanterie légère, aborde à

Torri, marche toute la nuit et, le 15 janvier, à la pointe du jour, apparaît sur les hauteurs de La Corona. Prenant en flanc les dernières troupes d'Alvinzy que la division Joubert refoulait dans le défilé de Brentino, il contribue à faire un grand nombre de prisonniers et mérite les éloges que Bonaparte, oubliant son mécontentement personnel, lui adresse dans son rapport au Directoire exécutif.

Toujours attaché à la division Rey, Murat regagne Salo, après la bataille de Rivoli, et y séjourne du 17 au 26 janvier ; il passe alors de la division Rey à la division Joubert et le 27, à une heure de l'après-midi, renforcé d'un bataillon de la 58ᵉ demi-brigade, il s'embarque de nouveau sur le lac de Garde, s'arrête sur la rive droite, à Malsesera, pour y recevoir les instructions de Joubert et va débarquer à l'extrémité du lac, à Torbole. De là, il suit une route qui par Arco, Drena et Vezzano aboutit à Trente, tournant ainsi la ligne de défense des Autrichiens dans la vallée de l'Adige. Trente occupé, Joubert s'établit dans la forte position de Lavis où il reste en expectative avec le général Murat, à sa gauche.

Après la destruction de l'armée d'Alvinzy et la capitulation de Mantoue, Bonaparte reçoit d'importants renforts de l'armée du Rhin : passant de la défensive à l'offensive, l'armée d'Italie va reprendre la tâche des armées du Rhin et de Sambre-et-Meuse et marcher sur Vienne. L'entrée en campagne est précédée d'une quatrième réorganisation de l'armée : le commandement général de la cavalerie reste au général Kilmaine ; Murat, comme les autres généraux de cavalerie de la réserve des divisions, est détaché près d'une division d'infanterie, celle de Bernadotte.

Avec 2 régiments de cavalerie et 2 pièces d'artillerie,

il rallie la division le 12 mars à Castelfranco, sur la rive gauche de la Brenta. A la tête de l'avant-garde, il franchit la Piave, traverse rapidement Conegliano, Sacile et Pordenone et arrive le 16 à midi, sur la rive droite du Tagliamento, dont l'archiduc Charles garde le passage avec 16,000 hommes. Le général Duphot entre dans la rivière avec la 27e demi-brigade d'infanterie légère et le général Murat avec la 15e demi-brigade ; l'un et l'autre sont soutenus par les grenadiers. L'opération réussit à merveille : 8 pièces de canon et 250 prisonniers restent entre les mains des soldats de Bonaparte.

Le 18, le gros des forces françaises est à Palmanova, suivant l'archiduc Charles et se rapprochant de la mer. L'Isonzo forme la frontière du Frioul ; il faut le franchir et s'emparer de Gradisca. La division Bernadotte, aussi heureuse qu'au Tagliamento, y parvient, et son chef, est-il dit dans le rapport de Bonaparte, se loue beaucoup en cette circonstance du général Murat, commandant son avant-garde.

Après le passage de l'Isonzo, la division Bernadotte forme en quelque sorte l'arrière-garde de l'armée et Murat ne participe plus à aucune action importante. Les préliminaires de paix sont signés à Leoben et, en attendant le traité définitif de Campo-Formio, l'armée d'Italie va « mener la vie de garnison ».

*
* *

C'est à cette époque que Murat est choisi par Bonaparte pour remplir une mission assez délicate. Les habitants de la Valteline, sujets des Ligues grises et traités par elles en vassaux taillables et corvéables à merci, s'étaient soulevés contre une domination si oppressive. Ils demandaient leur réunion à la République cisalpine nouvellement formée. En présence de cette insurrection, les Ligues grises avaient envoyé un député à Milan pour solliciter la médiation de Bonaparte, auquel avaient recours de leur côté les Valtelins. Le général en chef de l'armée d'Italie acceptait le 2 juillet, « non sans quelque répugnance cette office qui lui imposait des devoirs difficiles, mais qui lui faisait espérer de pouvoir contribuer à la tranquillité des peuples Grison et Valtelin. » Le 9 septembre, Bonaparte promulguait l'ordre aux Grisons et aux Valtelins de cesser toute hostilité et d'envoyer de part et d'autre des députés pour tâcher d'accomplir « l'œuvre tant désirée de conciliation ». Il ajoutait que « l'absence de gouvernement, l'affluence d'un grand nombre de bandits et de réfugiés de tous les pays troublaient la tranquillité de la Valteline et qu'en conséquence, le général Murat se rendrait avec une colonne mobile sur les frontières du pays et s'entendrait avec les députés de Chiavenna, de Sondrio et de Bormio pour rétablir l'ordre ; les perturbateurs du repos public seraient arrêtés sur le champ et punis sévèrement. »

Murat s'établit à Edolo, dans le val Camonica, d'où il surveille à son gré tout ce qui se passe dans la Valteline : dans une reconnaissance, il s'avance même avec cinquante hussards jusqu'à Tirano et peut rentrer le soir à Edolo. Aux Valtelins, il refuse le séquestre des biens des Grisons ; aux députés d'un village des Grisons, il répond qu'il n'est sur les confins de la Valteline que pour veiller à la sécurité de ce pays et que le règlement de leurs différends regarde exclusivement le général en chef. Après avoir accepté et même réclamé la médiation de Bonaparte, les Grisons négligeaient d'envoyer leurs députés à Milan pour discuter contradictoirement avec les Valtelins; irrité de ce manque de correction et de bonne foi, heureux en même temps de profiter d'une circonstance qui favorisait et justifiait ses desseins politiques, Bonaparte ordonna le 11 octobre la réunion de la Valteline à la République cisalpine.

Au retour de cette mission de la Valteline, Murat semble avoir reconquis les faveurs de Bonaparte, qui songe à l'emmener en Allemagne, si l'on en juge par ce passage d'une lettre écrite le 12 novembre 1797 : « Je me suis fait précéder à Rastadt par le général de brigade Murat. » En fait, cependant, ce n'est pas Murat qui précède Bonaparte à Rastadt, mais bien Auguste de Colbert. Il est permis de voir là l'indice d'une nouvelle disgrâce, due peut-être aux mêmes causes que la première.

Et, tandis que Lannes, Marmont, Bourrienne, Duroc, La Valette, étaient du voyage et participaient aux triomphes du maître, Murat devait se morfondre pendant près de sept mois en Italie. Pour toute consolation, il assista à la peu glorieuse expédition de Rome, expédition dont le meurtre du brave général Duphot fut le motif apparent, mais qui était depuis longtemps préméditée par le Directoire dans le double but de remplir ses coffres vides et de *républicaniser* l'Italie.

C'est en recourant à l'appui de son protecteur Barras que Murat se fait envoyer à Rome. Le général Dallemagne lui confie le soin de réprimer le soulèvement des paysans des environs avec une colonne légère.

Parti de Rome le 27 février à quatre heures du matin, en suivant à peu près l'ancienne voie Appienne, Murat franchit vingt-quatre kilomètres sans arrêt et arrive à dix heures devant Castel Gandolfo ; il refoule la droite des bandes insurrectionnelles sur Albano, met à sac le château de plaisance des papes et, se portant à trois

kilomètres plus loin, prend la ville d'Albano d'assaut.
Les portes sont enfoncées par les boulets et les soldats
se précipitent dans les rues baïonnette au canon. Plus
de cinq cents insurgés sont tués et les survivants s'enfuient épouvantés dans toutes les directions. Fatiguée
par la marche et la bataille, la petite colonne française
couche dans les vignes, à la Croce de Capuccini, non
loin du poétique lac Nemi. « A Velletri, les cloches de
Santa Maria et de San Clemente sonnent lugubrement
toute la nuit. Et le lendemain, après avoir en vain
attendu les rebelles qui ne tiennent plus à le joindre —
il a pointé pour plus de sûreté ses canons sur la Porta
Romana — Murat fait son entrée dans la ville de Velletri ; il rappelle les habitants, il les rassure. » (Dufourcq).
Masséna et Dallemagne se louèrent vivement des services rendus par Murat en cette circonstance. Le jeune
général devait trouver bientôt un théâtre plus digne de
son activité et de son intrépidité. Sous le ciel brûlant
de l'Orient, en la magie de cette expédition d'Égypte
qui fut pour les contemporains la réalisation d'une
épopée, il allait conquérir définitivement sa réputation.

A l'armée d'Italie, Murat ne se distingue pas au premier rang. Non seulement, Masséna, Augereau, Serurier, Laharpe, ces incomparables lieutenants de Bonaparte, le laissent bien loin derrière eux, mais il ne peut
aller de pair dans le groupe des vainqueurs de Monte-
notte, de Lodi et de Rivoli, avec Joubert, ni même avec
Lannes. Avant de servir directement sous Bonaparte,
Murat avait à peine ébauché son éducation militaire.
Comme succès pendant la Révolution, il n'avait connu
que ceux du club ; ce n'est pas en peinant dans les
sociétés populaires, en nouant de mesquines intrigues
ou en se livrant à des excentricités comme de changer

son nom en celui de Marat, qu'il avait pu apprendre
l'art de la guerre. En Italie, les postes qu'il obtient et
les commandements qu'on lui confie sont autant d'écoles
utiles où le servent une réelle intelligence, un courage
naturel, quelque instruction première et de grandes
aptitudes de cavalier.

Aide de camp de Bonaparte, il a la bonne fortune de
se rompre sous le premier des maîtres aux pratiques
délicates du service d'état-major. Des missions auprès
des chefs de l'armée piémontaise, du Sénat de Gênes et
des administrations de la Valteline l'initient au rôle que
les généraux doivent jouer quelquefois dans une action
diplomatique. Commandant en qualité de brigadier,
tantôt des escadrons de cavalerie, tantôt des colonnes
d'infanterie légère, il se familiarise avec l'emploi combiné des deux armes. En résumé, le stage de Murat à
l'armée d'Italie est le prélude encore un peu terne de sa
brillante carrière ; ses qualités non plus que ses défauts
ne s'accusent encore nettement, mais les traits principaux de son caractère, entrevus dès les premières
années de sa vie, s'accentuent. En Égypte, l'héroïque
figure du futur grand maître de la cavalerie apparaîtra
en pleine lumière.

*
* *

Ce n'est pas sans peine que Murat parvint à quitter
Rome pour faire partie de cette expédition d'Orient
dont le mystère augmentait l'attrait et pour laquelle
Bonaparte avait groupé autour de lui les plus illustres
savants et les plus intrépides soldats. Les premières
listes des généraux choisis ne font pas mention de
Murat ; il ne figure dans une note officielle que le
5 mars 1798. Un arrêté du même jour prescrit au général commandant les troupes françaises dans la Cisalpine

de se rendre sur le champ à Gênes, d'y noliser les plus grands bâtiments qui se trouveront dans ce port et d'y faire embarquer les généraux Baraguey d'Hilliers, Vial, Veaux et Murat. Conformément à cet arrêté, Murat est en rade de Gênes le 28 avril ; le 1er mai, le convoi, arrivant au mouillage d'Hyères, reçoit contre-ordre ; les incidents qui se sont produits à Vienne ont fait craindre une guerre européenne : il faut rebrousser chemin, débarquer, faire cantonner les troupes à Gênes et dans les environs de manière à pouvoir les rassembler dans les quarante-huit heures. On s'imagine aisément la mauvaise humeur qui dut envahir Murat comme la plupart de ses collègues à cette nouvelle. Dieu merci, ce n'était là qu'une alarme passagère : le 17 mai, on reprend définitivement la mer ; le grand convoi de Marseille et de Toulon part à son tour le 19, et celui de Civita Vecchia rejoint en vue de Malte.

De par ses fonctions de général de cavalerie, Murat assiste en spectateur à la prise facile de Malte ; il se demande du reste s'il jouera jamais le rôle actif qu'il souhaite si ardemment : il n'a pas reçu du général en chef l'accueil auquel il s'attendait et s'inquiète de l'avenir, au point d'écrire le 15 juin à Barras, une lettre qui témoigne d'un réel découragement.

La fortune pourtant, sans le favoriser beaucoup, ne l'abandonnait pas ; les circonstances s'opposèrent à ce qu'il mit à exécution ses projets de retraite, et, quelques jours plus tard, regardant s'évanouir à l'horizon, la fière silhouette de la cité des chevaliers, s'éloignant davantage de la France où il n'eût peut-être pas trouvé l'amitié de Barras, il voguait vers la terre des Pharaons, pour y conquérir à jamais, avec la plus glorieuse renommée, deux biens autrement précieux : l'estime et l'affection de Bonaparte.

Le 1er juillet, la côte égyptienne était en vue ; « à l'horizon, le long des flots, une rive basse et désolée, par delà une vaste plaine de sable, une haute colonne », la colonne de Pompée. Les documents officiels sont muets sur toute participation de Murat au brillant assaut d'Alexandrie. Ses troupes n'entrent en ligne que le 4 juillet et, le lendemain, sa brigade est attachée à la division du général Dugua, qui remplace Kléber blessé. Retardés par le manque de subsistances, Dugua et Murat ne quittent Alexandrie que le 6 juillet pour marcher par Aboukir sur Rosette. Les dragons montés et à pied forment l'avant-garde.

Bientôt, toute la colonne est hors de la ville. Le fort d'Aboukir est pris le lendemain [1].

La vue de Rosette, avec ses minarets blancs qui

[1] « A une demi-heure d'Alexandrie, dit le journal du chef de brigade Laugier, nous entrâmes dans le désert et à dix heures du matin, la chaleur devint si accablante, la soif si ardente au milieu des sables et sans eau, que les hommes tombaient à tous les pas. Le général Dugua envoya le général Damas et le général Murat avec les dragons montés du 14e à Aboukir pour reconnaître le fort et s'en emparer s'ils n'éprouvaient pas de résistance, ce qui, en effet, arriva, et nous fut annoncé au moment où la division approchait d'Aboukir ; elle prit position près du village, le long d'un bras de mer qui va fort avant dans les terres. Après avoir traversé un immense pays désert, nous avions été réjouis par la vue d'un édifice qui de loin nous paraissait immense et superbe, c'était le fort d'Aboukir ; de près et surtout dedans, on voit que c'est une masure où l'on trouve 18 pièces de différents calibres, sans affûts, quelques-unes coupées presque jusqu'aux oreillons. Le lendemain (7 juillet), il fallait franchir un bras de mer d'environ 400 à 500 toises de large ; le manque d'embarcations retarda beaucoup le passage ; enfin, arrivèrent, à quatre heures, une chaloupe de la frégate la *Carrère*, et le canot d'une galère ; à minuit, tout était passé et la division campa à deux lieues en avant de l'autre côté. Les généraux Damas et Murat avaient été envoyés d'avance avec tous les dragons montés pour s'emparer de Rosette d'où le bey mameluk s'était enfui sans essayer la moindre résistance. »

se détachent agréablement sur le fond vert des palmiers, réjouit la division et lui fit oublier pendant quelques heures les sables de la plage d'Aboukir. Mais il fallait rejoindre le gros de l'armée: on laissa dans la ville, sous les ordres du chef de bataillon Saint-Faust, une garnison composée de tous les dragons non montés de la brigade Murat et l'on se remit en marche. Murat, en compagnie cette fois du général Verdier, conduisait l'avant-garde, où la 2ᵉ demi-brigade d'infanterie légère renforçait ceux de ses dragons qui disposaient de chevaux. Le 10 juillet, en côtoyant le Nil, il prenait contact à El-Rahmânieh avec les autres divisions venues directement d'Alexandrie. Celles-ci avaient encore plus souffert que la colonne de Dugua et de Murat et grand était le désappointement des soldats ; au milieu de ces sables arides, dans ce pays sans routes, dépourvu de sites abrités pour l'étape, où il fallait chercher longtemps un puits pour bivouaquer, ils regrettaient les fertiles plaines du nord de l'Italie si prodigues de ressources au soldat en campagne.

Le général Desvernois les a dépeints privés de tout, las, les cavaliers à pied portant leur fourniment, pleurant et gémissant. La plupart des généraux partageaient le mécontentement des troupes. Murat lui-même regrettait de n'avoir pas regagné la France. L'incident suivant que raconte son aide de camp Colbert en est la preuve. Bonaparte s'était fait inviter à dîner chez le général Dugua et parmi les convives désignés par lui se trouvaient Murat et quelques généraux classés parmi les « mauvaises têtes ». A la fin du repas, « le général en chef demanda à ses convives comment ils se trouvaient en Égypte. Tous s'empressèrent de répondre qu'ils s'y trouvaient à merveille : « Tant mieux, dit-il, je sais que plusieurs généraux font les mutins et prêchent la révolte… qu'ils y prennent garde ! la distance d'un général et d'un tambour à moi est la même et si le cas se présentait, je ferais fusiller l'un comme l'autre ! … » Un silence respectueux suivit cet avis amical.

Les péripéties de la lutte contre les mameluks qui, à deux reprises, tentèrent sérieusement d'entraver la marche de l'armée vers le Caire, fournirent aux découragés le meilleur des dérivatifs.

Du 10 jusqu'au 21 juillet, date de la bataille des Pyramides, Murat reste attaché à la division Dugua, dont il suit avec sa cavalerie tous les mouvements. Le matin de la fameuse journée, accompagné du chef de brigade Laugier et d'un seul dragon, il va reconnaître, presque en flâneur, le camp ennemi. Il s'en approche jusqu'à une portée de canon ; il voit distinctement les tentes des mameluks, les cavaliers qui portent des ordres au galop, les serviteurs des beys qui préparent les plus beaux harnachements pour le combat. Murat s'amuse de tout ce mouvement ; soudain, une quarantaine de mameluks sortent du camp et galopent dans la direction des impertinents visiteurs. Sur le conseil de Laugier et sans la moindre marque extérieure de trouble, Murat se retire au pas vers un petit bosquet de palmiers, de manière à faire croire à l'ennemi qu'on cherche à l'attirer dans une embuscade. Cette ruse réussit à merveille ; perplexes d'abord, les mameluks font demi-tour en se croyant les plus fins et les trois Français rejoignent, sans être inquiétés, la division Dugua. Cette division, au centre de laquelle Bonaparte se tint pendant toute l'action, ne reçut pas le choc des mameluks qui, après avoir esquissé un mouvement dans sa direction pour la charger, se ruèrent sur les carrés des divisions Desaix et Reynier.

L'entrée des Français au Caire est suivie de l'organisation de la basse Égypte. De général, Murat devient gouverneur de la province de Kelioub, située directement au nord du Caire (27 juillet). Pour y maintenir l'ordre, tâche complexe avec des sujets aussi turbulents que les tribus nomades ou aussi peu sûrs que les fellahs des villages, il dispose d'un bataillon, de 25 cavaliers et d'un canon de 3.

Le 5 août, le général Leclerc engage un petit combat à El-Khangah, sur la route du Caire à Belbeïs contre les mameluks d'Ibrahim bey ; en entendant vers midi le bruit de la canonnade, Murat, éloigné de quelques kilomètres seulement de son collègue, mande à Bonaparte qu'il va lui porter secours ; de son côté, le général en chef envoie un bataillon sur le lieu de la lutte, mais, avisé du succès de Leclerc, Murat reste à Kelioub où le rejoint le bataillon de renfort. C'est dans ces conditions qu'il est appelé à participer à la poursuite d'Ibrahim bey, avec lequel Bonaparte était décidé à en finir.

Tandis que Lannes est laissé à Koraïm pour former l'arrière-garde, les divisions de Dugua à la gauche et Reynier à la droite, se portent le 11 août de Koraïm sur Salheyeh : Murat se tient au centre avec la cavalerie sous les ordres du général Leclerc. Distançant les colonnes d'infanterie, les cavaliers se trouvent soudain en présence des mameluks d'Ibrahim, qui débouchaient d'un bois de palmiers et escortaient un long convoi. Leclerc charge impétueusement avec 200 hommes. Murat y accourt et un combat acharné a lieu où se distinguent autour de Bonaparte, Colbert, Cafarelli, Lasalle, Arrighi. Lutte héroïque, mais inutile, puisque Ibrahim a pu gagner avec son convoi le désert de Syrie.

Colbert fut promu chef d'escadron ; quant à Murat, il fut cité avec éloges dans le rapport de Bonarparte au

Directoire, ce qui ne lui était pas arrivé depuis les beaux jours de la campagne d'Italie.

*
* *

Le 16 août, Murat a repris le commandement de sa province de Kelioub. Ses forces sont peu considérables. Il parvient à réunir des chevaux en nombre suffisant pour remonter sa cavalerie, si bien que Bonaparte le charge du même office pour les escadrons de dragons du général Zayonchek, commandant la province de Menouf et lui écrit le 29 août « qu'il est extrêmement satisfait de sa conduite ».

Les pillards reparaissent toutefois et inquiètent les postes isolés, ils empêchent la rentrée des contributions. Murat agit contre eux énergiquement et leur inflige quelques pertes, le 9 septembre, comme l'indique une lettre écrite par lui au général Dugua, et dont le style alerte trahit la bonne humeur de celui qui tient la plume.

Sur l'ordre de Bonaparte, une opération combinée de Murat et du général Lanusse contre ces pillards est organisée. Le 27 septembre, à six heures du matin, Murat s'embarque sur le Nil avec 500 hommes, il est rejoint le lendemain à Banha-Zel par Lanusse avec une autre colonne de même force. On navigue toute la nuit. A la pointe du jour, le débarquement s'effectue au-dessus de Mit-Ghawar. Tandis que la barque plate l'*Astérie,* armée de 4 canons, descend le Nil jusqu'au confluent d'un canal d'irrigation de façon à couper la retraite aux Arabes, l'infanterie se porte sur le village de Dondeh. A l'approche des Français, les insurgés avaient bien rompu les digues de tous les canaux, puis s'étaient retirés derrière Dondeh, mais le cas avait été prévu : la colonne était munie de poutrelles pour improviser des ponts volants. Toutefois, les soldats se lassent bientôt de ce travail fastidieux qui retarde leur marche ; Murat et Lanusse eux-mêmes se jettent dans les canaux ; ils ont de l'eau jusqu'à la ceinture ; peu importe ; tous leurs hommes les imitent. Dondeh est dépassé ; on débusque vigoureusement du village de Mit-el-Gazoum quelques centaines d'Arabes chargés de protéger la retraite des troupeaux. Les autres s'étaient repliés dans un camp établi au milieu d'une plaine sablonneuse, plantée de roseaux et protégée contre les envahisseurs par une série de canaux larges et profonds, dont les eaux en certains endroits avaient même envahi la plaine. De là, les Arabes défiaient de leur sourire narquois les grenadiers de l'armée d'Orient et se croyaient bien à l'abri de leurs coups. Ils ne connaissaient pas Murat. Malgré la fatigue de la marche précédente, l'intrépide général entraine ses troupes, il leur fait franchir les espaces inondés, en tenant les gibernes et les fusils au-dessus de la tête et le camp est atteint. 10000 moutons, 40 chevaux et une grande quantité d'ânes et de chèvres tombent au pouvoir des Français, le rassemblement est dispersé et cette brillante opération n'a coûté aux vainqueurs que 4 soldats blessés. Ce genre d'exploit était alors nouveau ; que de fois il a été renouvelé depuis dans l'histoire de nos conquêtes coloniales ! Il nous semble voir en Murat l'ancêtre direct de Changarnier, de Lamoricière, de Mac-Mahon et de Yousouf ; il a déjà les qualités et les défauts de ces héroïques officiers d'Afrique.

Le vainqueur de Dondeh ne devait pas goûter longtemps un repos cependant bien mérité. Les entreprises des Anglais sur Alexandrie inquiétaient Bonaparte et le général en chef se décidait le 30 octobre à donner ordre à Murat de quitter la province de Kelioub et de gagner le littoral.

Murat évolue entre Rosette, Alexandrie, Damanhour et Menouf : au cours de cette expédition, il s'empare de Damanhour, occupé par de nombreuses bandes de dissidents et enlève un camp ennemi à la baïonnette avec 2 compagnies de grenadiers. Détail amusant : dans l'une des lettres où il rend compte à Bonaparte de ses opérations, il exprime toute son indignation de la conduite de certains officiers dégoûtés de l'Égypte qui ont offert leur démission ! La joie du succès et les faveurs retrouvées du général en chef lui ont fait oublier ses propres récriminations pendant la marche d'Alexandrie au Caire.

De retour au Caire, après cette pointe dans le Delta, Murat est chargé en quelque sorte de la police des nomades toujours turbulents et à demi insoumis : le 11 janvier 1799, il inaugure la série des combats en allant razzier la tribu des Aydy et celle des Mâsé ; le 20, il fait subir le même sort à la tribu des Arabes Haouytât. Bonaparte lui marque toute sa satisfaction en lui concédant la pleine propriété de la maison qu'il habite au Caire, « à titre de gratification extraordinaire pour les services qu'il a rendus dans la campagne et les dépenses qu'elle lui a occasionnées. »

Les intrigues de l'Angleterre à Constantinople, les efforts de la Turquie en vue de chasser les infidèles des rives du Nil imposent bientôt à l'armée d'Orient de nouvelles fatigues et lui procurent l'occasion de remporter de nouvelles victoires. Prévenant ses adversaires, Bonaparte avait décidé d'aller anéantir en Syrie les forces qu'Ahmed Djezzar, le « boucher » de Saint-Jean-d'Acre, groupait en vue de l'invasion de l'Égypte. Et puis, en pénétrant en Asie, quels rêves ne hantaient pas celui qui avait dit : « Les grands noms se font en Orient », et devait, en échouant devant Saint-Jean-d'Acre, maudire Sydney Smith qui lui faisait « manquer *sa* fortune » !

Murat immédiatement pourvu d'un commandement dans le nouveau corps expéditionnaire est mis à la tête de la cavalerie.

*
* *

C'est le 10 février 1799 que Murat quitte avec Bonaparte Le Caire pour prendre la route du désert qui sépare l'Égypte de la Syrie. Après la prise d'El Arich, qui a suivi la victoire de la division Reynier, Murat, avec la plus grande partie de la cavalerie, est placé sous les ordres de Kléber, dont la division forme l'avant-garde.

Il reste encore une portion de désert à franchir avant d'atteindre Gaza ; l'avant-garde se dirige vers les puits de Zawi et sur Khan-Iounès où elle couche le 26. Le lendemain matin, elle découvre toute l'armée d'Abdallah campée en avant de Gaza. Le général Kléber s'avance, par la gauche, vers cette ville. Murat, suivi de près par la division Lannes, franchit successivement plusieurs torrents en face de l'ennemi ; allègre et sûr de lui, il manœuvre avec une précision dont le félicite le général en chef. La cavalerie est rangée sur deux lignes, chaque ligne ayant derrière elle un escadron de réserve ; elle forme l'attaque de droite et se porte sur le mamelon d'Hébron ; mais Turcs et Arabes ne reçoivent pas la charge ; ils se replient et échappent à la poursuite des cavaliers de Murat. Du moins, Gaza, qui renferme d'importants approvisionnements de guerre, est occupée et l'armée peut se réjouir d'avoir terminé sa pénible marche dans le désert.

Après quatre jours de halte forcée par suite du mauvais temps, les troupes françaises sont à Ramleh le 2 mars et en vue de Jaffa, le 3. Le lendemain, à la tête d'un escadron, Murat fait la reconnaissance des environs et, dans l'ardeur de son zèle qui croit chaque jour, s'expose à plusieurs reprises au feu violent de l'ennemi. Si le siège et l'assaut de Jaffa ont lieu sans lui, en revanche, au combat de Kâkoun, le 15 mars, entre Jaffa et Saint-Jean-d'Acre, tandis que Kléber dirige l'attaque de droite et Lannes, celle de gauche, Murat se porte au centre avec sa cavalerie. La lutte est d'ailleurs courte : Djezza pacha réserve toutes ses forces pour la défense de Saint-Jean-d'Acre.

Pendant ce fameux siège, si long et si périlleux, où les généraux de Bonaparte déployèrent tant de bravoure en pure perte, le rôle de Murat fut naturellement de couvrir au dehors les opérations dirigées contre la place. Le 22 mars, il est envoyé avec 300 cavaliers et 1 pièce de canon à Chafâ-Amr, beau village situé dans la région montagneuse, à quelque distance d'Acre. Djezzar pacha y possédait un palais d'été ; Bonaparte en voulait faire un hôpital où il évacuerait les malades et les blessés de l'armée assiégeante ; Murat enlève les chameaux et les blés de Djezzar et laisse à Chafâ-Amr un poste d'une cinquantaine d'hommes.

Le 30, nouvelle sortie de Murat : il s'agit cette fois d'aller jusqu'au Jourdain et de reconnaître la région de Safed. Miot, attaché à la colonne comme commissaire des guerres, a raconté cette promenade qui réveillait dans les esprits des officiers tant de souvenirs religieux et historiques. Murat lui-même adressa à Bonaparte un long rapport, exact au point de vue de la topographie et des ressources du pays, fantaisiste dans l'orthographe des noms de lieux. Le général en chef en fit cas assurément, mais la suite des événements dut lui

montrer que Murat avait été un peu trop pressé de
regagner le camp devant Acre sans s'être suffisamment
assuré de la position de l'ennemi. A peine, en effet, la
reconnaissance s'était-elle éloignée de Safed, que l'armée du pacha de Damas, dont les Français n'avaient
pas soupçonné la présence si près de leurs troupes,
franchissait le Jourdain dans la journée du 4 avril.
Tandis que le gros des forces turques essayait, bien en
vain, de triompher à Nazareth de l'héroïque résistance
de Junot et d'une poignée d'hommes, un autre corps de
la même armée bloquait la petite garnison laissée par
Murat dans le château de Safed sous les ordres du capitaine Simon.

Quel général mieux que Murat, qui avait si bien relevé la route, pouvait dégager les assiégés? C'est pourquoi il reçut l'ordre, le 13 avril, de se rendre à marches forcées au pont de Benât-Yakoub avec un fort contingent d'hommes de toutes armes; le général de brigade Rambaud lui était adjoint. En se dirigeant directement sur ce pont c'est-à-dire en tournant Safed, Murat devait à la fois délivrer le capitaine Simon et couper la retraite aux assaillants. Le 15 avril, avant le lever
du soleil, il débouche dans la plaine où coule le Jourdain. A son approche l'ennemi abandonne le siège de
Safed et tente de lui barrer la route du pont de Benât-
Yakoub : Murat aussitôt forme son infanterie en 2 carrés couverts par des tirailleurs et s'avance résolu-
ment. « Arrivés à un endroit d'où l'on pouvait décou-
vrir la rive gauche du Jourdain, nos soldats aperçoi-
vent le vaste camp, les riches tentes des Damasquins.
Cette vue surexcite leur ardeur, redouble leur courage.
La charge bat ; ils poussent devant eux cette foule im-
puissante dont la terreur s'empare et qui bientôt se précipite vers le pont. Nos fantassins ont peine à arriver

à temps pour les fusiller du haut des rives escarpées du fleuve. Murat lance en vain ses dragons à leur poursuite ; les rapides cavaliers fuient bientôt à perte de vue et de toute cette multitude qui, il n'y avait qu'un instant encore, semblait une armée imposante, il ne restait plus rien : tout avait disparu. On pénétra dans le camp désert et là se trouva un immense butin. Devant la tente du commandant de l'armée, le fils du pacha de Damas, on vit avec horreur 4 têtes plantées sur des piquets et qu'on reconnut pour être celles de Français de la garnison de Safed pris dans une sortie. Murat donna l'ordre au commissaire des guerres Miot de rassembler tout ce qui pouvait être utile à l'armée et de brûler le reste. De leur côté, les soldats avaient rempli leurs havresacs d'objets de toute espèce, sans oublier les confitures et sucreries de Damas fort en réputation dans le pays et qu'ils avaient trouvées en profusion dans les tentes. Ramenés sur la rive droite pour y établir leur bivouac, leur camp devint bientôt un bazar où chacun étalait ses richesses, les vendait ou les troquait ; puis, la nuit venue, au lieu de se reposer, ils la passèrent à chanter, à danser, à fumer dans de belles pipes turques du tabac de Lattaquié et à se régaler de toutes les friandises qu'ils avaient trouvées tandis que sur l'autre rive du fleuve brûlaient les débris du camp des Damasquins. »

C'était un beau succès de plus à l'actif de Murat. Pourquoi ne pas compléter sa victoire en coupant la retraite à l'autre fraction de l'armée du pacha de Damas contre laquelle luttaient vers le mont Thabor Junot et Kléber, comme il venait de la couper aux assiégeants de Safed ? Et le voilà longeant la vallée du Jourdain par l'ancienne route de Damas à Tabarieh ; Colbert forme l'avant-garde avec les cent dragons ; il passe comme

l'éclair devant Khan-Minieh, le lac de Tibériade, Mejdel
— la Magdala de l'Évangile — et, le 17 au matin, Murat
entre sans résistance dans la ville de Tabarieh, l'ancienne
Tibériade, où il trouve des approvisionnements en assez
grande quantité pour nourrir l'armée pendant plusieurs
mois. Colbert avait poussé plus loin ; près du pont de
Magamah, au lieu de rencontrer l'ennemi, il se croise
avec des détachements français qui lui apprennent la
glorieuse victoire du mont Thabor : la grande armée
du pacha de Damas n'existe plus.

Malheureusement, il n'était pas aussi facile de triompher de la résistance de Djezzar pacha et de ses auxiliaires européens dans Saint-Jean-d'Acre que des Na-
plousains, des Moghrebins et des Arnautes de l'armée
de secours. Les munitions manquaient ; les plus braves
généraux étaient morts ou grièvement blessés, et dans
cette pénurie d'officiers supérieurs, Murat demande lui-
même à faire le service de tranchée. Il fallait songer à
la retraite. Malgré les privations, les troupes valides
franchirent en 25 jours les 119 lieues qui séparent
Saint-Jean-d'Acre du Caire. En entrant dans la capitale de l'Égypte, les soldats portaient des branches de
palmier comme des triomphateurs et poussaient devant
eux les captifs amenés de Syrie.

*
* *

De nouveaux périls menaçaient cependant l'armée
d'Orient. Mourad bey, le plus intraitable des chefs mameluks, avait recommencé ses courses hardies et ses
razzias ; la flotte anglaise convoyait une armée de
18 000 janissaires qui allait débarquer sur la plage
d'Aboukir. Après avoir refoulé Mourad bey dans le
désert, Murat se porte sur la route d'El-Rahmânieh à

Alexandrie et Bonaparte le charge à la fois de le renseigner sur les mouvements de l'armée turque et de maintenir les communications ouvertes avec la garnison d'Alexandrie. En prévision de la bataille prochaine, il lui confie le commandement de l'avant-garde constituée par la cavalerie sauf 2 escadrons, et 4 bataillons d'infanterie sous les ordres du général Destaing.

La presqu'île d'Aboukir forme une étroite langue de sable entre la mer et le Bahéireh-Mahadieh ; une sorte de digue la réunit à El-Beidah et à l'intérieur de la basse Égypte. C'est par cette digue que s'avançaient les troupes de Bonaparte. L'armée turque avait effectué son débarquement à l'extrémité orientale de la presqu'île ; elle s'était rangée en deux lignes obliques à la mer et au lac, mais le pacha qui commandait ces 18 000 hommes avait commis la faute de laisser entre l'aile droite de la première ligne et le bord de la mer un espace vide. Le profit que Murat en tira est dû à la plus belle inspiration de sa carrière militaire.

Tandis que l'artillerie de la division Lannes et du général Destaing échange quelques volées avec les batteries turques, il fait filer deux colonnes, à droite et à gauche de la première ligne turque. Au moment où les Turcs de la première ligne, pressés en avant par l'infanterie de Lannes et de Destaing, tentent de se replier sur la seconde ligne, leur retraite est coupée par les cavaliers de Murat qui les sabrent impitoyablement ou les jettent à la mer : 1 400 Turcs sont tués ou blessés, 1 200 faits prisonniers et 5 400 se noient. Restait l'autre ligne fortement appuyée au village et au château d'Aboukir ainsi qu'à une redoute appelée redoute du mont Vizir.

Pour renouveler l'opération qui avait si bien réussi à Murat, Bonaparte dispose une batterie de façon à prendre en enfilade l'aile gauche de l'ennemi et à la forcer à se rabattre sur le centre en découvrant un espace libre entre elle et la mer. Murat se lance aussitôt dans cette trouée avec le 14e dragons que commande le colonel Duvivier, l'un de nos meilleurs officiers de cavalerie, à la fois « intrépide, audacieux et prudent », le 3e dragons sous les ordres du colonel Bron et le 7e hussards qui a pour chef le colonel Detrez. Un feu violent parti à la fois des batteries turques et des canonnières qui croisent le long de la plage arrête son élan. Duvivier tombe frappé mortellement : les hussards ont 5 officiers et 10 hommes tués, 6 officiers et 2 hommes blessés. Un splendide effort de l'infanterie de Lannes qui enlève la redoute centrale sauve la cavalerie et celle-ci à son tour achève, plus ardente que jamais, la déroute de l'armée turque. Murat, toujours en tête, pénètre dans le camp ennemi ; il arrive jusqu'à la tente du généralissime, Seid Mustapha pacha, et le somme de se rendre. Le seraskier répond en lui tirant un coup de pistolet qui le blesse légèrement au-dessous de la mâchoire inférieure. D'un coup de sabre, Murat lui tranche deux doigts de la main droite et deux hussards parviennent à se rendre maître du pacha qui s'incline devant la volonté d'Allah et attend le sort que lui réserve le vainqueur.

Dans son rapport au Directoire, Bonaparte rendait pleinement justice à Murat : « Le gain de la bataille qui aura tant d'influence sur la gloire de la République, disait-il, est dû principalement au général Murat ; je vous demande pour ce général le grade de général de division ; sa brigade de cavalerie a fait l'impossible. »

De son lit, Murat que sa blessure immobilise pour quelques jours, dicte à son ami Bessières un bulletin de victoire qu'il destine à son père, bulletin où ne paraît que le traîneur de sabre des garnisons joyeuses, l'homme à bonnes fortunes, le méridional bellâtre, et non le soldat fier du succès auquel il a si brillamment contribué, le fils heureux de transmettre à son père la glorieuse nouvelle [1]. Il y a plus d'un de ces contrastes dans la carrière de Murat.

Murat allait pouvoir s'assurer par lui-même de la fidélité de « ses anciennes belles ». A la journée d'Aboukir il avait gagné mieux que le grade de général de division qui devait lui être confirmé le 19 octobre : l'attachement de Bonaparte. Le nom si haut en prestige d'Aboukir se liait désormais dans tous les esprits à celui de Murat. Et le général en chef lui donnait immédiatement la preuve de son amitié en le désignant parmi ceux qui allaient l'accompagner en France. Sorti de son lit et guéri, Murat est maintenant rappelé à la réalité des choses et sent le prix de l'estime et de l'affection qu'il obtient : il est prêt à se donner tout entier en échange. Récriminations de Malte, mauvaise humeur dans le désert, protestations de dévouement à Barras, que tout cela est loin ! Le soleil d'Égypte a fait fondre jusqu'à son ardeur républicaine d'antan. En mettant le pied sur la frégate la *Carrère*, Murat est l'homme de Bonaparte ; il est prêt à aider de toutes ses forces le coup d'État du 18 brumaire.

[1] « Si, en Europe, quelque belle pouvait, après un an d'absence, avoir conservé encore son cœur sensible pour moi, la nature de ma blessure doit porter une terrible atteinte à sa constance... La balle qui est entrée par un côté à côté de l'oreille et sortie directement à côté de l'autre, n'a offensé ni mâchoire, ni langue, ni cassé aucune dent. On m'assure que je ne serai nullement défiguré. Ainsi dites donc à ces belles, s'il en existe, que Murat, pour ne plus être aussi beau, n'en sera pas moins brave en amour. »

CHAPITRE III

LE COUP D'ÉTAT DE BRUMAIRE ET LE MARIAGE
DE MURAT. — SECONDE CAMPAGNE D'ITALIE

Le 9 octobre 1799, les frégates le *Muiron* et la *Carrère* abordaient dans le golfe de Fréjus après quarante-cinq jours de navigation.

La *Carrère*, commandée par le capitaine Dumanoir, portait Murat, Lannes et Marmont. En allant chercher à Toulon leurs voitures qu'ils y avaient laissées lors de l'embarquement de l'armée d'Égypte, Murat, Marmont et l'amiral Ganteaume faillirent être forcés de subir la quarantaine. Heureusement, Ganteaume eut la bonne idée de se jeter dans les bras de l'un des commissaires de la santé, comme s'il était profondément ému de le revoir après une si longue absence. Pour ne pas se mettre lui-même en quarantaine, le commissaire laissa passer sans autre difficulté les trois officiers généraux. Le service de santé à Toulon eût été d'ailleurs mal venu à se montrer exigeant après la réception faite par les habitants de Fréjus aux compagnons de Bonaparte,

Sources imprimées. — Outre les ouvrages déjà cités de MM. Masson, Lumbroso, le comte Murat, voir A. Chuquet, *la Jeunesse de Napoléon, Brienne;* — A. Chuquet, *Toulon ;* — duchesse d'Abrantès, *Mémoires ;* — Cugnac, *Campagne de l'armée de réserve,* 1800, t. I, — Gachot, *la Deuxième campagne d'Italie.* — Kellermann, duc de Valmy, *la Campagne d'Italie.*

qu'ils avaient enlevés sur leurs épaules et portés à terre en criant : « Nous aimons mieux la peste que les Autrichiens ! » Si la France en effet était plus à l'abri de l'invasion étrangère qu'elle ne le croyait, elle n'avait plus la moindre confiance en son gouvernement et le retour de Bonaparte ne pouvait être que le signal de la chute du Directoire. Nous n'avons pas à raconter ici les préliminaires du 18 brumaire; il nous suffira de rappeler sommairement quel fut le rôle de Murat dans les événements.

Officier de cavalerie, il était tout désigné pour négocier et déterminer l'adhésion au coup d'État des régiments montés, alors en garnison à Paris. Parmi ces derniers, se trouvait précisément celui dans lequel il avait servi comme chef d'escadron, et avec lequel il avait pris part à la répression de l'insurrection royaliste de Vendémiaire, le 21e chasseurs.

Les deux autres régiments, le 8e et le 9e dragons, avaient appartenu à l'armée d'Italie et de plus, le colonel de l'un de ces régiments, Sébastiani, était Corse, c'est dire qu'ils étaient acquis d'avance à Bonaparte. Pour achever, Murat confirmé le 19 octobre dans son grade de général de division, fut nommé le 9 novembre commandant de la cavalerie de la 17e division.

Le 19 brumaire, lorsque Bonaparte, irrésolu, ayant perdu contenance et sang-froid, sort de la salle des séances du Conseil des Anciens, et que son frère Lucien, impuissant à dominer le tumulte, abandonne la présidence et se réfugie au milieu des troupes, c'est Murat, accompagné de Leclerc, qui pénètre dans l'orangerie à la tête des grenadiers et en chasse les députés[1].

[1] Ces lignes étaient écrites quand parut le livre de M. Vandal : *l'Avènement de Bonaparte. I. La genèse du Consulat, Brumaire*, etc. On y trouve des détails sur le rôle joué par Murat au coup

Le service rendu ce jour-là aux Bonapartes devait plus contribuer à sa fortune que sa participation à la campagne de Syrie ou ses exploits à la bataille d'Aboukir. Et d'abord, il était nommé le 30 novembre commandant en chef et inspecteur de la garde des consuls; puis, un mariage qui devait entraîner des conséquences extraordinaires et inespérées pour son avenir, le faisait entrer dans la famille du premier consul. C'était une part assurée dans le butin si le chef du clan dépouillait un jour ses vaincus.

Dans la nuit du 19 brumaire, quatre grenadiers frappaient à la porte du pensionnat de Mme Campan et réveillaient en sursaut tout le personnel : « c'est Murat, en vrai chevalier amoureux, qui expédiait quatre grenadiers de la garde qu'il commandait pour apprendre à Caroline Bonaparte et à Hortense Beauharnais ce qui s'était passé à Saint-Cloud et la nomination de Bonaparte au consulat. Qu'on se figure, ajoute la reine Hortense, quatre grenadiers frappant aux portes d'un couvent de femmes. L'alerte fut générale. Mme Campan blâma hautement cette manière militaire d'annoncer la nouvelle. Caroline n'y vit qu'une preuve de galanterie et d'amour ».

d'État. Le 18 brumaire : « Murat avec sa cavalerie reçut la garde du palais Bourbon. » (p. 333.) Le 19, l'éminent historien montre notre général, associé pour tout le jour, avec Lefebvre et se faisant avec lui le principal moteur de l'action militaire. (p. 378.) Lorsque Bonaparte, au sortir de la salle des Anciens, harangue les troupes et s'agite frénétiquement devant elles en se plaignant d'avoir été victime d'une tentative d'assassinat, « Murat ne le quitte pas et tâche de le ramener au lieu de l'action principale » (p. 380). Enfin, quand vient le moment de mettre hors la salle les députés qui ont mis Bonaparte hors la loi, Murat est à la tête du groupe d'officiers qui « foncent vers la tribune ». Il est de ceux qui « hurlent : *Citoyens, vous êtes dissous !* Et il excite les grenadiers en leur criant : « *F..... moi tout ce monde-là dehors !* » (pp. 387-388).

Depuis qu'il l'avait vue à Mombello, Murat, en effet, était amoureux de la plus jeune sœur de Bonaparte. Maria Nunziata Bonaparte était née en Corse au mois de mars de l'année 1782, pendant que Napoléon était encore à Brienne. Son frère la vit pour la première fois en septembre 1786, lorsqu'il vint de Valence, sa garnison, passer un congé à Ajaccio. C'est lui qui changea dans la suite son nom de Maria Nunziata, de forme si franchement corse, en celui de Caroline, probablement en souvenir d'une jeune fille de Valence qui avait été son premier amour, amour tout platonique du reste, Mlle Caroline du Colombier. Lorsque la maison des Bonaparte fut pillée à Ajaccio par les Paolistes, en mai 1793, et que la mère de Bonaparte dut s'enfuir avec ses enfants dans des conditions dramatiques, Caroline qui avait alors onze ans, fut emmenée par Mme Bonaparte à la tour de Capitello, d'où toute la famille s'embarqua, le 31 mai sur la petite escadrille française qui tentait l'attaque d'Ajaccio. Le 3 juin, ils étaient en sûreté à Calvi chez les Giubega. Caroline vaqua sans doute comme ses sœurs dans la maison hospitalière des Giubega aux soins du ménage et confectionna le plat sucré du dîner. Mais le séjour de Calvi ne tarda pas à devenir dangereux; toute l'île s'insurgeait contre la Convention, et la famille Bonaparte se décida, non sans regrets, à émigrer sur le continent. Débarquée à Toulon, elle s'installa dans un petit village des environs, à La Valette, en juin 1793. La révolte de Toulon les força à s'éloigner un mois plus tard et à venir d'abord au Bausset, puis à Marseille. En 1794, Mme Bonaparte, Caroline et Paulette. sont appelées à Antibes par Bonaparte, alors général de brigade et elles vivent quelque temps dans la bastide ensoleillée du Château Sallé, un des bons souvenirs de jeunesse de Caroline. A l'automne de 1794 elles retournent à Marseille où elles vont demeurer pendant près de trois années. Vers la fin du mois de mai de l'année 1797, Mme Bonaparte mère qui voulait faire accepter par le glorieux général en chef de l'armée d'Italie, le mariage de sa fille Elisa avec un petit officier corse sans avenir et sans valeur, Bacciochi, s'embarquait à Marseille pour Gênes avec Bacciochi, Élisa, Caroline et Jérôme. Le voyage fut pénible, la petite troupe courut même des dangers, pourtant elle arriva saine et sauve à Mombello, le 1er juin. La mère et le fils se firent de mutuelles concessions. Bonaparte accepta le mariage d'Élisa et Mme Bonaparte approuva celui de Paulette avec Leclerc, qui se célébra le 14 juin. Mombello où toute la famille séjourna jusqu'aux premiers jours du mois de juillet, était un beau château des environs de Milan, ancien domaine des Pusterla, des Crivelli, des Arconati; les jardins plantés de beaux arbres et de fraîches charmilles, en étaient particulièrement agréables. Sous leurs ombrages, les brillants officiers de l'état-major de Bonaparte venaient se remettre des ardeurs du soleil d'été. Ils y faisaient une cour discrète à la reine de ce palais d'Italie, la toujours séduisante Joséphine, et aux beautés qui l'entouraient. Caroline, alors dans tout l'éclat de sa jeunesse, était du nombre. C'est à Mombello que Murat s'éprit de la sœur de son général en chef. Lui aussi avait tout pour plaire et pour séduire, et dès le premier jour il se fit aimer. Dans les salons trop petits pour les visiteurs, se pressaient des généraux qui à tour de rôle s'y reposaient quelques instants des fatigues de la guerre, les ambassadeurs des souverains de l'Italie ou les membres des gouvernements des républiques sœurs. C'était une vraie cour, la première dont aient joui les Bonaparte. A la fin de juin, Mme Bonaparte mère regagna la Corse avec Elisa et Bacciochi;

Joséphine rentra à Paris, pendant que Joseph, nommé ambassadeur de la République, auprès du gouvernement pontifical, s'acheminait vers Rome avec sa femme et Caroline, dont sa mère lui avait confié la garde comme à l'aîné de la famille. Ces derniers arrivèrent à Rome le 31 août 1797. Toute la ville des Papes fit fête d'abord au nouvel ambassadeur et à sa famille, Caroline reçut les hommages des poètes et des littérateurs. L'un d'eux dédia même « alla cittadina donzella Carolina Bonaparte » une œuvre dont le choix était au moins discutable s'adressant à une jeune fille : « le aventure di Saffo, poetessa di Mitilene ». Le buste de Sapho gravé au frontispice de l'ouvrage rappelait beaucoup les traits de Caroline et dans l'épître dédicatoire, les compliments n'étaient pas moins flatteurs que s'ils s'étaient adressés à une reine.

Mais Joseph n'était pas venu à Rome pour y faire célébrer sa sœur par les poètes et la faire comparer à Sapho. Sa tâche était de révolutionner la ville, d'amener la création d'une République nouvelle et surtout de remplir les caisses du Directoire de plus en plus vides. On sait les intrigues auxquelles donna lieu cette mission si étrange pour un ambassadeur et la mort dramatique du général Duphot, à la suite de laquelle Joseph dut s'enfuir le 30 décembre à Florence, puis gagner Paris par Milan. Caroline suivit son frère aîné à Paris comme elle l'avait suivi à Rome. Elle n'y savoura pas l'encens et les adulations des hommes de lettres, et dut entrer, à son vif déplaisir sans doute, dans la maison d'éducation de Mme Campan pour y perfectionner ses connaissances en lecture, écriture et grammaire, son instruction ayant été très négligée au cours de son existence vagabonde. Chez Mme Campan, elle trouva Hortense de Beauharnais, le sujet modèle de l'établissement, le petit phénomène du pensionnat, exécutant les travaux de broderie et de tapisserie que l'on expose au parloir et, qui se met au clavecin ou débite la poésie de circonstance les jours de grande fête. Entre ces deux jeunes filles, dont l'éducation et l'instruction étaient aussi différentes, la camaraderie de pensionnat, devait tourner, ainsi que le fait remarquer M. Frédéric Masson, en une haine profonde et durable.

Au retour d'Égypte, lorsque Bonaparte arriva en France, Caroline et Hortense quittèrent le pensionnat de Mme Campan et vinrent passer quinze jours à Paris. Caroline revit alors Murat, qui ne manqua pas de reprendre auprès d'elle les assiduités interrompues à Mombello, mais le 16 brumaire elle fut renvoyée brusquement ainsi qu'Hortense chez Mme Campan.

On a vu plus haut comment les grenadiers de Murat apprirent aux deux jeunes filles le succès du coup d'État. Si les mariages n'avaient jamais pour règle que les aspirations du cœur, Caroline eût été alors assurée qu'elle épouserait Murat. Mais les nécessités de la politique menacèrent de se mettre en travers des désirs des deux amoureux. Le premier consul songeait à faire entrer dans sa famille Moreau, son rival de gloire. Il fit même annoncer dans le *Moniteur* du 24 brumaire, le prochain mariage de Moreau avec l'une de ses sœurs. Caroline restait seule à marier : il ne pouvait donc s'agir que d'elle. On devine dans quelles transes dut vivre à ce moment la jeune fille. Pourtant, six semaines plus tard, elle épousait Murat.

Ce résultat inattendu fut dû d'abord au refus de Moreau qui ne cessa de se dérober, puis à la volonté énergique de Joséphine et aussi à l'amour même de Caroline qui sut manœuvrer. Moreau, par son refus, avait rendu presque ridicule la situation du premier consul. Après la note du *Moniteur*, Bonaparte se trouvait dans l'embarras et cela facilita le succès de Murat. En mariant tout de suite sa sœur, il paraissait attacher peu d'importance à sa première combinaison et n'éprouver aucune peine à se choisir un beau-frère parmi les plus brillants officiers de l'armée.

Quant à Joséphine, on a prétendu qu'en insistant auprès de Bonaparte pour obtenir le mariage de Caroline et de Murat, elle avait détourné les soupçons que ce maître, assez justement jaloux, nourrissait au sujet des anciennes relations de sa femme avec son ancien aide-de-camp : « Si c'est elle qui le marie ne sera-ce pas réponse à tout et pour Napoléon la certitude que si même Joséphine l'a pris jadis pour amant, elle a maintenant renoncé à lui ?... » Ainsi parle Mme d'Abrantès.

Nous rappelons qu'en donnant cette explication de l'appui de Joséphine, on se base sur des accusations sans fondement réel. La seule époque de sa vie où Murat eût pu avoir des relations coupables avec Joséphine est la courte période de son séjour à Paris, entre la bataille de Mondovi et le passage du Mincio. Qu'il l'ait courtisée et même de façon à la compromettre, nous n'en doutons pas. On plaisait par ces procédés à la coquette créole; on se conciliait ainsi ses bonnes grâces, mais ce n'est pas à dire que tout beau garçon qui approchait Joséphine obtenait d'elle les dernières faveurs. L'intervention de Joséphine dans le mariage de Caroline et de Murat peut s'expliquer plus simplement : elle espérait trouver dans le nouveau beau-frère du premier consul un allié pour lutter contre le clan de Bonaparte. Si le fougueux général pouvait lui devoir son bonheur, il lui serait plus attaché qu'à Bonaparte lui-même.

Le premier consul ne céda pas tout de suite, mais aux objections qu'il fit on sut opposer les services rendus par Murat à Aboukir et au 18 brumaire.

Le contrat fut passé à Paris le 18 janvier 1800 au palais du Luxembourg, en présence de Bonaparte et de Joséphine, des frères du premier consul, Lucien, Louis et Jérôme, d'Elisa et de son mari Bacciochi, de Fesch, d'Hortense, de Bessières, qualifié cousin de Murat, et de son ami, le chirurgien Yvan. Sur ses économies, Murat se constituait un avoir de 12 000 francs et Caroline recevait de ses quatre frères aînés, comme dot, une somme de 40 000 francs en espèces, « moyennant laquelle elle se reconnaît entièrement remplie et satisfaite non seulement de tout ce qu'il lui appartient et peut lui appartenir pour ses biens et droits paternels et collatéraux, maintenant ouverts et échus, mais encore pour ce qui peut lui revenir de la succession de la citoyenne sa mère, en quoi le tout consiste et puisse consister. »

Le lendemain, la famille partait pour Mortefontaine, propriété de Joseph Bonaparte. Le mariage, purement civil, était célébré au temple décadaire du canton de Plailly, le 20 janvier, par-devant Louis Dubos, président de l'administration municipale du canton de Plailly, département de l'Oise. Les témoins de Murat étaient Jean Bernadotte, ancien ministre de la guerre et Étienne Jacques-Jérôme Calmelet, homme de loi, demeurant à Paris ; ceux de Caroline étaient Louis Bonaparte et le général Victor-Emmanuel Leclerc, son beau-frère. Assistaient à la cérémonie et signèrent : Mme Bonaparte mère, le général Lannes, Fesch et des gens de moins grande notoriété, Carrière-Beaumont, Didier, Dorival et un personnage dont la signature mal faite se lit Dugar, mais qui devait être Agar, compatriote et ami intime de Murat. C'est avec une joie très vive et bien naturelle que

Murat avait annoncé ce mariage à son frère aîné [1].

Murat pouvait parler ainsi très sincèrement et sans songer à l'honneur et aux avantages que lui assurait une telle union. De Caroline Bonaparte, la duchesse d'Abrantès dit en effet : « Sa peau ressemblait à un satin blanc glacé de rose, ses pieds, ses mains et ses bras pouvaient servir de modèle, ses dents étaient charmantes comme toutes celles des Bonaparte. » Et la reine Hortense trace d'elle un portrait également flatteur.

Aussitôt marié, Murat quitte son logement de la rue des Citoyennes, aujourd'hui rue Madame, pour s'installer avec sa femme dans la partie nord des cours des Tuileries. Les nouveaux époux sont tout à leur amour, ne se mêlant guère des querelles de famille des Bonaparte. Ils se montrent dévoués à Joséphine, dont l'influence en ce moment est prépondérante. Un billet écrit par la future impératrice à son beau-frère le 20 juin 1800 témoigne même d'une grande intimité. Le 27 mai, Bonaparte avait fait présent aux époux Murat de l'argent nécessaire pour se procurer une maison de campagne aux environs de Paris, une partie du domaine de Villiers acheté à Mme Gabrielle Petit-Jean de Ménarchet, veuve de Bullion. Dans les salons où Murat et Caroline se montrent fréquemment, on remarque le très beau couple qu'ils forment. Caroline s'amuse franchement et avec simplicité, Murat, qui ne danse pas, tient respectueusement les gants et l'éventail de sa femme. Aux déjeuners intimes où Murat reçoit ses camarades, on sert parfois

[1] Voir le curieux passage des *Mémoires* de la duchesse d'Abrantès (t. II, p. 234-242) où elle donne les raisons qui rendaient Murat antipathique à Bonaparte ; elle fait un portrait physique flatteur de Caroline à l'époque de son mariage, et par contre, conteste la beauté de Murat, quitte, dans un autre passage à rendre justice à sa prestance.

un pot de résiné envoyé du Quercy : « C'est un régal de mon pays, dit Murat ; c'est ma mère qui me l'a fait et qui me l'a envoyé ».

On a remarqué que le mariage célébré à Plailly a été purement civil. Le mariage religieux de Murat et de Caroline ne fut célébré qu'en 1802, le 4 janvier, à onze heures du soir, dans les conditions suivantes.

Portalis avait amené rue de la Victoire le cardinal Caprara et dans une chambre on avait établi un autel. Après la bénédiction de l'union de Louis et de Hortense par le cardinal, Murat « s'approche de lui et lui dit qu'il est seulement marié civilement avec Caroline et qu'il désire contracter un mariage *in facie Ecclesiæ* ». Caprara, leur confère immédiatement le sacrement en présence de Cambacérès, de Lebrun et de Portalis comme témoins. La cérémonie se termine par un souper auquel n'assistent ni Bonaparte, ni le cardinal Caprara.

Murat n'avait jamais cessé de porter affection à son pays natal. Il s'intéressait toujours à ses compatriotes et ne reculait devant aucune démarche pour leur être utile. Ainsi il intervint et usa de son influence pour obtenir que la préfecture du département fût établie à Cahors maintenu comme chef-lieu[1]. Lors de son mariage, il avait formé le projet d'aller avec Caroline passer le printemps de 1800 dans le Lot.

La formation de l'armée de réserve et la préparation d'une campagne par le premier consul pour cette époque détruisirent cet espoir et mirent fin à sa lune de miel.

*
* *

Dans un ordre du jour en date du 20 avril, Murat est désigné comme lieutenant du général en chef de l'armée

---

[1] Bulletin de la Société des Études du Lot, III, 3, 158.

de réserve; il est mis à la tête de la cavalerie ; Lannes lui succède au commandement de la garde des consuls. Dès le 19 avril, Murat arrivait à Dijon et transmettait à Bonaparte son impression, flattant celui auquel il écrivait, tout en se montrant content de soi-même. « Il se félicitait tout particulièrement de l'accueil qu'il avait reçu de tous. »

Le maréchal Victor constate, à la vérité, que Murat fut reçu avec joie par les troupes de l'armée de réserve à Dijon; sa présence n'annonçait-elle pas l'arrivée prochaine du premier consul?

Murat inspecte tour à tour les troupes à cheval de Pontarlier et de Dôle. Il trouve le 7e régiment de chasseurs à cheval dans un état pitoyable, sans armes, sans chevaux, ne pouvant mettre en ligne que 140 hommes. Le chef de brigade est mauvais; Murat propose pour le remplacer le chef d'escadron Cavaignac.

A la suite de ce rapport, le premier consul envoie le 7e régiment de chasseurs en Hollande pour y prendre « les trois mois de repos dont il avait besoin. »

Murat concourt à l'organisation de l'armée de réserve, aidé par le général Louis-Auguste Juvénal des Ursins, comte de Harville.

Il accompagne Bonaparte à la revue que le premier consul passe le 12 mai à Lausanne. Il fait nommer au grade de général de brigade Champeaux, et tandis que celui-ci commandera les chasseurs et Kellerman la grosse cavalerie, Murat, tout en gardant la direction générale de la cavalerie, se chargera plus spécialement des deux brigades de cavalerie légère.

Le 17 mai, l'armée commence sa marche en avant pour gagner la crête des Alpes. La cavalerie quitte Morges et Lausanne ce jour-là, contourne le lac et prend la direction de Bex et d'Aigle. Elle est groupée à Martigny lorsque Bonaparte arrive, le 18 dans cette petite ville du Valais[1]. Tandis qu'elle se prépare à passer les Alpes, Murat s'installe à Saint-Pierre chez le chef de la municipalité, M. Max, à côté du logement du commandant d'armes. Le 20 mai, il attend le premier consul à l'entrée du village. Bonaparte, étonné de voir sur son passage des escouades en armes, rappelle à Murat qu'il désire que son incognito soit respecté et va se reposer à l'auberge Moret en attendant l'heure de monter à l'hospice du Saint-Bernard, non sur un cheval fougueux, comme l'a représenté la peinture officielle, mais sur un paisible mulet. Le soir, peu à près le passage de Bonaparte et derrière la garde consulaire, la cavalerie se met en mouvement avec Kellermann à sa tête et Duvigneau à l'arrière-garde. L'histoire de cette ascension des plus pénibles est connue. Malheureusement, si on a recueilli jusqu'aux moindres anecdotes qui se rapportent au passage de Bonaparte, personne n'a noté les impressions que Murat ressentit pendant les quinze heures qu'on mit à faire franchir à 6 200 hommes la distance qui sépare la gorge de Minouée du châlet de la Vacherie.

L'infanterie avait déjà fait de bonne besogne dans la vallée d'Aoste. Lannes s'était emparé de la ville d'Aoste; il avait culbuté à Châtillon une colonne autrichienne qui tentait de lui barrer le passage. La cavalerie n'avait qu'à suivre la voie ainsi ouverte, mais un obstacle imprévu, le fort de Bard arrêta soudain l'élan de l'avant-garde. Tandis que la division Boudet bloquait ce fort presque imprenable, on découvrait un sentier qui permettait tout au moins à Lannes de le

---

[1] Murat acheta en 1801 pour vingt-cinq louis la voiture avec laquelle Bonaparte avait fait le trajet jusqu'au commencement de la montée du Grand Saint-Bernard et qu'il avait donnée aux chanoines de Martigny (Cugnac).

contourner et d'arriver jusqu'à la ville d'Ivrée que son infanterie enlevait pour ainsi dire au pas de course, le 23 mai. Ce même jour, la cavalerie de Murat parvenait en vue du fort de Bard et suivait à son tour le sentier, difficilement praticable du reste, par lequel avait passé Lannes l'avant-veille. La brigade Champeaux était à Ivrée, les autres brigades un peu en arrière.

On entre en Piémont ; le rôle de Murat devient plus important.

Il s'avance sur la route d'Ivrée à Verceil, refoule un détachement ennemi et occupe Santhia. Le 27, il entre dans Verceil et lance les chasseurs à la poursuite de l'ennemi qu'il oblige à se réfugier à Casale. Berthier dit dans son rapport : « Le général Murat obtient de brillants succès sur l'ennemi », ce que Bonaparte confirme dans son troisième bulletin.

La course reprend presque sans arrêt jusqu'à Milan. L'une après l'autre, les rivières qui auraient pu retarder la marche de l'armée sont franchies sabre au clair. La Sesia, d'abord, malgré son courant très rapide, est passée en deux jours et les Autrichiens sont repoussés, baïonnette au canon. Murat entre dans Novarre le 29 mai [1].

Le général Festenberg, impuissant à arrêter les Français sur les bords de la Sesia s'était replié derrière le Tessin. Il espérait y être plus heureux. L'eau passée, il avait rompu son pont de bateaux et retiré toutes les barques qu'il avait rencontrées jusqu'à Pavie. Murat groupe ses forces et se munit de renseignements. Le 31, à la pointe du jour, il se dirige vers Galliate où il compte tenter le passage. Il ne faut pas perdre un instant, car

[1] Voir les détails de ces opérations très intéressantes, comme de celles qui suivent, dans le même ouvrage de M. de Cugnac.

Festenberg attend les renforts. L'artillerie des Autrichiens, très bien retranchée sur l'autre rive du Tessin, juste en face de Galliate, ouvre aussitôt le feu sur la colonne française. Murat leur fait répondre par les canonniers de la garde des consuls et l'artillerie de la division Boudet. Les habitants de Galliate lui amènent quelques barques qu'ils ont soustraites aux perquisitions des Autrichiens. Les grenadiers, les uns montant ces embarcations, les autres en entrant dans l'eau atteignent une île située au milieu du Tessin. De là, ils dirigent une fusillade nourrie sur les Autrichiens et bientôt la rive gauche du fleuve est gagnée. A 6 heures du soir, 1 500 hommes ont passé l'eau. Turbigo, compromis un moment par une manœuvre du général autrichien Loudon, est repris à 10 heures et la route de Milan est ouverte. A minuit seulement, Murat peut prendre un repos bien gagné.

La concentration s'effectue le 1er juin autour de Buffalora.

Murat marche sur Sedriano.

Le 2 juin, à 4 heures du soir, « quand le tonnerre grondait au loin, six régiments de cavalerie entraient dans Milan par la porte de Verceil et se répandaient dans la ville. Murat avait fait annoncer l'arrivée du premier consul ».

Murat se repose deux jours à Milan et retrouve sans doute dans la capitale de la Lombardie quelques-unes de ses connaissances de la campagne de 1796. Mais Bonaparte n'est pas disposé à laisser ses troupes s'endormir dans les délices de Capoue. La première partie des opérations a réussi. Par une étonnante marche à travers les Alpes l'armée française a atteint le cœur de l'Italie du Nord, sans combats bien sérieux, mais le premier consul veut délivrer Gênes et forcer Mélas à lever le siège de cette malheureuse ville. Il s'agit d'empêcher l'armée autrichienne de recevoir un secours de son pays et de tendre à l'ennemi le filet dans lequel il trébuchera. Le mieux et le plus pressé pour y arriver est de s'assurer la possession des deux rives du Pô. Murat est passé maître dans l'art de franchir les rivières à gué ou de s'emparer des ponts mal gardés. Bonaparte compte sur lui et lui confie, outre sa cavalerie, la division d'infanterie Boudet qui, pour garder les abords de Milan, occupe Lodi. Murat y arrive le 4 juin.

Il en repart le lendemain à trois heures du matin et arrive en vue de Plaisance qu'occupe le général Mosel. Après une vigoureuse action de plusieurs heures, Murat qui a perdu beaucoup d'hommes, fait cesser le feu avant la nuit. Mais les Autrichiens, plus éprouvés encore que les Français, s'empressent de repasser le pont. Quatre-vingts d'entre eux sont faits prisonniers par une poignée de soldats qui s'étaient jetés à leur suite dans les ouvrages de la tête du pont.

Murat était évidemment maître de la rive gauche, mais ses instructions lui prescrivaient de passer sur la rive droite. Toute la journée du 6 juin, il contemple Plaisance, se demandant avec une certaine inquiétude s'il pourra l'atteindre bientôt. Une division d'infanterie ne saurait franchir le Pô à la nage.

Quelques barques sont trouvées au village de Nocetto ; c'est peu pour traverser. Mais la garnison de Plaisance commence à recevoir des renforts, Murat se décide à brusquer l'entreprise. Il passe le Pô dans vingt petits bateaux.

Débarqué sur l'autre rive, il refoule les vedettes ennemies, lance un bataillon à la poursuite de 1 500 chariots qui roulent sur la route de Parme et se met en devoir de forcer l'entrée de Plaisance. La place est bien défendue, mais grâce aux opérations combinées des généraux Musnier et Boudet, les portes sont bientôt prises et le Pô franchi par l'artillerie et la cavalerie sur des ponts volants. Au moment où les hussards postés à Saint-Lazare en éclaireurs, vont perdre le terrain qu'ils disputent pied à pied aux Autrichiens venus de Parme, Murat accourt et balaye la grande route au pas de charge. Les bataillons autrichiens sont rompus.

Ce succès est le plus brillant qu'ait remporté Murat pendant la seconde campagne d'Italie, et lui est bien personnel, puisque comme aux précédents combats il commande en chef. Il y prit 13 canons, 2 drapeaux, des magasins considérables, 30 bateaux chargés de vivres et fit 1500 ou 1600 prisonniers; c'est également à Plaisance que tomba entre les mains de Murat le courrier de Mélas qui apprit à Bonaparte la capitulation de Gênes.

Murat continua le blocus de la citadelle de Plaisance jusqu'au 9 juin; à cette date il est relevé par la division Loison et reçoit l'ordre de rejoindre le gros de l'armée. En quittant Plaisance, il adresse une lettre très intéressante et bien caractéristique à Bonaparte. Il demande des renforts. Avec des hommes il arriverait à occuper utilement le pays. Il termine ainsi : « Je n'ai d'autre ambition que de conserver votre amitié et votre estime. L'épouse du général O'Reilly est ici dans mon logement. J'ai eu pour elle tous les égards que l'on doit au beau sexe, quoiqu'elle soit passablement laide... Je ne vous écris pas, mon général ; je craindrais de vous faire de la peine ainsi qu'au général Berthier, persuadé d'ailleurs qu'il vous communique toutes mes lettres ».

On remarquera qu'à l'armée, Bonaparte tient à ce que Murat ne soit pas le beau-frère du premier consul mais le général Murat, commandant la cavalerie. Dans les relations d'ordre militaire, il le place sur le même pied que ses collègues en commandement ; Murat correspond avec Berthier, général en chef titulaire de l'armée de réserve et non directement avec Bonaparte.

Au sortir de Plaisance, dans la soirée du 9 juin, les troupes de Murat voient leur marche retardée par les eaux gonflées de la Trebbia. Elles campent pourtant le 10 entre Broni et San Giuletta.

C'est alors que Desaix revenu d'Égypte, en prend le commandement et Murat est replacé à la tête de toute la cavalerie. Il traverse la ville de Voghera au trot, pendant que le premier consul, accoudé à une fenêtre avec un parlementaire autrichien montre à celui-ci la fameuse armée de réserve en marche, cette armée que l'on qualifiait d'imaginaire et dont les caricaturistes anglais avaient tant ri.

Après avoir mis les troupes en route et avoir rétabli les communications avec Lannes, Murat retourne à Voghera, près du premier consul. Le 13 juin, au matin, les deux brigades ne sont pas au repos depuis deux heures que Berthier fait sonner le boute-selle. Murat envoie l'ordre de ne pas entrer dans Tortone mais de se diriger par un chemin de traverse sur Castelnuovo di Scrivia. Là, on franchit la rivière. Sur l'autre rive, Murat passe les troupes en revue et se met à leur tête. A midi, la cavalerie est à Salé et à 3 heures, elle débouche dans les belles pleines de San Giulano, « les seules, écrit Duvignau, que nous ayons rencontrées dans toute l'Italie où la cavalerie puisse être employée utilement ». C'est là que se livrera le lendemain la bataille de Marengo. On sait que le principal rôle du général de cavalerie fut joué dans cette bataille par Kellermann, le fils du vainqueur de Valmy. Murat se porta successivement sur tous les points de contact et partout, fit preuve, pour le moins, de courage et d'ardeur. Le rapport de Berthier au premier consul, en date du 14 juin, dit : « Le général Murat a eu ses habits criblés de balles ». Dans un deuxième rapport de même, on lit : « le général Murat, qui a rendu tant de services dans cette campagne, fait l'éloge du courage et des talents qu'a déployés le général Kellermann qui a puissamment contribué à la victoire ». De plus, l'adjudant Brossier dans le journal de la campagne de l'armée de réserve, déclare que le « lieutenant général Murat a acquis de nouveaux droits à l'admiration générale des armées françaises ». Il est difficile toutefois de préciser le rôle de Murat, chaque brigade ayant agi indépendamment.

Murat ne songea pas d'ailleurs dans cette circonstance à s'attribuer tout le mérite. Il demanda le grade de général de brigade pour Berthier, son ancien ennemi d'Égypte avec qui il se réconcilia de cette façon, et proposa son aide de camp, Colbert, pour les fonctions d'adjudant général.

Le premier consul rentrait à Paris dans la nuit du 2 au 3 juillet et reprenait en mains la direction des affaires de l'État. Murat l'y accompagnait, le commandement de l'armée d'Italie ayant été confié le 24 juin à Masséna.

CHAPITRE IV

ANNÉES DE PAIX. — LE COMMANDEMENT EN ITALIE

Si l'historien ne peut établir que Murat ait joué un
rôle prépondérant à Marengo, il a la certitude que la
deuxième campagne d'Italie ne fit qu'ajouter à la réputation du général de cavalerie. Les consuls de la République pour « lui donner une preuve toute particulière
de la satisfaction du peuple français » lui décernèrent
un sabre d'honneur, le 23 juin 1800. Murat espérait
tirer un tout autre profit de ce mérite qu'on lui recon-
naissait : l'objet de ses convoitises, de ses espérances à
ce moment était un commandement d'armée. Caroline
y songeait de son côté : pendant que Murat guerroyait
en Italie, elle avait agi près de Joséphine qu'elle ne quittait guère, se montrant à ses côtés dans tous les bals,
dans toutes les fêtes, prenant l'attitude modeste d'une
élève qui accompagne son maître, affectant une profonde déférence pour la grande dame de l'ancien

SOURCES IMPRIMÉES. — Outre le livre de M. Lumbroso et la Correspondance de Napoléon, voir Boulay de la Meurthe, *Documents
sur la négociation du Concordat*, t. I. — Giovanni de Castro,
Storia d'Italia del 1799 al 1804. — C. Tivaroni, *Storia critica del
risorgimento italiano ; l'Italia durante il dominio francese*, t. II.
— C. Botta, *Histoire d'Italie de 1789 à 1814*, t. IV. — F. Masson, *Napoléon et sa famille*, t. II. — H. Welshinger, *le Duc d'Enghien*.

SOURCES MANUSCRITES. — Archives historiques de la guerre : Corps
d'observation, 1801-1802 ; — Armée d'observation, 1802-1804.

régime dont elle attendait les meilleures leçons d'élégance mondaine. Jusques dans les luttes familiales, Mme Murat se montrait attachée aux Beauharnais plutôt qu'aux Bonaparte. Aussi la traitait-on plus que jamais de « petite femme charmante qui se conduit à merveille ». Les efforts réunis des deux femmes ne purent cependant faire donner à Murat que le commandement d'une division de grenadiers et d'éclaireurs, campée, il est vrai, entre Beauvais et Amiens, aux portes de Paris, ce qui devait permettre à ce général de se trouver plus souvent dans les salons de la capitale qu'à son poste.

La nomination de Murat est datée du 14 thermidor an VIII (2 août 1800). Le lendemain, il s'adressait à Bonaparte sans passer par l'intermédiaire du ministre de la guerre, ce qui eût été hiérarchique et donc régulier, pour lui demander avec qui il devait correspondre, quel était son chef direct, quel serait son traitement, quel titre il devait prendre et à combien monteraient les frais extraordinaires qu'on lui allouerait. Il voulait avoir pour chef d'état-major César Berthier, assurément pour se mettre dans les bonnes grâces de l'ancien général en chef « titulaire » de l'armée de réserve, et comme commissaires des guerres Michaux et Miot, deux amis de la campagne d'Égypte. Huit jours plus tard, il s'informait de l'organisation des grenadiers et exposait ses desiderata : un drapeau par bataillon, une musique par deux bataillons, des bonnets à poil pour tous les grenadiers et des sacoches pour tous les éclaireurs : « Vous sçavez que le bonnet à poil est la coeffure du grenadier ; en effet, quel est l'ennemi assez maître de son moral pour ne pas être ébranlé à l'approche d'un corps nombreux de grenadiers que le bonnet grandit d'un pied et lui donne l'air le plus militaire possible ? »

Tout en se souciant du bon état du corps qui lui est confié, Murat ne cesse de regarder son commandement comme une mission provisoire et qui ne peut que trop durer. Il a jeté son dévolu sur la nouvelle armée de réserve formée à Dijon, mais Joseph lui oppose un concurrent : son autre beau-frère, Bernadotte ; à preuve une lettre publiée par M. Masson, que Murat adresse à Joseph, à Lunéville, le 13 novembre 1800, et qui a pour but de faire comprendre au frère aîné du premier consul que ses menées sont devinées et qu'au nom de l'intérêt même du *clan*, il est décidé à parler haut. Murat va jusqu'à menacer de sa démission si Bernadotte l'emporte sur lui : « Je ne verrai jamais passer tranquillement le pouvoir, dit-il, dans les mains d'un homme qui, au 18 brumaire, était avec ceux qui ont voté la mise hors la loi de ta famille. »

Le motif invoqué pour éloigner Bernadotte était habilement trouvé et la persévérance de Murat fut récompensée. Le 20 novembre 1800, il était appelé au commandement d'un « corps d'observation » rassemblé à Dijon. Le surlendemain, il recommandait au ministre de l'intérieur l'un de ses compatriotes, Agar, que nous retrouverons plus tard mêlé d'une façon intime à la vie politique du grand-duc de Berg et du roi de Naples, et le 27, il prenait possession de son poste.

La nouvelle situation de Murat ne le satisfaisait pas complètement. Malgré tout ce qu'il avait fait pour l'obtenir, son commandement n'avait guère plus d'importance que celui d'un divisionnaire, et c'est surtout le titre de général en chef qu'il enviait, dût-il n'avoir sous ses ordres que quelques bataillons. Témoin le post-scriptum de la première lettre qu'il écrit de Dijon à Bonaparte et qui trahit la vanité presque naïve dont il fit preuve toute sa vie. Le 5 décembre, il insiste sur le même sujet dans une lettre au ministre de la guerre : il n'acceptera comme général en chef, s'il ne l'est lui-même, que le premier consul et désire qu'on ajoute quelques régiments à son corps d'armée.

Cependant, Murat prenait toutes les dispositions nécessaires pour assurer l'exécution des ordres de Bonaparte. Il envoyait l'adjudant général Reille au Petit-Saint-Bernard pour reconnaître le passage et faire effectuer les réparations qu'exigerait l'état des chemins ; toutes les troupes étaient habillées, équipées et soldées dans les premiers jours du mois de décembre et les diverses colonnes en route vers l'Italie.

Murat quitte à son tour Dijon et arrive à Genève le 12 décembre. Malheureusement, les rigueurs de l'hiver et les défectuosités des voies de communication ont presque mis hors d'usage toute son artillerie et il se lamente auprès du ministre de la guerre : « Les routes de Paris à Dijon, et de Lyon à Genève, sont affreuses ». Il se plaint aussi du mauvais esprit des fonctionnaires ; « Tous les maires, préfets et sous-préfets favorisent ouvertement la désertion ; il est temps que le gouvernement prenne les mesures les plus vigoureuses ; autrement, il ne doit plus compter sur les conscrits qui n'arrivent dans les dépôts que pour y voler un habit et s'en retourner chez eux. » Murat est plutôt pessimiste : est-ce le chagrin de n'être pas général en chef qui lui fait voir tout en noir ?... Quoi qu'il en soit, le ministre de la guerre envoie le 16 décembre à Murat l'ordre de faire partir successivement tout le reste des troupes et de se rendre à Milan en suivant le même itinéraire que l'avant-garde. Et le lieutenant général « commandant un corps d'observation », se met en route en continuant à maugréer. Il arrive dans la capitale de la République cisalpine à la fin du mois de décembre.

C'est là qu'il apprend l'attentat de la rue Saint-Nicaise. Il écrit à Bonaparte le 1er janvier 1801, à ce sujet dans un style qui rappelle les pompeuses périodes des plus beaux jours révolutionnaires. A la fin de cette lettre, il lance la flèche du Parthe contre Brune qui commande l'armée d'Italie et sous les ordres duquel il veut éviter à tout prix d'être placé.

Depuis son départ de Paris, Murat n'a reçu aucune lettre du premier consul, qui se dispense sans doute avec intention de répondre aux récriminations de son beau-frère. Celui-ci s'inquiète de ce silence : on est mécontent de lui, il veut retourner près de Caroline. Cette fois, Murat obtient une réponse de Bonaparte qui ne lui donne pas envie d'y revenir : « Je n'approuve pas toutes les observations que vous me faites. Un soldat doit rester fidèle à sa femme, mais ne désirer la revoir que lorsqu'on juge qu'il n'a plus rien à faire [1]. » Murat pourrait opposer Bonaparte à Bonaparte et lui rappeler certains souvenirs de la première campagne d'Italie, mais s'il y pense, il se garde bien de le faire. Oserait-il risquer d'indisposer davantage le premier consul, lorsque celui-ci l'appelle dans sa lettre « lieutenant du général en chef de l'armée d'Italie », ce qui lui indique clairement qu'il reste sous les ordres de Brune, général en chef de l'armée d'Italie ? De nouveau, le 13 janvier, dans une courte note, Bonaparte rappelle à Murat que le corps d'observation fait partie de l'armée d'Italie et qu'il doit correspondre avec le général en chef et lui rendre compte de toutes ses opérations.

Pendant que Murat se rendait à Milan, Macdonald franchissait le Splugen par une marche plus belle que

[1] Ces lettres, comme la plupart de celles de Murat qui sont citées dans ce chapitre sont conservées aux archives de la guerre et inédites.

la traversée des Alpes par Bonaparte, et remportait les victoires qui obligeaient son adversaire à signer l'armistice de Trévise (le 16 janvier 1801).

A son arrivée à Milan, Murat, en somme, trouva les opérations les plus importantes contre les Autrichiens terminées. Avant l'armistice de Trévise, le premier consul songeait à l'envoyer s'emparer de la ville et du port d'Ancône. Le ministre de la guerre l'avait informé par lettre du 2 janvier que le corps d'observation formait une réserve chargée de cette opération et que le général Brune devait la faciliter de tous ses moyens. A son tour, le 9 janvier, Brune avait transmis à Murat l'ordre d'occuper Ancône et la Toscane, tandis que le général Miollis qui avait été précédemment désigné pour cette expédition ferait le siège de Mantoue.

Murat se sentait donc de plus en plus subordonné à Brune. Il ne put s'empêcher de laisser éclater sa rage. Dans une lettre du 13 janvier, il demande d'abord à être remplacé, puisqu'il n'est pas sous les ordres directs de Bonaparte, déclare qu'il n'a rien contre Brune, mais qu'il ne veut plus être le témoin de ses fautes comme général et le dénigre méthodiquement en affectant de louer Macdonald et Moncey. A la même époque, il renvoie le général Sarrazin à Paris, pour indignité et refus d'obéissance.

Bonaparte ne répondit pas au violent réquisitoire de Murat contre Brune; il lui fit seulement observer qu'il lui avait assez montré sa confiance en lui accordant le commandement de la Toscane. En même temps il lui donna des instructions formelles. Murat n'eut qu'à obéir et se mettre en route. La marche vers Ancône allait le faire entrer en relation avec les trois gouvernements de Toscane, des États Romains et de Naples, c'est-à-dire le mettre aux prises avec les difficultés diplomatiques, plus embarrassantes encore que les difficultés militaires. Murat arrivait à Bologne dans la nuit du 17 au 18 janvier. Cette ville était occupée par les Français depuis l'armistice d'Alexandrie; Bonaparte y avait envoyé le 28 juin 1800 le général Monnier, bien que le sort des Légations n'eût pas été réglé d'une manière précise par la Convention, et depuis lors elle était restée le quartier général de l'aile droite de l'armée d'Italie.

De Bologne, Léopold Berthier, frère du ministre de la guerre et chef d'état-major du corps d'observation, annonça le 18 janvier aux Romains, dans une proclamation, que le corps d'armée aux ordres de Murat, qu'il traitait de « général en chef » (Murat trouva-t-il une consolation dans cette usurpation d'un titre tant désiré ?) était en marche pour aller occuper Ancône. Peu respectueux de la vérité, il prétendait que depuis Campo-Formio, ce port appartenait à la République française, il ajoutait que celle-ci n'aspirait pas à une nouvelle conquête et que sa seule intention était de rétablir l'ordre et la tranquillité et de donner la paix à l'Europe.

C'est également à Bologne que Murat reçut le général Levachov, grand veneur de la cour de Russie envoyé à Palerme pour porter des croix et des cordons à la cour de Naples, en échange de ceux que le prince de Belmonte avait remis à Paul Ier. Déjà à Vicence, Levachov avait été l'objet des attentions de Brune. Murat sachant que Bonaparte recherchait une entente avec la Russie, renchérit sur la réception de Brune. Il écrit lui-même au premier consul : « bals masqués, grandes illuminations dans la ville et à tous les spectacles, grands repas, gardes d'honneur, visites de toutes les autorités, voilà de quelle manière j'ai tâché de recevoir M. de Levachov. » Ce dernier suivit Murat à Florence, où le général Miollis venait de demander à son chef de se porter en toute diligence, parce que l'armée napolitaine, sous les ordres de Damas, tentait de faire en Toscane une diversion dont ne s'étaient pas d'abord bien émus Brune ni Bonaparte.

Grâce à l'activité de Miollis qui avait fait sortir de Sienne les Napolitains, lorsque Murat entra dans Florence, le soir du 20 janvier, avec le corps d'observation, tout était fini ; il n'y avait plus, pour ainsi dire, un coup de fusil à tirer. Sur le conseil de Levachov, qui lui rappela que le tsar avait officiellement demandé à Bonaparte d'épargner le royaume de Naples, il fit porter par un de ses officiers au comte de Damas une lettre où il lui demandait si, après sa défaite à Sienne, puisqu'il savait que les Français avaient toujours eu l'intention d'arrêter leurs opérations à Ancône, il conservait « des vues hostiles ». Le comte de Damas répondit en demandant une trêve, et Murat s'empressa de soumettre au premier consul un projet d'armistice à accorder aux Napolitains[1].

Le général Paulet s'étant emparé d'Ancône, Murat désigne un bataillon pour y tenir garnison.

*
* *

A Florence, une triple préoccupation l'absorbe : établir sa situation en Toscane, et régler ses relations avec la cour de Naples et avec le gouvernement pontifical.

La Toscane avait subi bien des changements depuis quelques années.

Son souverain, Ferdinand III, s'était retiré en Au-

---

[1] Voir Boulay, de la Meurthe, *op. cit.*, p. 341.

triche le 27 mars 1799 ; alors elle avait été occupée par les Français, puis gouvernée par une régence au nom du grand-duc. Le général Dupont avait chassé les régents, en octobre 1800, mais un quadrumvirat d'hommes aussi hostiles à la France les avait remplacés, enfin Miollis venait de leur substituer trois chefs d'État modérés et prudents, Chiarenti, Pontelli et de Ghors, suspects par conséquent aux jacobins toscans.

Dans une lettre restée inédite, Murat peint bien la situation lamentable de la Toscane, à son arrivée à Florence ; elle peut se résumer en deux mots : misère et anarchie. Il fit publier une proclamation en italien invitant le peuple au calme et à la confiance et menaçant toute tentative de désordre de répression sévère. A la fin de janvier il se rendit à Livourne où il prit des mesures capables de déjouer les intelligences des Italiens avec les Anglais : confiscation des marchandises anglaises, renvoi des nationaux anglais, saisie des lettres et plis provenant d'Angleterre ou de Hambourg, etc. puis il revint à Florence.

Il y trouva la réponse de Talleyrand relative au projet d'armistice avec Naples qu'il avait soumis au premier consul. Le ministre l'avait trouvé trop large et recommandait à Murat de ne conclure avec le roi de Naples qu'un armistice de quinze jours, et de se contenter de demander la liberté de Dolomieu et des Français détenus en Sicile, l'évacuation du château Saint-Ange et de l'État romain par l'armée napolitaine et la cessation de l'envoi de vivres à l'escadre anglaise qui bloquait Malte.

A ce moment en effet, le roi des Deux-Siciles, en la personne du marquis de Gallo, est admis aux conférences qui se poursuivent à Lunéville en vue de la paix. Le mouvement de l'armée de Murat sur Foligno ne peut avoir pour but que de peser à la fois sur les décisions de l'Autriche et de la cour de Naples. Dans la nuit du 24 au 25 janvier, Murat avait déjà donné les instructions nécessaires pour que toutes ses troupes fussent réunies le 5 février autour de Foligno, dans l'État romain. A la première lettre qu'il avait reçue du comte de Damas, il avait fait une réponse tellement hautaine et belliqueuse (sous la signature de son chef d'état-major Berthier) que le comte de Damas en la recevant, était parti de Rome pour Naples, afin d'y demander des instructions à son gouvernement. Toutefois, il avait envoyé auparavant un aide de camp à Murat pour lui proposer une entrevue. Comme ni le prince héritier, ni le ministre Acton n'étaient à Naples, le comte de Damas était revenu à Rome, le 27 janvier, sans instructions nouvelles. Sa proposition d'entrevue était refusée par Murat, dans un style prétentieux. Derrière des appels à Dieu et à l'Humanité on devinait son intention d'amener la cour de Naples à composition, sans avoir besoin de tirer l'épée.

Murat ne fait là qu'appliquer le programme politique du premier consul, qui veut ménager la cour de Naples pour plaire au tsar. Puisqu'il n'a pas de gloire militaire à tirer de la campagne facile qu'on pourrait entreprendre, il veut au moins se donner les mérites du négociateur. Il le laisse entendre à Bonaparte en lui transmettant la lettre que le comte de Damas, lui a fait remettre. L'envoyé « m'a déclaré franchement, dit-il, que le roi de Naples verrait avec plaisir que je serais la personne que vous désigneriez… » pour traiter. Plus tard dans une autre lettre, il se chargera d'obtenir du chevalier Micheroux, « dans les vingt-quatre heures », tout ce que voudra Bonaparte.

C'est à Ancône, où Murat était allé installer une garnison française et faire partir des bâtiments pour l'Égypte, qu'il reçut, le 13 février, une deuxième lettre de Talleyrand lui donnant les instructions précises sur l'armistice à conclure avec les Napolitains. Il rentra aussitôt à son quartier général, à Foligno. Il y trouva une nouvelle proposition d'accord du comte de Damas rédigée après une consultation du prince de Naples et de Levachov. Cet accord portait que : 1° l'armée napolitaine évacuerait les États romains, mais qu'Ancône seule resterait occupée par les Français; 2° la cour de Naples fermerait ses ports aux Anglais; 3° un lieu serait désigné pour la rencontre des délégués de Naples et de la France afin de traiter une paix définitive.

Les instructions que Murat venait de recevoir l'empêchaient d'accueillir favorablement sous sa forme actuelle ce projet de convention. Il répondit donc de Foligno le 16 février au comte de Damas qu'en plus de l'évacuation des États romains, il exigeait que le gouvernement napolitain mît l'embargo sur tous les bâtiments anglais et turcs qui se trouvaient dans les ports des Deux-Siciles et qu'il relachât immédiatement Dolomieu, les généraux Dumas et Manscourt et généralement tous les Français faits prisonniers en revenant d'Égypte. En même temps, il envoya au ministre russe à Naples, M. d'Italinsky, une lettre qui avait été rédigée à Paris par Talleyrand sur l'orde de Bonaparte et que le général n'avait eu qu'à signer, on y flattait l'amour-propre russe en spécifiant que ce n'était que pour faire plaisir à la Russie que l'armée française n'allait pas à Naples, mais que le premier consul était obligé d'exiger l'embargo sur les bâtiments anglais.

Naples essaya de résister aux prétentions de Talleyrand. Le ministre Ghislieri prétendit que deux conditions surtout étaient difficilement acceptables : l'élargissement de Dolomieu parce que cette délivrance nécessitait l'autorisation de Paul I, et l'amnistie de tous les prisonniers et déportés politiques parce que cette mesure blessait la dignité du souverain.

Mais la cour de Naples était trop directement menacée par l'armée de Murat ; la paix signée à Lunéville le 9 février entre la France et l'Autriche l'isolait complètement sur le continent. Le major Valente, de retour d'Ancône était envoyé en hâte à Naples par le comte de Damas afin de demander encore des instructions nouvelles ; il revenait à Rome dans la nuit du 16 et annonçait qu'il était suivi par le chevalier Micheroux, ancien ministre plénipotentiaire du roi de Naples auprès de la République de Venise et auprès de la République cisalpine. Le gouvernement napolitain cédait sur tous les points. Le chevalier Micheroux arrivait à Foligno, à minuit, dans la nuit du 17 au 18 février et l'armistice était signé le 18 février. Les documents sur les négociations révèlent quelques incidents auxquels elles donnèrent lieu. Un moment elles faillirent être rompues, mais Murat les fit reprendre et aboutir : il fit promettre de verser 1 500 000 livres dans les caisses de son armée et, en échange, consentit à ce que l'embargo sur les bâtiments anglais ne figurât que dans des stipulations secrètes.

A peine Murat avait-il signé l'armistice de Foligno qu'une lettre du ministre de la guerre lui parvenait qui remettait tout en question. Par une singulière étourderie, Bonaparte prenait le projet que Murat lui avait envoyé d'Ancône pour un armistice définitif; il le supposait d'une durée de trente jours, par conséquent susceptible d'être dénoncé le 1er mars, et il ordonnait à Murat de le dénoncer en effet et de commencer les hostilités si la cour de Naples n'accordait pas certaines conditions dont il n'avait jamais parlé dans ses précédentes lettres. On juge de l'irritation de Murat placé de la sorte dans une situation très fausse à l'égard de la cour de Naples, surtout après la clause du versement des 1 500 000 livres. On pouvait l'accuser de mauvaise foi ou le considérer comme n'ayant pas la confiance de son gouvernement, ce qui blessait au vif son amour-propre. Aussi ne put-il s'empêcher de le faire remarquer au premier consul.

Cependant les Napolitains exécutaient les clauses de l'armistice ; le comte de Damas avait quitté Rome dans la matinée du 22 février avec son état-major. Beaumont, aide de camp de Murat, était parti de Rome pour Naples le 24 février afin de surveiller l'exécution du traité ; il devait se rendre à Palerme à la cour du roi des Deux-Siciles. Si l'on en croit Ghislieri, Murat avait même fait sentir que « dans le cas qu'il plût à S. M. sicilienne de l'honorer de l'ordre de mérite de Saint-Ferdinand, il ne le refuserait pas. » Tout cela augmentait l'embarras de sa situation. Il tint secrètes pendant plusieurs jours les nouvelles instructions du premier consul. Enfin, le chevalier de Micheroux étant venu de Foligno à Florence le 4 mars et l'ayant interrogé deux jours plus tard relativement aux projets formés par Bonaparte sur le golfe de Tarente et qui commençaient à transpirer, Murat se décida à adresser au plénipotentiaire napolitain une note par laquelle il dénonçait l'armistice, l'informait que les hostilités recommenceraient le 22 mars et en même temps lui proposait un autre armistice d'un mois avec la nouvelle condition de l'occupation du golfe de Tarente. Le chevalier de Micheroux lui répondit aussitôt. Il exprimait sa surprise qu'on parlât de préliminaires de paix quand la paix avait été consentie et terminait ainsi : « S. M. Le Roi des Deux-Siciles ne pouvait point s'attendre qu'on exigeât d'elle de se compromettre absolument envers deux grandes puissances, ses anciennes alliées, de mettre à la disposition des troupes françaises quatre provinces de son royaume, d'entretenir à ses frais ces mêmes troupes et de renoncer non seulement aux jouissances de la paix avec l'étranger, mais à celles que devaient lui procurer le rétablissement de la tranquillité extérieure. » En outre, le chevalier Micheroux fit remarquer à Murat que d'après les termes mêmes de l'armistice de Foligno, les hostilités ne pouvaient recommencer que le 31 mars. Murat fut quelque peu embarrassé par l'allusion de cette note au traité de Lunéville dont il entendait parler pour la première fois ; il s'en tira par une réponse plutôt militaire que diplomatique, ne parlant que de l'obéissance qu'il devait à son chef.

Les nouvelles conditions furent rejetées à Naples. Murat, avisa aussitôt Micheroux qu'il allait quitter Florence et annonça dès le 10 mars, par un ordre du jour à l'armée, la reprise des hostilités pour le 22. Il fallut que M. d'Italinsky, ministre du tsar à Naples et Micheroux lui-même vinssent le supplier pour qu'il accordât un délai de six jours. Après quoi, la cour de Naples céda comme elle avait cédé à Foligno, car déjà les soldats de Murat avaient repris le chemin des États romains et 5 000 hommes occupaient Pérouse. Le 28 mars, Micheroux signait l'armistice et la nuit suivante, le traité de paix de Florence était définitivement conclu.

A la faveur des tergiversations de l'action diplomatique en Toscane, les troupes françaises étaient entrées dans les États pontificaux. Bonaparte n'était pas plus disposé à rétablir la République romaine que la République parthénopéenne : autrement, il eût compromis l'union avec le pape qui lui était indispensable pour rétablir en France la paix religieuse. C'est pourquoi il écrivait dès le 17 janvier à Berthier de traiter la cour de Rome comme une puissance amie et de « témoigner dans toutes les occasions que le gouvernement a beaucoup d'estime pour le pape ».

Murat se mit en devoir de déférer aux désirs du premier consul. En informant le pape, le 24 janvier, de la conclusion de l'armistice de Trévise et de sa marche sur Ancône, il l'avise que, si son armée est amenée à pénétrer sur le territoire pontifical, « les ordres les plus sévères sont donnés pour faire respecter les personnes, leurs propriétés et surtout les ministres ». Murat reçoit les remerciements de Consalvi et fait le plus respectueux accueil à Mgr Caleppi envoyé à Florence par le pape pour se rendre compte de la situation. Sur sa demande, il désavoue les proclamations, désagréables au pape, du général Paulet au sujet des propriétaires de biens nationaux et donne ordre de ne rien changer à l'état de choses actuel avant d'avoir reçu les instructions de Bonaparte.

Mgr Caleppi paraît charmé de ses rapports avec Murat. Le jour même de la signature de l'armistice de Foligno, il lui fait une visite pour le prier de remercier le premier consul de l'intérêt qu'il porte au Saint-Siège et l'inviter à venir à Rome. Cette invitation marque-t-elle un vrai désir de recevoir Murat à Rome, ou n'est-elle qu'une politesse ? Ghislieri penche, dans sa correspondance, pour cette dernière opinion. Quoi qu'il en soit, Murat accepte et arrive le 22 février, accompagné de L. Berthier, dans la ville éternelle. Il reste trois jours au palais Sciarra et a, avec le souverain pontife, trois entrevues. Consalvi, écrivant à Spina, ne tarit pas sur la bonne impression faite au pape par l'attitude de Murat. Il vante sa modération, sa courtoisie, sa justice, et déclare qu'il est impossible de dire du général tout le bien qu'il mérite. Suivant Ghislieri, l'évacuation de l'État romain par les troupes françaises ne coûta au pape que 73 000 écus et quelques présents de mosaïques, de camées et autres bijoux à Murat et à son état-major.

*
* *

Si Murat avait été modeste, il n'aurait pas tiré vanité de son premier succès diplomatique sur les Napolitains dû, en la circonstance, plus à l'intimidation de ses forces qu'à son habileté. Il pouvait se montrer plus fier d'avoir su gagner les bonnes grâces du pape, mais là encore la tâche lui avait été dictée et facile à remplir. Cependant, il s'apprêtait à se réclamer des services qu'il venait de rendre à la République pour briguer avec plus d'ardeur que jamais le grade de général en chef. Et d'abord, il se remet à tenter de desservir Brune près de Bonaparte dans des lettres pleines d'insinuations et de critiques formelles. Il va jusqu'à l'accuser d'avoir favorisé les Anglais dans la passation d'un marché de blé, et se plaint en termes vifs au ministre de la guerre de la situation qui lui est faite vis-à-vis de son rival. Il y a, en dépit des exagérations, une part de vérité dans les reproches qu'il formule. Las de ne pas recevoir de réponse du premier consul à ses réclamations, Murat se décide à donner de sa propre autorité le nom d'armée au corps d'observation du Midi. C'est ce dont il informe le ministre de la guerre dans un post-scriptum où il se justifie par les promesses qui lui ont été faites, par cette circonstance que tout le monde le regarde comme général en chef, et en invoquant l'exemple de Championnet qui « prit le nom de général en chef de l'armée de Naples, lorsqu'il entra sur son territoire.

Cet acte, dit-il, fut confirmé par le gouvernement. Je réclame la même justice ; le corps d'armée que je commande la réclame aussi ». Et ce coup d'audace lui réussit : Bonaparte ratifie sa décision. Voilà donc le rêve de Murat réalisé. Général en chef, il commande à une véritable armée : il a sous ses ordres le lieutenant général Soult, trois généraux de division et quatre généraux de brigade, sans compter la légion italique.

Murat traça lui-même au général Soult le devoir des soldats : ne pas révolutionner le pays, n'écouter les chefs d'aucun parti «... non seulement ne pas favoriser les mouvements qu'on voudrait faire contre le gouvernement, mais les empêcher par tous les moyens...»

Son premier soin fut d'occuper l'île d'Elbe. De Corse, de Piombino des troupes furent mandées à cet effet. La 60ᵉ demi-brigade appelée de Livourne refusa de quitter la ville. Murat se rendit lui-même dans ce port pour mater les révoltés et présider aux embarquements, mais il conte lui-même dans une lettre très curieuse comment il échoua dans sa tentative.

Cette révolte était un fait grave et inquiétant ; elle était motivée par la crainte qu'avaient les soldats d'être embarqués pour l'Égypte, et la persuasion que l'expédition de l'île d'Elbe n'était qu'un prétexte. Murat accusa les habitants de Livourne travaillés par les agents anglais d'avoir poussé les soldats à la révolte et il imposa à la ville une contribution de guerre d'un million, réduite ensuite à 300 000 francs et à 3 000 quintaux de grains destinés au ravitaillement de la Corse. Les deux bataillons de la 60ᵉ demi-brigade furent désarmés, envoyés à Florence et les plus coupables enfermés à la citadelle de Turin.

Dans la nuit du 30 avril au 1ᵉʳ mai, le chef de brigade Marcotte débarque à l'île d'Elbe. Porto Longone se rend immédiatement, mais Porto Ferraio résiste. Gontheaume l'assiège par mer et le général Tharreau par terre, mais à la fin du mois de juillet la place n'est pas encore emportée. Murat charge le général Watrin d'en finir ; la lutte reprend plus acharnée et ne se termine qu'à la fin de novembre par la victoire des Français que sanctionne une convention signée par le colonel anglais Fisson.

Cependant la constitution du royaume d'Étrurie, le traité de Florence avec les Bourbons de Naples, le maintien du pape dans ses États temporels étaient autant de désillusions pour les républicains italiens qui avaient espéré le rétablissement de la république à Florence, à Rome et à Naples, et qui pouvaient tenter de prendre leur revanche. Les réfugiés politiques napolitains et romains encombraient la Toscane. On craignait qu'ils ne troublassent la tranquillité du nouveau royaume d'Étrurie en excitant des mouvements parmi les républicains toscans. C'était un devoir d'assurer la tranquillité des États dont la France avait reconnu l'existence : d'où la mesure que prit Murat le 19 avril en invitant par une proclamation les réfugiés de Rome et de Naples à quitter la Toscane et à rentrer dans leur patrie respective. Botta, dans son *Histoire d'Italie de 1789 à 1814*, blâme cet acte politique. Murat s'en félicite dans une lettre adressée au ministre de la guerre et affirme que sans elle il n'eût pu éviter la révolution.

Le traité de Lunéville imposait l'établissement du nouveau gouvernement de Toscane : belle occasion pour Murat de parader à de pompeuses cérémonies. Il ne la laissa pas échapper, heureux, après avoir négocié avec un roi, traité avec le pape, de conduire un souverain au milieu de ses sujets et de l'installer sur son trône. Le 21 juillet, il va passer quelques jours à Parme, à la cour du roi d'Étrurie. Banquets et réjouissances se succèdent en son honneur. On le flatte dans l'espoir d'obtenir par son appui l'adjonction de Lucques au royaume d'Étrurie. Le peuple toscan avait appris officiellement son sort le 1er mars par une proclamation signée du chef d'état-major de Murat, Léopold Berthier. En général, il s'était montré satisfait. Après les alertes et les vicissitudes de tant d'invasions, il croyait avoir enfin conquis la stabilité et le repos. Le 2 août on célébra à Florence l'acte constitutionnel de la monarchie nouvellement créée et le comte Ventura, au nom de son roi resté à Parme, prêta le serment d'usage. A cette occasion, Murat prononça un discours. Il parla aux Toscans de civilisation et de science, leur rappela la splendeur de l'époque des Médicis et les exhorta à considérer les Français comme un peuple ami qui « sait respecter chez les nations étrangères les principes monarchiques tout autant qu'il sait maintenir fortement chez lui les principes républicains ». Le 12 du même mois eut lieu l'entrée solennelle du roi d'Étrurie, Louis Ier, dans Florence, sa capitale : « Tout avait été disposé pour donner le plus grand éclat à cette solennité, écrit Murat au ministre de la guerre. » Et il décrit la magnificence du cortège et l'enthousiasme du peuple qui éclata pendant toute la durée des fêtes.

A toutes ces satisfactions extérieures l'heureux représentant de Bonaparte avait pu ajouter un bonheur intime : Caroline l'avait rejoint à Florence, le 6 mai, Bonaparte lui ayant enfin donné l'autorisation de partir pour l'Italie. Elle avait amené à Joachim leur premier enfant, Achille, né le 21 janvier précédent et qu'il n'avait pas encore vu. Aussi la joie paternelle éclate-t-elle dans chacune des lettres de Murat à Bonaparte. Pas de graves informations politiques ou militaires qui ne se terminent maintenant sans une allusion à 'Achille, sans un post-scriptum comme celui-ci : « Achille est charmant ; il a déjà deux dents ». A la fin de mai, Caroline et Murat sont allés à Pise pour y prendre les eaux mais la résidence habituelle de Caroline est Florence. Le point noir dans la vie heureuse que mène le ménage Murat à cette époque est la pénurie financière de l'armée. Et Bonaparte ne répond que rarement aux lettres dans lesquelles son beau-frère expose ses doléances. Murat s'impatiente et manifeste sa mauvaise humeur dans des termes qui ne se retrouveront plus sous sa plume qu'à la veille de la défection.

Bonaparte se décida un jour à répondre, et ce fut pour octroyer une nouvelle faveur à Murat : le commandement des troupes de la République cisalpine était joint à son commandement de l'armée d'observation, c'est-à-dire qu'il avait sous ses ordres toutes les forces françaises qui se trouvaient en Italie. Dès qu'il eut reçu notification de sa nomination, c'est-à-dire au commencement du mois d'août, Murat partit à Milan, pour se rendre un compte sommaire de la situation de la République cisalpine : elle était fort mal administrée par une commission de trois membres, dont les deux plus influents, Sommariva et Ruga, ne songeaient qu'à s'enrichir.

Le 28 août, Murat s'installe à Milan. C'est maintenant contre Berthier qu'il dirige ses attaques. Il traite de « sottise » l'idée de ce général de faire respecter le gouvernement cisalpin. Il n'aime pas non plus Petiet, ministre extraordinaire de la République française près de la République cisalpine et vrai chef du gouvernement pendant la période comprise entre Marengo et la Consulta de Lyon. « Petiet favorise les étrangers, écrit-il, les Vénitiens inondent sa maison », et, faisant allusion à Berthier, il ajoute : « les femmes italiennes ont ici, comme à Paris, beaucoup d'ascendant ».

La constitution réclamée par Murat devait être bientôt donnée à la République cisalpine. Au mois de décembre de l'année 1801, un grand nombre de députés de toutes les parties de la République cisalpine se réunirent à cet effet à Lyon. Sans retracer les travaux de la célèbre *Consulta*, rappelons que Bonaparte fut élu, non sans une certaine pression, président de la République italienne et qu'il choisit à son tour comme représentant de ses pouvoirs à Milan et comme vice-président, Melzi, l'une des plus hautes personnalités de l'aristocratie milanaise.

Pendant cette même période, c'est-à-dire pendant les derniers mois de l'année 1801, Murat, dont les préoccupations militaires étaient devenues presque insignifiantes, fit deux voyages en France. Mme Murat, de nouveau enceinte, avait décidé de retourner à Paris avec le jeune Achille et Murat avait demandé à l'accompagner, mais il n'obtint que d'aller jusqu'au versant français du mont Cenis et le 20 octobre, il était de retour à Milan. Les deux époux avaient été réunis pendant près de quatre mois, sauf le temps d'un court voyage de Caroline à Venise et qui fit quelque peu jaser ; Murat n'avait réellement pas lieu de se plaindre. Cependant, il tenait beaucoup à venir jusqu'à Paris et insista tant auprès de son beau-frère que, la tranquillité paraissant rétablie dans toute l'Italie, Bonaparte lui accorda enfin un vrai congé, qui dura plus de trois mois et qu'il employa à utiliser les économies — pour nous servir d'un euphémisme — réalisées en Italie[1].

---

[1] 15 décembre 1801, achat pour 470 000 francs d'une terre à La Motte-Sainte-Héraye, dans les Deux-Sèvres, d'un revenu net annuel de 32 000 francs ; 12 janvier 1802, achat pour 500 000 francs de

C'est aussi pendant son séjour à Paris que Murat, on s'en souvient, fit bénir religieusement son mariage avec Caroline, à l'occasion du mariage de Louis et d'Hortense.

L'installation du nouveau gouvernement de la République italienne rappelle Murat à Milan au mois de février 1802 ; cette installation se fait avec beaucoup de pompe le 14 février, et Agar, le futur comte de Mosbourg, en envoie le récit à Caroline restée à Paris. Sur la place du Palais, Murat, entouré d'un brillant état-major, passe la revue des troupes, puis il se rend dans la salle où l'attendaient les membres du gouvernement et où s'est réunie une assemblée d'élite composée des gens les plus en vue de la société milanaise. Murat prononce un discours dans lequel il célèbre naturellement le génie de Bonaparte et montre l'avenir brillant réservé à la République italienne. Melzi lui répond sur le même ton laudatif. Les premières relations entre ces deux hommes devait être, du reste, plutôt cordiales. En octobre 1802, le jugement de Murat sur Melzi est porté sans parti pris et conforme à l'opinion qu'aura la postérité de cet homme d'État italien : « Melzi, dit-il, paraît tenir essentiellement à sa réputation, qu'il craint de compromettre, en déployant plus de caractère ou en choquant l'opinion de quelqu'un ; il veut être, (à ce qu'il paraît) l'ami de tout le monde... »

Après la signature de la paix d'Amiens, toutes les troupes françaises qui se trouvaient encore dans l'Italie méridionale et dans l'Italie centrale devaient s'en retirer et aller tenir garnison dans la Cisalpine. Murat avait l'intention de présider lui-même à cette évacuation ou du

l'hôtel Thelusson à Paris ; 13 mars de la même année, achat pour 153 362 fr. 84 de l'autre partie de la propriété de Mme de Bullion, à Villiers.

moins de la régler d'accord avec les gouvernements
intéressés. Il avait annoncé le 20 mars son arrivée prochaine à Rome et il avait chargé notre représentant
auprès du pape, Cacault, de prévenir de sa visite le gouvernement pontifical. Des relais de vingt chevaux
avaient été préparés de poste en poste sur la route de
Milan à Rome. Tout à coup survenait la nouvelle que
Murat ne viendrait ni à Rome, ni à Naples; qu'il était
parti pour Paris, et qu'il serait remplacé pour ce voyage
par son aide de camp le général Reille, par son secrétaire Aymé et par le commandant Lanusse. Quel était le
motif de ce brusque changement? Si l'on en croit le
bruit dont le cardinal Consalvi se fait l'écho dans une
lettre écrite de Rome à Caprara, Murat aurait été accusé
auprès du premier consul d'avoir reçu d'assez fortes
sommes pour favoriser la nomination de quelques personnalités aux fonctions les plus importantes de la
République italienne. Ses ennemis auraient même dit
qu'il ne voulait faire le voyage de Rome et de Naples
qu'en prévision des cadeaux qui lui étaient destinés et
Murat serait parti pour Paris afin de se laver de cette
grave accusation.

Mais ce n'est là qu'un bruit plus ou moins fondé. On peut
admettre de bonne foi que Murat ait été appelé à Paris
par l'état de santé de sa femme dont les couches étaient
prochaines. Il est vrai, d'autre part, que la grossesse
avancée de Caroline ne l'empêchait pas de faire elle-
même les honneurs d'un bal superbe qu'elle offrit au
premier consul pour inaugurer le domaine de Neuilly.
Quoi qu'il en soit, Murat quitta Bonaparte avec l'autorisation d'aller à Rome et à Naples. Il repartit de Paris
le 6 avril et arriva à Rome le 18, alors qu'il n'y était
attendu que le 23. Il y fut reçu de la manière la plus
flatteuse. On plaça à sa porte une garde de cinquante

grenadiers. Le 19, un grand dîner fut offert au Vatican par le cardinal Consalvi ; les cardinaux, le corps diplomatique et les représentants de l'aristocratie romaine y assistaient. Le soir, longue entrevue du pape, de Murat et du ministre Cacault. Les cadeaux contribuent à entretenir l'amitié des gouvernements, ils ne furent pas minces en la circonstance. Murat reçut un beau camée entouré de diamants d'une valeur de 3 000 piastres. Le Concordat venait d'être signé et le gouvernement pontifical saisit l'occasion d'en marquer sa satisfaction. A un concert donné par Cacault en l'honneur de Murat et auquel assistèrent presque tous les cardinaux, les aides de camp du général en chef de l'armée d'Italie manquèrent, paraît-il, de tenue, et se permirent des plaisanteries à l'adresse de divers membres du sacré collège ; ils n'avaient pas reçu de camées. Suivant le ministre autrichien Lebzeltern, l'impression que produisit le séjour de Murat à Rome ne fut pas des meilleures ; il en repartit le 20, pour Naples. Là, il reçut, non plus des bijoux, mais un sabre à la poignée enrichie de diamants. Quant à la réception elle-même, aucune cordialité, ni visite, ni attentions ; « tous craignent le gouvernement ». De Naples, Murat retourna presque directement à Paris où il arriva le 25 mai : Caroline était accouchée le 25 avril d'une fille, Marie-Letizia-Joséphine-Annunziade. Ce nouveau séjour à Paris se prolongea du mois de mai au mois d'octobre, et lorsque Murat reprit le chemin de Milan, il était accompagné de sa femme.

Murat, absent de Milan pendant la plus grande partie de l'année 1802, n'a pas encore eu de conflit avec le nouveau gouvernement de la République italienne ; il est resté en termes particulièrement bons avec le vice-président Melzi. Il en est autrement dès qu'il réside dans la capitale de la Cisalpine, ainsi le veulent, d'une part, sa vanité, sa susceptibilité, et de l'autre, la situation respective des partis en Italie. Le gouvernement de la République et les Français qui résident dans le Milanais sont tiraillés de deux côtés : par les aristocrates qui ne cherchent que le maintien de leurs privilèges et de leur fortune, et par les « jacobins » qui rêvent l'unité italienne et dont les menées sourdes font redouter des troubles civils. Dans l'armée elle-même, il y a des représentants du parti « unitaire », des patriotes italiens comme le général Pino, dont Murat dénonce à plusieurs reprises les menées au premier consul, sans cependant le sacrifier entièrement puisqu'il le recommandera pour l'expédition de Saint-Domingue et le fera mettre à la tête d'un détachement italien de la garde consulaire.

Si Murat est hostile aux jacobins italiens, c'est-à-dire aux républicains et aux unitaires, il devrait rester en parfaite communion d'idées avec le vice-président de la République italienne, Melzi, chef du parti aristocratique modéré. Cependant, les derniers mois de l'année 1802 et une partie de l'année 1803 sont marqués par une lutte constante entre les deux hommes, lutte fastidieuse pour Bonaparte qu'importunent sans cesse les lettres de dénonciation de son beau-frère, intéressé à voir partout des complots et toujours disposé à grossir les faits outre mesure. Il faut chercher la cause véritable de ce conflit dans les blessures d'amour-propre et non dans les combinaisons politiques. Il se plaint d'abord que Melzi n'ait pas encore reçu Caroline et que lui-même ait dû inviter Melzi le premier. C'est le début des hostilités, en novembre 1802. Tout le mois suivant, Murat reproche ainsi à Melzi des fautes contre les convenances à propos de bals ou de cérémonies. Les amis trop zélés du vice-président Melzi ripostent en taxant

Murat d'ostentation parce qu'il a fait changer les rideaux de sa loge au théâtre ; ils l'accusent d'avoir protégé l'ouverture d'une maison de jeu dont quelques officiers supérieurs sont les tenanciers et les bailleurs de fonds ; ils lui reprochent de favoriser le salon de Mme Fossati, centre de l'opposition contre le gouvernement. Et à ces coups d'épingles répétés s'ajoutent les démêlés financiers, ceux qui, sans doute, atteignent le plus Murat. D'après une lettre qu'il écrit à Bonaparte, le général en chef des troupes cantonnées en Italie aurait demandé des fonds à Melzi, et celui-ci en aurait référé au premier consul. Murat s'en plaint avec aigreur et demande à se justifier.

L'incident Ceroni, qui fut sur le point d'amener une transformation du gouvernement de la République cisalpine, attisa les rancunes de Murat. Il en profita pour se venger à la fois des incidents de bals et des projets de dilapidations et de malversations. Ce Ceroni était un capitaine de la République italienne qui, sous le pseudonyme de Timone Cimbro, avait écrit dans un esprit unitaire et républicain, quelques poésies qu'il avait dédiées à un haut fonctionnaire de l'armée italienne, Cicognara, conseiller d'État. Ceroni y accusait la France de ne pas avoir voulu faire l'unité de l'Italie et répétait les imprécations classiques contre tous les dominateurs, tous les oppresseurs de la patrie italienne. En même temps qu'à Cicognara, il avait envoyé ses vers au général Teullié, ennemi personnel de Murat, et à Magenta, préfet de Bologne. Informé, Murat s'empressa de dénoncer au premier consul à la fois Ceroni, Cicognara, Teullié et Magenta. C'était incriminer l'administration même de la République italienne. Sans attendre d'instructions de Paris, et d'accord avec le général Guiseppe Lecchi, ardent adversaire de Melzi,

Murat faisait saisir le 24 février par un aide de camp de Lecchi tous les papiers de Ceroni et les envoyait à Paris. Et sous sa plume, la manifestation poétique d'un patriote italien trop ardent, devenait le témoignage d'une conspiration. Il informait le premier consul qu'à un théâtre de Milan, on jouait au milieu des « vociférations » des « brigands », c'est-à-dire des républicains (où est le *Marat* des hussards braconniers de Landrieux ?) des pièces comme *la Conjuration des Pazzi* et *la Mort de César*.

Napoléon peu tendre pour les idéologues et les poètes qui s'avisaient de contrecarrer son gouvernement, entra dans une violente colère à la lecture des vers de Ceroni ; les commentaires dont les faisaient suivre Murat n'étaient pas faits pour le calmer. Le 17 mars, parvenait à Milan l'ordre d'arrêter Cicognara, Teullié, Ceroni et Magenta et de les faire juger par la Consulta. Ce tribunal condamna le 11 avril Ceroni à être chassé de l'armée et relégué pendant trois années dans une localité qui lui serait désignée ; Magenta à une diminution de grade dans la hiérarchie administrative ; Cicognara et Teullié, à la perte de leur grade et de leurs fonctions et à la relégation là où il plairait au gouvernement.

En recevant l'ordre d'arrêter Ceroni et les personnages accusés d'être ses complices, Murat avait triomphé ; il pensait tenir Melzi et tout de suite avait essayé de l'englober dans cette mauvaise affaire.

Mais ses attaques étaient sans fondement. Melzi y répondit en envoyant à Bonaparte sa démission de vice-président de la République italienne dans des termes fort dignes. Bonaparte comprit. L'avertissement qu'il envoya à Murat en témoigne dans son laconisme incisif : « Je vous écris ce peu de mots par un courrier que vous garderez et par lequel vous me répondrez que vous êtes bien avec Melzi, que toutes les querelles sont finies et que tout va bien dans la République italienne ». L'incident était clos, mais une réconciliation réelle de Melzi et de Murat ne pouvait que difficilement s'effectuer. C'est Caroline qui se chargea de l'opérer. Avec une perspicacité toute féminine elle s'était tenue en dehors de la querelle où elle avait sans doute reconnu les torts de son mari. Melzi lui-même déclara qu'elle s'était toujours conduite avec prudence, sagesse et tact. Elle saisit le prétexte de la naissance de son troisième enfant et offrit à Melzi d'en être le parrain. Celui-ci accepta, et le fils de Murat, né à Milan le 16 mai 1803, reçut les prénoms de Lucien-Napoléon-Charles-François.

Pour se consoler de ne pas avoir eu le dernier mot au cours de cette lutte avec Melzi, Murat allait parader à Gênes et à Livourne dans des revues de garnison. Un nouvel incident prouva une fois de plus que la goutte de Melzi n'avait pas de responsabilité dans l'affaire et que le caractère de Murat avait bien pu suffire à tout brouiller. L'ombrageux général en chef trouva le moyen d'avoir une autre querelle pendant les derniers mois de son commandement en Italie. Cette fois, c'est à Gouvion-Saint-Cyr, chargé avec le titre de lieutenant général de diriger une expédition dans le royaume de Naples, qu'il s'en prit. Répétition de sa chicane avec Brune pour le motif exactement contraire. Murat fait ce qu'il reprochait à Brune; il veut que l'armée de Gouvion-Saint-Cyr soit complètement rattachée à son commandement et Gouvion-Saint-Cyr, reprenant pour son compte les anciens arguments de Murat, réclame une certaine autonomie.

Murat écrit alors à Bonaparte en termes très violents[1].

¹ La lettre se termine par ces mots : « Il (Gouvion) a menti, je le répète, en disant que j'ai envoyé un agent à Naples pour y être

Il dit ailleurs que rien ne l'étonne de Gouvion-Saint-Cyr : « Il est de l'armée du Rhin et ces messieurs se croient de grands cires (*sic*) ! »

La phrase est à retenir : elle accuse bien la jalousie que se témoignaient l'armée d'Italie et l'armée du Rhin.

*
* *

Au pays natal, dans le département du Lot, où Murat se rend au mois d'octobre pour les élections au Corps législatif, pas de rivalité, pas de contestation possible. Il n'y a plus ni Brune, ni Melzi, ni Gouvion-Saint-Cyr pour éclipser la gloire de ce compatriote admiré par tous sans exception. Parti de si bas, il est monté si haut que ses anciens camarades ont le vertige en le regardant. Ils sont éblouis par ce héros, cette sorte de demi-dieu auquel « tous les cœurs d'intelligence adressent un hymne d'amour ». Dans la maison familiale, à la Bastide, il retrouve sa vieille mère pour laquelle il a toujours conservé la plus tendre et la plus respectueuse affection. Après avoir présidé le collège électoral du Lot, le 22 octobre, et s'être fait élire député du département au Corps législatif le 12 novembre, Murat rentre à Paris encore tout ému, tout vibrant de ce contact avec la terre où il a vu le jour. Joies de l'amour-propre, joies du cœur, il a eu tout le bonheur possible pendant ces quelques heures, les meilleures et les plus simplement douces peut-être de son existence. Quand reverra-t-il maintenant le Quercy ? Le voilà reparti dans cette course folle où il vole de périls en périls, d'honneurs en honneurs entraîné dans le tourbillon des destinées impé-

chargé des services de son corps de troupes. Sa morgue ne m'imposera jamais ; pardonnez ma sensibilité : vous ne m'avez jamais appris à supporter des affronts.

riales, participant à la soif de gloire du maître, toujours prêt à conquérir quelque nouveau titre, à cueillir un laurier de plus, à ajouter une page à ce livre d'exploits épiques dont l'épigraphe est : *Quo non ascendam?*...

Bonaparte ne le renvoie pas en Italie. Il lui donne mieux que le commandement des troupes de la Péninsule; il le nomme le 15 janvier 1804 « gouverneur de Paris, commandant les troupes de la 1re division militaire et la garde nationale ». A tous points de vue la situation est préférable pour Murat. Pécuniairement, d'abord, ce qu'il apprécie, puis au point de vue politique, puisque le voilà l'un des plus directs auxiliaires de Bonaparte. Enfin il ne quittera plus Caroline. De son côté, Bonaparte n'est pas fâché sans doute de l'avoir sous la main pour son service, et en même temps de pouvoir mieux surveiller ce caractère peu réfléchi.

Dans ce nouveau poste qui leur convient à merveille, les deux époux sont tout aux fêtes, aux bals, aux réceptions et se font aimer. Ils soignent leur table, sachant qu'on peut conquérir certains cœurs en flattant les estomacs.

Il faut lire dans M. Frédéric Masson la description des splendeurs de l'hôtel Thélusson, devenu l'hôtel du Gouverneur; les appartements sont vastes, aussi confortables que le permet l'époque, meublés richement, décorés avec goût, ornés d'objets d'art de grand prix, cossus et somptueux [1].

Murat jouissait délicieusement de cette vie facile et

[1] On lit dans Mme de Rémusat : « Mme Murat accoucha dans ce temps, elle occupait alors l'hôtel Thélusson situé au bout de la rue d'Artois. On vit à cette occasion combien le luxe de ces nouvelles princesses allait toujours croissant, et cependant il n'était point encore arrivé au point où il est parvenu depuis. Elle avait imaginé, pour le temps de ses couches, de tendre sa chambre en satin rose. Les rideaux de son lit et ceux des fenêtres, de la même étoffe, tous garnis en dentelle très haute et très fine, au lieu de franges. » (*Mémoires*, t. II, p. 182).

élégante et de tout le luxe qui l'entourait. Il avait cessé de se plaindre, ce qui ne lui était guère arrivé depuis qu'il était beau-frère de Bonaparte. Il ne réclamait plus rien, ne se querellait avec personne. Au milieu de ce bonheur, un événement inattendu vint pourtant lui faire regretter pour un moment le temps des conflits avec Melzi et des chicanes avec ses collègues. Nous voulons parler de l'exécution du duc d'Enghien. En rappeler, même brièvement, l'histoire si connue, serait superflu. Le seul point qui nous intéresse dans cette triste affaire, c'est de savoir quelle part prit Murat à la consommation du crime. M. Welschinger l'a déterminée, autant qu'il est possible, dans le beau livre auquel nous ne pouvons que renvoyer. Ce qui nous paraît ressortir clairement des détails précis donnés par le savant historien, c'est que si Murat a prononcé, en recevant l'ordre de nommer la commission militaire qui devait juger le prince, la fameuse phrase : « Bonaparte veut me mettre une tache à mon habit, mais il n'y réussira pas », il borna là sa velléité de résistance. Il réunit la commission le jour qu'il en reçut l'ordre (20 mars 1804). Il est vrai que le soir même, lorsque Savary lui apporta les instructions complémentaires de Bonaparte, il prétexta une indisposition pour éviter de jouer un rôle trop actif dans l'exécution du jugement prévu. Dans toute cette pénible aventure, Murat, guidé par l'humanité, se renferma dans la stricte limite de ses obligations de Gouverneur de Paris, mais il ne fit assurément entendre aucune protestation contre l'acte barbare du premier consul[1]. Comment douter qu'il

[1] Il est difficile d'expliquer ces paroles de M⁰ de Rémusat à propos de Murat dans l'affaire du duc d'Enghien : « Il est odieux dans cette affaire, c'est lui qui pousse Bonaparte, il répète qu'on prendrait sa clémence pour de la faiblesse, et que les jacobins seraient furieux. »

s'abstint d'y contredire, quand on le voit figurer pour une somme de 100 000 francs avec les autres juges du duc d'Enghien et Savary sur la liste des gratifications provenant de la grande cassette en l'an XII. Bonaparte ne lui aurait pas fait ce magnifique cadeau si Murat s'était insurgé contre une mesure que lui-même avait prise froidement et ne devait jamais regretter. Si Murat avait été le maître, il eût été opposé, pensons-nous, à un assassinat pour raison d'État, mais ce que nous connaissons de son caractère ne nous permet pas de croire à une démarche décisive de sa part qui aurait pu compromettre toute sa carrière et mettre fin à son existence princière. Dès ce moment, au contraire, les honneurs succèdent pour lui aux honneurs. Le 19 mai, Bonaparte ayant revêtu la toge consulaire et ceint la couronne des Césars, Murat est élevé au grade de maréchal d'Empire. L'année suivante il est promu grand amiral et prince (1ᵉʳ février 1805) et, comme grand dignitaire, nommé sénateur.

Le sénatus-consulte qui établissait l'Empire (28 floréal an XII) donnait aux frères de Napoléon le titre de princes français, leurs femmes devenaient donc princesses, tandis que les sœurs de Napoléon, Elisa, Caroline et Paulette, non gratifiées du même honneur, se trouvaient dans un rang inférieur à celui de leurs belles-sœurs. Pauline, mariée en secondes noces avec le prince Borghèse et par conséquent déjà princesse, ne s'en souciait guère, mais il n'en était pas de même de la fière Caroline. Elle sut saisir l'occasion de manifester son chagrin. Au diner d'apparat du 18 mai, en entendant appeler *princesse* la femme de Louis, elle se mit à pleurer. Le lendemain, dans une réunion de famille, Napoléon le lui reproche vivement et une altercation s'élève entre le frère et la sœur. C'est alors que Napo-

léon aurait prononcé la phrase célèbre : « A vous
entendre, on croirait que je vous ai volé l'héritage du
feu roi notre père ! » et que Caroline se serait évanouie.
Le 20 mai, le *Moniteur* insérait une note ainsi conçue :
« On donne aux princes français et aux princesses le
titre d'Altesse Impériale. Les sœurs de l'Empereur portent le même titre. » Les larmes et la syncope de l'ambitieuse avaient bien servi sa cause.

Tous ces titres qu'il recherche avec tant d'ardeur,
Murat en porte aisément le poids. Sa tenue dans les
salons est conforme à son rang, comme sa brillante conduite sur les champs de bataille concorde avec l'éclat de
son costume et de ses décorations. Gouverneur de Paris
ou général d'armée, il fait honneur en dépit de quelques
étourderies ou incartades aux situations qu'il occupe. En
sera-t-il toujours de même dans la suite de sa carrière ?
Lorsque les progrès de la fortune impériale feront de ce
prince de parade un vrai chef d'État, un roi, les soucis
du gouvernement, les obligations du pouvoir, tout le
fardeau des responsabilités suprêmes ne seront-ils pas
trop lourds pour son intelligence, plus primesautière
que profonde et insuffisamment aidée par un entêtement
puéril au lieu d'être soutenue par une volonté réfléchie ?
Tels épisodes de son commandement en Italie auxquels
nous venons d'assister, nous donnent déjà lieu de
craindre qu'on ne lui confie plus tard des tâches au-
dessus de ses forces. Suivons-le pendant la campagne
de 1805 : nous le verrons investi de fonctions importantes et délicates, à même de donner la mesure de tout
ce qu'il peut, de déployer plus que jamais ses qualités,
mais aussi d'accuser davantage ses défauts, et nous
pourrons prévoir s'il saura jamais se montrer entièrement digne des hautes destinées que le sort lui réserve.

CHAPITRE V

LE GRAND MAITRE DE LA CAVALERIE (1805)

Les traités de Lunéville et d'Amiens avaient été
accueillis par la majorité des Français, désireux de
reprendre haleine après tant de victoires, avec une
joie très vive mais qui devait être éphémère. Bientôt
les jeunes officiers qui s'impatientaient dans le repos et
que la soif de nouveaux succès tourmentait, virent
s'ouvrir devant leurs ardeurs et leurs ambitions des
horizons pleins de promesses. L'Angleterre n'avait considéré la paix si humiliante pour elle que comme un
armistice : elle la rompit, on sait avec quelle déloyauté,
moins d'un an après l'avoir signée. Menacée sur mer,
craignant l'invasion de son sol, inquiète du sort de son
empire colonial, et tremblant de perdre la suprématie
commerciale, elle a recours une fois de plus à la politique de division qu'elle pratique de longue date et

Sources imprimées. — Alombert et Collin, *la Campagne de* 1805
en Allemagne, t. I. — Id., *le Corps d'armée aux ordres du
maréchal Mortier.*

Sources manuscrites. — Archives historiques de la guerre,
Grande armée, 1805, Correspondance; — Id., Journal de marche
de la réserve de cavalerie de la Grande Armée (*Ce journal rédigé
par le général Belliard, chef d'Etat-Major de Murat, si nous en
croyons les Mémoires de Rapp, est un document de premier ordre
pour renseigner sur le rôle de la cavalerie dans la campagne de
1805*). — Rapports divers.

suscite au prix de largesses facilement accueillies des cours européennes, une guerre continentale. L'Autriche, la Suède, la Russie et Naples entrent dans son alliance, d'autant plus aisément que William Pitt, revenu au ministère, sait exciter les puissances contre le soldat heureux et trop hardi qui vient d'annexer Gênes et de prendre le titre d'empereur.

De son côté, Napoléon n'est pas fâché de trouver l'occasion de mettre en mouvement la Grande Armée immobilisée sur les bords de la Manche ; il suffira de lui commander demi-tour et puisqu'il faut renoncer à lui faire traverser la mer et aborder l'île britannique, elle arpentera le continent.

La guerre décidée, Napoléon se préoccupe sans tarder de faire reconnaître le terrain sur lequel il va s'engager et de s'assurer des dispositions de l'électeur de Bavière devenu son allié. Il confie à Murat et à Bertrand cette double mission qui devra s'accomplir rapidement et avec tact. Le 25 août 1805 Murat reçoit l'ordre de partir. Sous le nom de colonel de Beaumont et en chaise de poste, il se rendra directement de Paris à Mayence et de Mayence à Wurtzbourg par Francfort. Il étudiera avec le plus grand soin la position de Wurtzbourg, les ressources de cette ville, les routes qui l'unissent à Mayence d'une part, au Danube de l'autre. Puis il se dirigera vers Bamberg et les frontières de la Bohême, évidemment pour étudier les conditions d'une marche sur Prague, puisque Napoléon lui recommande de se procurer avant tout et d'étudier la *Campagne du maréchal de Belle-Isle*. En revenant de la frontière de Bohême, il descendra au sud jusqu'à l'Inn par Nuremberg, Ratisbonne et Passau et rebroussera chemin vers Strasbourg par Munich, Ulm et les débouchés de la Forêt-Noire. Le 10 septembre, au plus tard, Murat était

de retour ayant accompli ce *raid* militaire et diplomatique dans le minimum de temps. Peut-être en fit-il de
vive voix lui-même, ou par la bouche d'un aide de
camp, le rapport à l'empereur, car nous n'avons pas
trouvé trace d'une relation écrite.

Pendant son absence, l'empereur avait décidé que
Murat prendrait le commandement des troupes cantonnées sur la ligne du Rhin et des corps de la Grande
Armée au fur et à mesure de leur arrivée, avec le titre
de « lieutenant de l'Empereur, commandant en son
absence », jusqu'à ce que Napoléon lui-même se rendît
sur le théâtre de la guerre. Cette décision devint officielle le 30 août ; Strasbourg était assigné comme quartier général à Murat.

Selon son habitude, Murat cherche d'abord à s'entourer de familiers et d'amis. Il réclame au ministre : le
général Milhaud, son compatriote Galdemar, capitaine
d'état-major, le chef de bataillon Lathuile, le lieutenant
Donop, etc. Il demande Daure, compagnon d'Égypte,
comme ordonnateur, le chirurgien Poussielgue, le
médecin Duval, son ancien aide de camp Colbert.

Murat se préoccupe tout de suite de tenir Napoléon
au courant des mouvements des Autrichiens. A partir
du 12 septembre il n'est pas de jour qu'il n'écrive
à l'empereur pour lui donner quelque information
nouvelle, et l'on suit dans sa correspondance les évolutions des deux armées et les grands préparatifs des
Français pour la campagne sur le Rhin : armement
des places fortes, construction de ponts de bateaux. Peu
à peu les divers corps de la Grande Armée, partis des
camps avoisinant Boulogne-sur-Mer, venaient prendre
les positions qui leur étaient assignées. Le 26, l'empereur arrivait en personne et Murat, après avoir passé
les troupes en revue, rendait compte à son chef de

l'écrasant travail de réception et d'organisation des corps qu'il avait exécuté à son honneur, puis, prenait le commandement de la réserve de cavalerie, qui ne comprenait pas moins de 8 divisions : 2 de grosse cavalerie, 5 de dragons (dont 1 à pied) et 1 de cavalerie légère. Un incident se produisit quand on forma la division de dragons à pied : on l'avait composée des plus anciens cavaliers, et ceux-ci murmurèrent. Murat les soutint. « Nous remarquons, écrit-il, que les jeunes conscrits ont abîmé leurs chevaux parce qu'ils ne savaient ni les bien seller, ni les bien conduire... », et il demande qu'on fasse rentrer les plus anciens dragons dans les escadrons et qu'on mette à pied pareil nombre de conscrits. Napoléon, pénétré de la justesse de la réclamation qu'a osé lui faire son subordonné, y fait droit sur le champ.

Dans leur livre si documenté sur la campagne de 1805, MM. Alombert et Collin font un tableau très exact de l'état matériel et de la valeur morale des régiments de cavalerie placées sous les ordres de Murat. Ils montrent que l'esprit de corps s'y est conservé comme au siècle précédent, surtout chez les carabiniers et les hussards. Le goût militaire y est plus réel que dans l'infanterie et les désertions y sont rares.

Cette cavalerie « fera dans les combats des évolutions remarquables, avec précision, avec souplesse, surtout avec un ensemble et une cohésion irréprochables, sans hésitation dans le commandement ni dans l'exécution, mais toujours un peu lentement. Les chevaux, bêtes un peu lourdes, faciles à dresser et à monter, dociles dans les manœuvres, sont l'instrument approprié à cette tactique, aussi les talents équestres qu'on ne manque pas de relever aujourd'hui avant tout, même chez les officiers d'infanterie, sont-ils à peu près indifférents en 1805 ».

C'est à la tête de ces troupes que Murat quittait Strasbourg le 29 septembre. Tandis que l'empereur d'Allemagne rentrait à Vienne et laissait le commandement de son armée à l'archiduc Ferdinand et au général Mack, le grand parc d'artillerie défilait dans Kehl et partout les Français franchissaient le Rhin.

Au début de la campagne, Murat se contente d'exécuter scrupuleusement les instructions de l'empereur. Il reprend de l'initiative au combat de Wertingen, victoire de second ordre mais qui lui revient tout entière. On l'y voit manifester l'ensemble de ses qualités. Celles-ci s'affirment encore davantage dans la belle poursuite de l'archiduc et du lieutenant général Werneck. Par contre, certains de ses défauts s'accusent pendant les opérations préliminaires de la bataille d'Elchingen et la marche sur la rive droite du Danube, après la capitulation d'Ulm. Tels détails de ces opérations font apprécier Murat comme général de cavalerie, comme commandant de corps et surtout mettent son caractère en pleine lumière.

Napoléon voulait se servir de la réserve de cavalerie comme d'un rideau pour cacher aux Autrichiens ses desseins : elle devait fixer l'attention de l'ennemi sur les débouchés de la Forêt-Noire, tandis que les six corps d'armée, pivotant autour d'elles occuperaient méthodiquement les rives du Danube. Le fleuve passé, Murat répartit habilement ses divisions dans la vallée du Rhin, de manière à ne laisser aucun doute aux Autrichiens sur le projet de Napoléon de suivre le classique itinéraire de la Forêt-Noire. Par de petits mouvements, il rend la feinte plus complète. C'est en les exécutant qu'un escadron de dragons rencontre pour la première fois les Autrichiens dans la vallée de la Kinsig ; les chefs se bornent à des sommations réciproques, mais Napoléon, l'apprenant, donne ordre de faire trêve aux «compliments » et de ne répondre désormais à l'ennemi « qu'à coups de sabre ». Murat lance immédiatement le général Klein et ses dragons à la poursuite du régiment si poli, mais celui-ci a remonté la vallée de la Kinsig et est tout à fait hors de portée : la partie est remise jusqu'à Wertingen. Du moins, pendant toute cette première phase de la campagne, Murat avait préparé le succès des jours suivants en disposant habilement la cavalerie qui devait remplacer sur le terrain trop découvert du pays badois, l'écran naturel formé par les Alpes dans la campagne de Marengo.

La réserve de cavalerie a décrit un grand arc de cercle autour de la Forêt-Noire : la voilà parvenue aux rives du Danube où elle n'a d'autre rôle, pendant quelque temps, que de protéger en flanc la marche de Napoléon « qui est délicate en ce que c'est une marche oblique sur le Danube ».

Bientôt, ce n'est plus seulement de protéger et d'éclairer qu'il s'agit. Napoléon ne pouvant plus prévoir avec certitude les opérations du lendemain attend de ses lieutenants du coup d'œil, de l'audace et de la décision. Murat est à peine en vue du fleuve, qu'il commence à faire œuvre personnelle. Le même jour (7 octobre), il déblaie tout le terrain compris entre Donauwerth, sur le Danube et la Lech, force à la retraite les Autrichiens qui l'occupaient et fait franchir à trois régiments le fleuve au pont de Munster, la rivière au gué d'Oberdorf. Le lendemain la route de Munich est libre, et quand Murat rencontre l'ennemi en avant de Wertingen, il s'est entouré des meilleurs appuis : le corps d'armée de Lannes est à sa droite et celui de Soult à sa gauche.

Les historiens n'ont pas donné, jusqu'à ce jour, à la bataille de Wertingen l'importance qu'elle mérite. Elle en a une plus grande encore aux yeux des biographes de Murat qui en est le premier héros [1].

Quand le colonel Maupetit succombe au cri de vive l'empereur en menant la charge contre les Autrichiens à travers les rues du village, Murat lui-même se met à la tête des dragons et poursuit l'ennemi affolé qui se disperse dans les bois. Si les bulletins de l'empereur et les rapports des généraux ne se servent pas de termes trop hyperboliques, les charges successives de Wertingen et la retraite des Autrichiens pendant laquelle le colonel Beaumont saisit « au milieu des rangs ennemis un capitaine de cuirassiers après avoir sabré un cavalier », virent de hauts faits de bravoure.

Napoléon manifesta de toutes façons sa satisfaction d'une chevauchée qui inaugurait si brillamment la nouvelle guerre. Exelmans reçut les plus vifs compliments et la croix d'officier de la Légion d'honneur quand il présenta à l'empereur les drapeaux pris à l'ennemi et Murat une lettre pleine d'éloges de son beau-frère. Il ne se crut pas plus flatté qu'il ne méritait, car il fut toujours très fier de la journée de Wertingen. C'était bien sa victoire : la cavalerie, sous ses ordres, avait presque exclusivement donné, les combinaisons de Napoléon n'étaient pas entrées en ligne de compte ; enfin, il avait commandé en général en chef. Lorsque Napoléon, qui avait d'abord tant loué le succès de Murat, essaya, le premier enthousiasme tombé, de le

[1] Il faut en lire les détails dans les documents restés inédits des Archives de la guerre, surtout dans le rapport de Lannes à l'empereur, dans des lettres de Murat et dans ce curieux journal de marche de la réserve de cavalerie dont nous avons déjà signalé la valeur et que nous publierons à part.

réduire à peu de chose, il exagéra. Assurément, de grandes combinaisons stratégiques n'avaient pas été mises en jeu ce jour-là, mais la cavalerie, sous l'impulsion d'un chef particulièrement brave et habile avait obtenu de très beaux résultats. Murat a donné à Wertingen l'exacte mesure de ses talents militaires : les journées qui vont suivre prouveront qu'il n'était pas apte aux plus vastes conceptions et aux commandements trop considérables.

Napoléon plaçait, le 10 octobre, sous les ordres de Murat, toute l'aile droite de l'armée, c'est-à-dire, outre les divisions de dragons, les corps des maréchaux Ney et Lannes, mécontents, d'ailleurs, d'être subordonnés au beau-frère de l'empereur avec qui ils entretenaient de médiocres relations. Aussi Murat n'a pas plutôt disposé les troupes de manière à cerner les Autrichiens et à les avoir toutes sous la main en vue d'un prochain combat, conformément aux ordres reçus de l'empereur, que Ney proteste contre le plan adopté. Avec raison, il faut le dire, il reproche à Murat de sacrifier la division Dupont en l'isolant sur la rive gauche du Danube, tandis que son corps et celui de Lannes sont massés avec les cavaliers de Murat d'un même côté du fleuve. Mais Murat se sent fort de l'approbation de Napoléon qui, sans être très rassuré sur la tactique de son beau-frère, adopte sa manière de faire. Un soir, Lannes supplie Murat de faire secourir Dupont, menacé, et de faire porter une partie des forces sur la rive droite, mais l'entêté général ne veut rien modifier à ses plans, et, ce qui est plus extraordinaire, Napoléon, informé du différend, garde confiance dans les projets de Murat qui aboutissent à la défaite d'Haslach. Bien plus, celle-ci est imputée à Ney qui, dans sa colère, a exposé imprudemment un détachement. Napoléon va jusqu'à lui reprocher « d'avoir ordonné l'attaque d'Ulm avec la seule division Dupont ».

A ces reproches, Ney répond le 14 octobre par la victoire d'Elchingen. Le titre de duc l'en récompense et efface l'amertume de blâmes injustes. Il s'est d'ailleurs vengé lui-même de Murat sur le champ de bataille. Son orgueilleux collègue lui avait dit deux jours avant, au cours d'une discussion, qu'il ne faisait ses plans que sur le terrain. A Elchingen, Ney, revêtu de son plus bel uniforme et qui « semblait vouloir attirer sur lui les regards et les coups de l'ennemi » prend Murat par le bras devant tout l'état-major et lui dit : « Venez, prince, venez faire vos plans sur le terrain. »

La responsabilité première des fautes commises avant la bataille d'Elchingen incombe autant à Napoléon qu'à Murat. Ce que l'on peut reprocher particulièrement à ce dernier, c'est d'avoir mal organisé le service des reconnaissances et surtout, fait plus caractéristique et plus important à retenir, d'avoir renoncé à l'initiative que les événements lui commandaient de reprendre pour accepter aveuglément les premières idées de Napoléon. L'empereur, insuffisamment informé, se trompait en prévoyant la retraite des Autrichiens par la rive droite du Danube. Murat épouse cette opinion, malgré l'évidence, et ne voit pas que la bataille décisive peut avoir lieu ailleurs qu'à droite du fleuve. Le courtisan prime le général.

Le talent de Ney avait heureusement tout arrangé. Après sa victoire, les Français, maîtres des ponts, passaient le fleuve et pouvaient aller donner contre la place d'Ulm l'attaque suprême qui amenait la capitulation du général Mack. Cependant, dernière conséquence des fautes de Murat et de Napoléon, l'archiduc Ferdinand était sorti d'Ulm avec deux divisions, pendant la bataille d'Elchingen. L'empereur lança à sa poursuite Murat qui put déployer toutes ses brillantes qualités de cavalier. Il atteint bientôt le général Werneck dont il culbute l'infanterie et les troupes à cheval. Il s'empare de Nerestetten, puis de Herbrechtingen, ayant fait 3 000 prisonniers, pris plusieurs caissons et nombre de chevaux.

Les Autrichiens se retirent vers la Bohême pour tenter de rejoindre les Russes. Murat se porte sur Nordlingen afin de leur couper la retraite. De nouveau il surprend Werneck à Neresheim, et, comme à Nerestteten, met les Autrichiens en déroute après une charge endiablée et leur prend 100 hommes, 2 drapeaux et 1 canon.

Quelques jours après, comme Murat sort de l'abbaye de Neresheim, son quartier général, à la tête de ses colonnes, un parlementaire autrichien vient offrir la capitulation à discrétion de 3 bataillons égarés; on les désarme et les fait prisonniers. Mais voici que le canon gronde vers Nordlingen, où sont installés le parc d'artillerie et les magasins. Murat se hâte dans cette direction ; Werneck lui fait alors savoir qu'il accepte de se rendre, mais pendant les pourparlers il fait échapper les convois autrichiens qu'il promettait de livrer si l'accord se concluait.

Murat n'en compte pas moins à son actif, le soir du 18 octobre, 4000 prisonniers, dont 2 lieutenants généraux, 4 majors et 200 officiers, 5 drapeaux, 80 canons et 400 voitures.

Cette série de succès ne le satisfait pas encore, bien qu'elle ait réduit de moitié les forces autrichiennes. Le rêve de Murat est de capturer l'archiduc Ferdinand. A Nordlingen, il imagine une série de combinaisons si habiles qu'il semble ne pouvoir manquer de réussir.

L'archiduc, parti le 18 d'Ottingen, parvient à peine à
Gunzenhausen que la tête de la colonne française atteint
son arrière-garde. Ses officiers entrent immédiatement
en négociation. Murat ne se laisse pas prendre à cette
ruse et donne l'ordre d'attaquer l'ennemi. Mais la nuit
venue trop tôt et les difficultés opposées par les Prussiens qui se plaignent qu'on viole leur territoire, permettent aux Autrichiens de s'enfuir. Près de Nuremberg, les cavaliers de Murat, qui l'échappent belle un
moment, bousculent les escadrons autrichiens. L'obscurité sauve encore l'archiduc qui s'échappe sur le cheval
de l'un de ses officiers, non sans laisser de nombreux
canons, des chevaux et des hommes aux mains des
Français.

Pousser plus loin la poursuite serait inutile : l'armée
de l'archiduc Ferdinand n'existe plus! On cantonne
autour de Nuremberg où Murat établit son quartier
général et, le 21 octobre, une journée de repos est
accordée aux troupes qui l'ont bien gagnée.

En cinq jours, Murat avec sa cavalerie et son infanterie avait franchi 160 kilomètres, dont 95 les deux
derniers jours en combattant sans cesse [1].

La ligne des opérations de la campagne de 1805
change à ce moment, c'est parallèlement et non plus

[1] Napoléon pouvait dire dans le 10e bulletin de la Grande
Armée : « On est rempli d'étonnement lorsqu'on considère la
marche du prince Murat depuis Albeck jusqu'à Nuremberg.
Quoique se battant toujours, il est parvenu à gagner de vitesse
l'ennemi qui avait deux marches sur lui : » Il ajoutait : « Le
résultat de cette prodigieuse activité a été la prise de 1 500 chariots, de 50 pièces de canon, de 16 000 hommes y compris la capitulation du général Werneck et d'un grand nombre de drapeaux ; 18 généraux ont posé les armes, 3 ont été tués. »

perpendiculairement au fleuve que tout va se passer désormais. Murat commence le 27 octobre à passer les affluents de droite du Danube et à refouler devant lui les Autrichiens puis les Russes qui arrivent de la Moravie. En trois jours l'Inn, puis son affluent, la Salzach, sont franchis malgré la rigueur de la saison et les ennemis. Ceux-ci éprouvent à Ried une défaite dont l'empereur se montre très satisfait. Toutefois, il conseille à Murat de ne pas s'avancer trop vite car les autres corps d'armée sont loin derrière lui et pourraient être surpris par les Russes, plus nombreux et plus forts. Heureusement, ceux-ci ont continué aussi leur marche en avant. Murat les rencontre à Seding d'où il les déloge et que ses soldats enlèvent au pas de charge.

Le passage de la Traun ne s'accomplit pas sans peine, car les ennemis coupent partout les ponts derrière eux. Rejoints à Asten, non loin d'Ebersberg, le 3 novembre, les Austro-Russes sont chassés jusqu'à Enns et malgré leur grand nombre éprouvent une véritable défaite qui se renouvelle deux jours après à Strengberg. Dans la même journée Murat, aidé par Oudinot, les bat deux fois à Oed, tandis qu'un peu plus loin, à Amstetten, un engagement très vif laisse 1500 prisonniers aux mains des Français. Napoléon marqua de nouveau son contentement à Murat de ces prouesses, mais il ne put s'empêcher de lui reprocher de ne l'avoir pas fait prévenir aussitôt le premier de ces combats engagés ; il eût pu arriver et la journée eût coûté autrement cher à l'ennemi.

Le passage de l'Ips est moins mouvementé que celui de la Traun, quoique marqué par quelques engagements comme celui de Mollk.

Mais, en approchant du Danube, Murat doit redoubler de zèle et d'efforts quand Napoléon, persuadé que les

Austro-Russes livreront bataille à Saint-Pœlten, lui recommande de prendre toutes les dispositions nécessaires pour permettre à la grande armée de franchir rapidement le grand fleuve. Dans des lettres quotidiennes, Murat fait connaître à l'empereur les manœuvres variées qu'il exécute pour suivre le mouvement de retraite des ennemis. Il l'informe avec précision non seulement des positions des divers corps, mais de leurs intentions ; le 8 novembre il prédit la retraite des Russes sur Krems, qui a lieu en effet le lendemain, et les éclaireurs de Sébastiani peuvent s'emparer de Saint-Pœlten sans combat. A ce moment Murat commet la faute de ne pas comprendre une lettre, peu explicite il est vrai, de Napoléon et continue sa marche sur Vienne où il tient à entrer le premier comme jadis à Milan. Son rôle eût été d'attendre l'armée du maréchal Mortier et de passer le Danube avec elle, à Linz, où Napoléon lui avait rassemblé une flottille. Les Russes, eux, passaient sur la rive gauche et brûlaient les ponts. L'orgueil de Murat le perdit. Par de vastes projets qu'expose le journal de marche de réserve de cavalerie, il se substituait presque à Napoléon ; il voulait « marcher sur Vienne et réunir, en cas que le pont fût coupé, des moyens de passage sur différents points…, anéantir ce qui restait de l'armée autrichienne ; menacer la capitale, la prendre même, surprendre le pont et forcer l'empereur à la paix ». Or, tandis que les cavaliers de Murat galopaient dans la banlieue viennoise, Mortier était assailli à Dürrenstein par toute l'armée de Kutuzof et, sans l'indomptable énergie de l'infanterie, subissait le plus grave échec. Napoléon, aux premières nouvelles du combat qui menaçait de mal finir, adressa à Murat une violente lettre de reproches et lui enjoignit de suspendre sa marche. Celui-ci s'excusa en regrettant d'avoir mal compris les ordres de l'empereur mais en se défendant d'avoir agi en étourdi. Il en resta profondément affecté pendant plusieurs jours et comme « anéanti » suivant son expression. A vrai dire, Napoléon avait demandé, comme il lui arriva souvent, plus d'initiative à son lieutenant qu'il n'en pouvait attendre de lui ; il eût dû prévoir que Murat préférerait la marche sur Vienne à toute autre combinaison moins séduisante pour son orgueil et lui donner des ordres plus clairs et formels. Revenu de sa fureur, il lui fit écrire par Berthier puis lui écrivit lui-même pour lui recommander de tout faire pour s'emparer du pont de Vienne. Le lendemain 13 novembre, à neuf heures du matin, Murat entrait dans la capitale autrichienne accompagné de Lannes.

Il existe de nombreux récits du tour de gascon — et c'est doublement le cas d'employer cette expression — que Lannes et Murat jouèrent aux Autrichiens pour se rendre maîtres du pont de Vienne [1].

Pendant que le gros des troupes défile dans Vienne, Murat envoie en avant le général Bertrand, aide de camp de l'empereur et le chef d'escadron Lanusse avec un régiment de hussards pour reconnaître le pont et étudier par quelle ruse on pourra s'en emparer. En sortant du faubourg, le détachement rencontre un poste de cavalerie autrichienne. Depuis trois jours il y avait en quelque sorte une suspension d'armes tacite ; on s'aborde donc de part et d'autre pacifiquement, et tout en causant, Bertrand et Lannusse entraînent le commandant de ce poste dans la direction du pont. Au bout de quelques minutes, l'officier autrichien, inquiet, veut

---

[1] Nous basons sur deux relations inédites, le rapport de Murat lui-même à l'empereur et le récit de son état-major, la reconstitution de cet événement plutôt plaisant.

s'arrêter et offre de continuer la conversation sur place. Ses interlocuteurs déclarent qu'ils veulent parler au général commandant les troupes campées sur la rive gauche. On les y conduit, à condition que les hussards restent sur la rive droite. Sur ces entrefaites, surviennent Murat et Lannes avec de l'infanterie et de la cavalerie. Le pont de Tabor est encore intact, mais les Autrichiens ont tout disposé pour le détruire dès qu'on ferait mine de le passer. Les canonniers tiennent leurs mèches allumées ; des barils de poudre sont placés à toutes les arches et reliés entre eux par des boyaux remplis d'artifices. Murat et Lannes mettent pied à terre ; les troupes s'arrêtent également à l'entrée du pont, mais un peloton est porté à quelques pas en avant, barrant toute la largeur du passage. Puis Lannes et quelques officiers d'état-major s'avancent tranquillement sur le pont, les mains derrière le dos, en promeneurs ; ils le traversent entièrement et se trouvent au milieu des troupes autrichiennes. « Les négociations pour la paix sont entamées, dit Lannes aux Autrichiens ; dans peu de jours, nous serons alliés et les meilleurs amis du monde. Pourquoi ces canons braqués contre nous? Voulez-vous nous combattre? Allons, tournez-les, nous sommes amis ». Le commandant autrichien se laisse persuader et fait tourner les pièces vers la rive gauche.

Tandis que Lannes distrait les officiers ennemis, de nombreux grenadiers de la division Oudinot qui arrivent sans cesse de la ville, se dissimulent derrière les peupliers de la rive droite. D'autres avancent doucement sur le pont, masquant des sapeurs et des canonniers qui, peu à peu, jettent dans le Danube toutes les matières combustibles et répandent de l'eau sur les poudres. A la fin, le commandant autrichien, qui

comprend mal le français et le parle à peine, s'aperçoit
du mouvement et proteste ; il déclare que toutes les
troupes doivent rebrousser chemin. Lannes riposte
avec le plus grand calme qu'elles ne marchent pas,
mais qu'elles marquent le pas ; qu'elles piétinent pour
se réchauffer, car la température est glaciale. Les grenadiers occupent déjà les trois quarts du pont, lorsqu'un officier d'artillerie autrichien plus perspicace
crie : Foer ! Foer ! Toute la troupe prend les armes ; les
pièces d'artillerie sont braquées de nouveau dans la
direction de notre colonne qui va être foudroyée
presque à bout portant. Mais Lannes, toujours maître
de lui, saisit le commandant autrichien au collet, tandis que le général Belliard le secoue d'un autre côté.
On crie plus fort que lui pour que ses soldats ne l'entendent pas ; on le rend responsable de tout le sang
qu'il va faire verser ; on l'étourdit tellement qu'il hésite
de nouveau. Précisément, le général Bertrand amène
le prince d'Auersperg, qui a le commandement supérieur des 6 000 hommes laissés pour la garde du pont
de Vienne. Le prince d'Auersperg demande Murat ;
Lannes l'envoie chercher et fait donner en même
temps à ses grenadiers l'ordre d'allonger le pas. En
attendant, il converse avec le prince d'Auersperg, se
plaint de la conduite du commandant et de l'officier
d'artillerie, demande qu'ils soient punis et remplacés.
Murat arrive à son tour ; le prince d'Auersperg lui
parle de ses devoirs ; Murat riposte en lui parlant
de sa position et de celle de son maître. Pendant
qu'ils causent, les grenadiers avancent toujours ; ils
débouchent enfin à l'extrémité du pont sur la rive
gauche. Le Danube est franchi. Et le naïf prince
d'Auersperg, qui a paru à Murat « un excellent
homme et lui a déclaré qu'il était plus Français qu'il

ne pensait » fait retirer ses troupes sur la route de Brünn.

Ainsi s'effectua ce passage du Danube qui menaçait de réclamer des efforts considérables. Le prince d'Auesperg supporta les conséquences de sa naïveté. Condamné à mort par un conseil de guerre, mais ayant vu sa peine commuée par l'empereur d'Autriche, il subit dix années d'une cruelle captivité.

Marbot, dans ses mémoires, trouve que le stratagème dont se sont servis Murat et Lannes n'est pas « admissible ». Nous ne partageons pas son opinion. Suivant nous, le premier devoir d'un général est d'arriver à son but en sacrifiant le moins d'existences humaines possible. On peut ne pas trouver le procédé chevaleresque ; c'est une bonne ruse de guerre. La campagne de 1809 devait montrer combien d'efforts et de sacrifices exigeait le passage du Danube de vive force. Lannes et Murat ont rendu un service d'autant plus précieux en le pressentant. Napoléon fit bien d'oublier devant ce fait sa mauvaise humeur de la veille contre son beau-frère.

La leçon de prudence donnée aux ennemis dans cette circonstance ne fut pas perdue.

Quelques jours après, comme Murat, poursuivant l'armée russe, rencontrait Kutuzoff à Hollabrünn, celui-ci prenait sa revanche de l'aventure du pont de Vienne. C'est Murat qui conte l'incident à Napoléon, le 15 novembre : il s'est fié à la parole des parlementaires et a bien voulu promettre de ne plus poursuivre l'armée russe, persuadé « que l'empereur d'Allemagne est décidé à faire la paix ».

La lettre est bien propre à faire connaître le caractère de Murat. On y voit une fois de plus combien la vanité est son côté faible. Le désir de se trouver toujours au premier plan dans la solution des événements l'emporte chez lui sur la prudence. Fin comme un gascon pour ses petits intérêts personnels, il montre une grande naïveté en politique générale et dans les négociations diplomatiques.

La lettre parvint au palais de Schœnbrunn dans la matinée du 16 novembre. Napoléon bondit en la lisant, car il ne douta pas un seul instant que Murat s'était laissé jouer et il lui adressa à huit heures du matin une réponse en termes très vifs et où il lui donnait l'ordre de rompre l'armistice qu'il avait signé et de marcher sur l'armée russe.

Murat se hâta de dénoncer la suspension d'armes et de commencer l'attaque, mais la bataille d'Hollabrünn ne couvrit pas de gloire la cavalerie qui n'y put prendre qu'une faible part. C'est l'infanterie d'Oudinot qui décima l'armée de Bagration, sans pouvoir toutefois empêcher Kutuzoff de se sauver avec le gros de ses troupes et en perdant elle-même beaucoup d'hommes.

*
* *

Murat reprend sa marche. Le 19, il entre dans Brünn à la tête de ses dragons. Mais Kutuzoff a pu se joindre aux principaux corps autrichiens : il faut sans cesse les harceler, les charger quand on peut les approcher et la journée de Wischau voit le demi-succès de la cavalerie française avant la grande bataille qui sera le glorieux couronnement de la campagne de 1805.

A Austerlitz, Murat commande la gauche de l'armée en qualité de lieutenant de l'empereur. Il a sous ses ordres le corps d'armée du maréchal Lannes.

Si connu que soit le récit de cette fameuse journée, il est impossible de ne pas le refaire ici pour bien montrer le rôle qu'y joue notre héros.

Le 2 décembre, à six heures du matin, les troupes quittent leurs cantonnements respectifs. Elles passent le ravin de Girschikowitz au défilé de la grande batterie du Santon et au pont du moulin, à gauche du village de Girschikowitz. Elles se forment en colonne par escadrons en avant du défilé, entre la route et le village, à droite du corps d'armée du maréchal Lannes. En tête, la division Kellermann, puis les dragons de Walther, ceux de Beaumont commandés par le général de brigade Boyer, les divisions Nansouty et d'Hautpoul. Les hussards de Treilhard et les chasseurs de Milhaud, qui avaient bivouaqué au village de Bosnitz, étaient rangés en bataille sur la hauteur qui est à droite de ce village et avaient l'ordre d'éclairer la gauche et d'observer le ravin de Silwitz. Enfin un régiment de hussards était à cheval sur la grande route, face au défilé.

L'action est engagée à huit heures par la cavalerie légère de Kellermann qui, en s'ébranlant pour couronner les hauteurs, rencontre une ligne épaisse formant le centre de l'aile droite des Russes. Les cosaques chargent avec une telle vigueur que Kellermann est obligé de rétrograder jusqu'à la hauteur de notre infanterie; il fait aussitôt passer à gauche la division qui est en avant. Les Russes, enhardis par le succès de leur première charge, enveloppent le 4ᵉ régiment de hussards et font même prisonnier son colonel, Burthe, qui ne sera délivré qu'à la charge suivante. De son côté, le général Kellermann, avec les trois autres régiments, prend l'ennemi en flanc, le repousse et dégage le 4ᵉ hussards; puis, il rallie toute sa division et charge pour la troisième fois. Les hussards enlèvent deux pièces de canon aux Russes. Ceux-ci démasquent leur cavalerie qui était en réserve derrière l'infanterie. Le feu de l'infanterie russe arrête une quatrième charge de notre cavalerie légère qui est obligée d'abandonner les canons conquis. Déjà l'aide de camp de Kellermann, Chouard, et le capitaine du génie Valazé ont été blessés à ses côtés lorsqu'une balle atteint Kellermann lui-même à la jambe ; il tomberait de cheval s'il n'était soutenu par son chef d'état-major et par un hussard. Le général Picard prend le commandement de la division. Les feux de la division d'infanterie Caffarelli contribuent puissamment à dégager la cavalerie légère.

A ce moment, Murat ordonne au général Boyer, commandant la division Beaumont, de passer le ravin entre Blakowitz et Girschikowitz pour se porter à gauche du maréchal Soult et marcher avec son corps d'armée. Le général Picard rallie la division de cavalerie légère et appuyé maintenant par la division de dragons du général Walther, fournit une nouvelle charge au cours de laquelle Walther est blessé. Picard se replie puis revient et lance de nouveau sur les Russes ses douze escadrons dirigés par le général Marisy et l'adjudant-commandant Noiret. Le 5e chasseurs superbement mené par le brave colonel Corbineau qui, au cours de la bataille, n'a pas moins de quatre chevaux tués sous lui, renverse un bataillon russe et lui prend un drapeau. Le 2e hussards s'empare de 2 canons, pendant que l'infanterie du général Caffarelli enlève à la bayonnette le village de Blaskowitz, occupé par les Russes.

L'ennemi fait un mouvement par sa droite, longe le ravin de Silwitz, attaque et prend le village de Bosnitz sous le feu de la redoute du Santon ; il est refoulé par la brigade du général Milhaud qui fait un certain nombre de prisonniers.

L'infanterie du général Caffarelli marche au pas de charge dans le plus grand ordre, exécute ses feux comme à l'exercice et chasse tout ce qui se trouve de-

vant elle. Comme un régiment de dragons russes charge
à droite pour dégager un bataillon autrichien que la
division Caffarelli est sur le point de forcer à mettre
bas les armes, Murat voyant les Russes sabrer les Autrichiens qui gênaient leur passage, les prend pour un
régiment bavarois et ordonne de cesser le feu dirigé
contre eux. Profitant de sa méprise, les dragons russes
parviennent jusqu'à lui. Murat est obligé de mettre le
sabre à la main et de se frayer un passage avec son état-
major et son escorte. Sur son ordre, la division de
la grosse cavalerie de Nansouty entre aussitôt en ligne
contre les dragons ou les cosaques. C'est une « superbe »
mêlée de 4 ou 5 minutes pendant laquelle nos carabiniers soutiennent leur vieille réputation. Avec le
2e régiment de cuirassiers, ils enfoncent la cavalerie
russe et parviennent jusqu'à l'infanterie. Cette trouée
coupe en deux l'armée austro-russe et lui fait céder les
hauteurs et les villages de Kruck et de Koluwitz ;
8 pièces d'artillerie restent aux mains des Français. La
division Caffarelli a atteint les hauteurs de Koluwitz ;
la division Suchet marche sur celles de Silwitz. Alors la
cavalerie ennemie qui ne peut plus agir à gauche gagne
par la droite les hauteurs de Potzgoritzer et se prépare
à soutenir l'infanterie dans son attaque contre le corps
d'armée du maréchal Lannes ; Murat voit ce mouvement, envoie à gauche la division de dragons Walther
et la division de grosse cavalerie d'Hautpoul pour se
réunir aux brigades Treilhard et Milhaud et appuyer
de la même façon l'infanterie. Le général Sébastiani est
blessé au cours des charges qui sont exécutées à ce moment ; la division d'Hautpoul, non moins heureuse que
la division de Nansouty, secondée dans tous ses mouvements par la division d'infanterie Suchet, culbute
à son tour les lignes austro-russes, prend 1 canon,

11 drapeaux et fait 1 800 prisonniers. En même temps les hussards du général Treilhard et les chasseurs du général Milhaud, chassent les cosaques de la vallée de Silwitz et obligent à reculer un corps de cavalerie qui s'est avancé sur la route de Potzgoritzer à Bosnitz pour tourner la gauche des troupes de Murat.

Le mouvement en avant de la cavalerie de Murat et des soldats de Lannes, en coupant l'armée ennemie, avait séparé le lieutenant de l'empereur, du corps d'armée de Soult ; le vide fut rempli par le corps d'armée de Bernadotte. L'intention de Murat était de continuer à pousser les Austro-Russes et de leur enlever les hauteurs de Rauzgnitz et d'Austerlitz, mais à la droite, on se battait toujours avec acharnement ; il ne recevait pas de nouvelles et craignant que l'empereur eût besoin de ses troupes, il préféra suspendre sa marche. A quatre heures et demie, le feu cessa sur toute la ligne : la victoire de l'armée française était complète.

L'aile gauche avait livré en quelque sorte une bataille dictincte. Murat, avait donc joui dans ses mouvements d'une certaine indépendance et combiné très heureusement l'action de l'infanterie et celle de la cavalerie Lannes, particulièrement chargé du commandement de l'infanterie, l'avait habilement secondé. Les résultats étaient brillants : 7 000 prisonniers pour la plupart Russes, 2 drapeaux, 27 canons avec leurs caissons ; les Russes avaient eu de plus 1 200 hommes tués et 1 500 blessés.

Au lendemain de la bataille d'Austerlitz, Murat commet malheureusement une faute dans sa précipitation à poursuivre l'ennemi sans savoir exactement la direction qu'il a prise : il s'engage sur la route d'Olmütz, tandis que les débris de l'armée austro-russe font route vers la Hongrie. La bataille d'Austerlitz n'en avait pas moins anéanti les dernières espérances de l'empereur François II et l'armistice qui mit fin à la lutte ne tarda pas à être conclu.

La campagne de 1805 permet de juger Murat, d'apprécier à la fois ses qualités et ses défauts. Il exerce alors sans interruption des commandements très importants qui le mettent en pleine lumière. Toutes les qualités du premier des généraux de cavalerie, des généraux d'avant-garde, il les déploie dans la poursuite de l'archiduc Ferdinand, et dans le passage des affluents de droite du Danube. On l'a vu débordant d'activité, ne perdant pas un instant, poussant ses escadrons en avant avec une hâte fiévreuse, franchissant les rivières pour ainsi dire au galop et faisant disparaître les obstacles à mesure qu'ils surgissaient. C'est Murat tel qu'il promettait d'être dès sa jeunesse.

Par contre, on a pu constater parfois qu'il était trop pressé dans ses décisions, qu'il partait à la légère, sans précautions suffisantes et que souvent son service de renseignements était défectueux. C'est parfois de l'étourderie, comme le lui reproche l'empereur. Lorsque sa vanité est en jeu et que la gloriole l'anime, il oublie toute autre considération ; il marche sur Vienne sans calculer les conséquences de ses mouvements. On le prend et on le mène, en faisant miroiter à ses yeux la possibilité de jouer le premier rôle après l'empereur et à côté de lui. Il se donne déjà les allures d'un prince du sang qui peut se permettre de se substituer au souverain. Dans ce rôle trop difficile, le vieux Kutuzoff et Bagration parviennent à le duper avant le combat d'Hollabrünn.

Les grands commandements qui exigent des conceptions stratégiques sûres et un esprit synthétique sont dangereux pour lui. C'est ce qui ressort des préliminaires de la bataille d'Elchingen et aussi des incidents qui précèdent le combat de Dürrenstein.

Murat, en 1805, est dans toute sa maturité ; alors le général et l'homme se manifestent entièrement. Nous ne serons pas étonnés du rôle que d'habiles manieurs de souverains feront jouer à sa vanité et à sa naïveté dans la délection de 1814.

CHAPITRE VI

MURAT GRAND-DUC DE BERG ET DE CLÈVES
A LA GRANDE ARMÉE. 1806.

L'empereur ne manqua pas de reconnaître les importants services rendus par la cavalerie pendant la campagne de 1805. Il prodigua les récompenses aux vaillants officiers qui l'avaient commandée : 13 colonels devinrent généraux, 32 croix de commandeurs de la Légion d'honneur furent distribuées. Que réservait-il à leur chef, au cavalier hors ligne qu'était son beau-frère ?

Au lendemain d'Austerlitz, le roi de Prusse, acceptait à Schœnbrunn de céder le duché de Clèves au prince du Saint-Empire que désignerait l'empereur Napoléon. D'autre part, le roi de Bavière avait transféré au même Napoléon, le 15 décembre 1805, en échange du margraviat d'Anspach, le duché de Berg.

Napoléon forme immédiatement le projet de réunir

<hr>

SOURCES IMPRIMÉES. —Correspond. de Napoléon, t. XII. — F. Masson, *Napoléon et sa famille*, t. III. — Lumbroso, *Corresp. de Joachim Murat.* — Rudolf Goecke, *Das Grossherzogthum Berg unter J. Murat, Napoléon und L. Napoléon*, Cologne, 1877. — Mᵐᵉ de Rémusat, *Mémoires*. — Foucart, *Campagne de 1806, Iéna*. — De Lettow-Vorbeck, *Krieg von 1806 und 1807*, t. I.

SOURCES MANUSCRITES. — Archives nationales, AF IV, 1842, et spécialement le dossier de la prise de possession du Grand-Duché de Berg par le comte Beugnot.

Clèves et Berg en un seul état destiné à faire contrepoids à l'action de la Prusse dans la basse vallée du Rhin. Un prince français gouvernera ce pays; il infusera du sang révolutionnaire dans ce membre du vieux corps germanique et le rajeunira en y répandant les idées nouvelles. Pour hâter l'exécution de ce dessein, l'empereur charge Bernadotte de faire évacuer Anspach par la Prusse et d'y installer le roi de Bavière, tandis que Dupont établit sa division dans le duché de Berg.

Dès le mois de février, Murat et Caroline ont dû être mis au courant des intentions impériales, sinon par Napoléon lui-même, du moins par les indiscrétions de Talleyrand, avec qui ils sont alors dans les meilleurs termes. Ont-ils sollicité, manœuvré, intrigué pour obtenir les duchés de Berg et de Clèves, comme le suppose M. Frédéric Masson? Nous serions plutôt portés à penser, connaissant leur caractère et surtout l'appétit de Murat, qu'ils espéraient mieux que cette petite principauté germanique et la regardèrent comme un pis aller, ou une étape sur le chemin de la fortune. Quoi qu'il en soit, le 9 mars, Napoléon informe Murat qu'il se tienne prêt à partir de Paris pour Cologne et Dusseldorf. Il lui prescrit d'envoyer l'un de ses aides de camp avec ses instructions au général Dupont. A Cologne, Murat recevra du roi de Bavière l'autorisation d'occuper le duché de Berg; quand il en sera muni, il fera prendre possession de Dusseldorf par le général Dupont, vingt-quatre heures toutefois après l'entrée des troupes françaises dans Wesel, dont l'occupation doit être surveillée et dirigée par le général Beaumont.

Le décret impérial qui fait Joachim Murat duc de Berg et de Clèves, est du 15 mars 1806. Les duchés de Berg et de Clèves, sont conférés par l'empereur à son bien-aimé beau-frère pour « être dans toute leur étendue et plénitude possédés par lui en qualité de duc de Berg et de Clèves et transmis héréditairement à ses descendants légitimes et naturels, de mâle en mâle, par ordre de primogéniture, à l'exclusion perpétuelle des femmes et de leur descendance ». Si Joachim n'a pas d'héritiers, les duchés passeront à la descendance de l'empereur et à son défaut, à celle de Joseph, puis à celle de Louis, « sans que dans aucun cas, ils puissent être réunis à la couronne de France ». L'héritier présomptif portera le titre de duc de Clèves et à la dignité ducale est attachée héréditairement celle de grand amiral de France.

Le 21 mars, tout était accompli suivant les ordres de Napoléon et Murat faisait publier dans ses États l'acte qui l'en nommait le souverain.

Le 15 mars, Napoléon lui avait écrit : « Le titre que vous prendrez dans tous vos actes sera Joachim, prince et grand amiral de France, duc de Berg et de Clèves. Vous commencerez par faire ôter les armes de Bavière et de Prusse et vous les ferez remplacer provisoirement par celles de Berg dans le duché de Berg et par celles de Clèves dans le duché de Clèves. Je vous ferai passer incessamment les armes que vous devez prendre[1]. Vous ne ferez mettre nulle part les armes françaises. Vous ne devez pas non plus dans aucun de vos actes prendre le nom de Murat. » On remarquera cette dernière recommandation. C'est plutôt le beau-frère de Napoléon que le grand maître de la cavalerie qui est fait duc de Berg et de Clèves. La valeur militaire peut rendre prince,

[1] Ces armes furent : parti d'argent au lion léopardé de gueule armé, lampassé et couronné d'azur qui est de Berg et de gueule au rais pommeté et fleuronné d'or de huit pièces percé d'argent qui est de Clèves avec, brochant sur le parti, l'ancre double de grand amiral, de sable, chargée en cœur de l'écu, en bannière, d'empire.

mais il faut être de la famille de l'empereur pour devenir souverain. Murat doit dépouiller jusqu'à son nom et
ne montrer sur le trône grand-ducal que le Napoléonide.

La garnison bavaroise évacue Dusseldorf le 21 mars
à quatre heures du matin. Le duc Guillaume qui y réside
depuis 1803 se retire au château de Benrath. On emballe
tout le mobilier, y compris la célèbre collection de
tableaux de l'électeur Palatin, Jean Guillaume, que Murat
réclamera plus tard, puis, Dupont, avec 6 000 hommes
de troupes, occupe la ville. Le 25, Murat fait son
entrée solennelle, dans le plus somptueux costume,
accompagné d'une brillante escorte. Dupont le reçoit
avec toutes les députations. Le soir, spectacles et illuminations; discours du nouveau souverain qui accueille
les dévouements et promet sa protection[1].

Dans une lettre adressée à Talleyrand le 28, Murat
marque toute sa satisfaction de la réception qu'on lui
a faite. On l'a acclamé, on a crié « vive l'Empereur !
vive Joséphine ! » Les gens de Dusseldorf montrèrent-
ils tant d'enthousiasme? Surtout ont-ils tant pensé
« aux bienfaits de Joséphine » que le prétend Murat ?
C'est douteux, mais le flatteur sait que ce compliment
ira à son adresse et lui vaudra une protection utile.

Si vraiment les sujets de Murat l'ont regardé comme un
vrai prince de la confédération germanique, celui-ci
n'était aux yeux de Napoléon qu'un fonctionnaire supérieur de l'empire, une sorte de préfet hors classe.
Talleyrand, consulté sur la question de savoir si Murat
devait prêter foi et hommage à l'empereur d'Allemagne,
avait répondu affirmativement. Napoléon écrivit en
marge de la consultation du célèbre diplomate.
« M. Talleyrand dit là justement ce que je veux laisser

[1] Voir cette entrée et les fêtes qui la suivirent dans Masson,
t. III, p. 274.

en discussion. Mon intention est de laisser cela dans la plus grande obscurité. Je déciderai avec le temps si ces duchés sont fiefs de l'empire germanique ou fiefs de mon empire. »

Napoléon envoie sans cesse des instructions à Murat : ordre d'occuper la place d'Emerich en même temps que celle de Wesel et de les faire examiner par un officier du génie de la direction de Mayence : il faut tout de suite enlever la poste à la maison seigneuriale de La Tour et Taxis, et placer dans les fonctions du duché de Clèves des gens de Berg, et dans celles du duché de Berg des gens de Clèves; — faire payer l'octroi du Rhin comme sous l'administration prussienne; — le duc aura 3 ministres avec un traitement de 6 000 francs chacun et 8 conseillers d'État à 2 000 francs; — tous les jugements se termineront en dernier appel à Düsseldorf; Murat pourra s'emparer des biens de l'ordre de Malte, de l'ordre Teutonique et des moines pour grossir ses revenus. Le nouveau souverain se plaint déjà en effet que son duché ne lui rapporte pas autant que le lui avait fait prévoir l'empereur : au lieu de 4 millions de francs, le revenu est de 2 millions seulement. Il écrit avec amertume le 28 mars à l'empereur qu'il n'ose pas espérer améliorer la situation.

Pour organiser ses nouveaux États, Murat appela près de lui un de ses amis les plus intimes et les plus dévoués, son compatriote Agar, qui devint dans la suite comte de Mosbourg. Il le nomma ministre secrétaire d'État des finances et des affaires étrangères des deux duchés. Agar eut la direction des domaines, des douanes, des postes, de l'administration des monnaies; le 8 juillet 1806, il fut désigné pour présider le conseil d'État en l'absence du grand-duc. En réalité, il fut l'administrateur du grand-duché. Murat lui confia même de pleins pouvoirs diplomatiques. Les ministères de l'intérieur, de la guerre, de la justice et des cultes étaient réunis entre les mains d'un allemand, Fuchsius, à qui succéda bientôt le comte de Nesselrode-Reichenstein, issu d'une vieille famille de diplomates et très populaire à Düsseldorf.

Murat ne paraît pas avoir goûté bien longtemps l'enthousiasme de ses Allemands de Berg et de Clèves : il ne fit que deux séjours dans les duchés : le premier de six semaines, en mars-avril 1806, c'est celui de la prise de possession ; le second, de deux mois et demi, du 27 juillet à la fin de septembre 1806. Pendant ces deux séjours, sa résidence préférée fut le château de Benrath, près de Düsseldorf. On comprend que dans ces conditions, la plus grande partie de la tâche administrative incomba à Agar qui d'ailleurs s'en acquitta de son mieux.

Berg fut divisé en 4 arrondissements : Siegburg, Mülheim, Elberfeld et Düsseldorf ; Clèves en 2 : Duisburg et Wesel auxquels se rattachaient Steinfurt et Dillenburg. Un conseil provincial, siégeant au chef-lieu, administrait chaque arrondissement et cumulait avec ses attributions propres les offices de l'ancien conseil des finances.

Dans l'ordre judiciaire, le conseil de la Cour (*Hofrath*) fut remplacé par une haute cour où siégeaient 6 conseillers d'appel, 2 présidents du sénat, 8 conseillers simples et 1 directeur.

L'armée était « entretenue à peu de frais à l'allemande » et son effectif fut d'abord fixé à 2 400 hommes par Napoléon. Mais, à la veille de la guerre de Prusse, l'empereur qui avait déjà doublé l'artillerie du grand-duché « en preuve de haute bienveillance écrivit à Murat que ses états étaient assez riches, assez grands,

assez peuplés pour avoir un très beau corps de troupes ».
Murat répondit en envoyant à son maître le tableau
de ses faibles ressources et déclara qu'il ne pouvait
augmenter son contingent que si l'empereur le prenait
à sa solde. L'effectif de l'armée dut cependant passer
de 2 400 à 7 000 puis à 8 000 hommes et une milice
fut organisée.

Pour augmenter ses ressources financières, Murat
établit l'impôt du timbre d'après un projet de Duchâtel.
On détermina la valeur des monnaies. Un conseil fut
établi au ministère des finances pour juger les contes-
tations en matière de contributions. Les biens ecclésias-
tiques furent sécularisés, les dîmes et prestations doma-
niales graduellement abolies ainsi que les indemnités
en nature que touchaient les fonctionnaires, etc.

De grand travaux publics furent entrepris, toujours
pour grossir les revenus et l'exploitation houillère
réorganisée à Werden et à Essen. Murat envoya de
Paris un tarif général des douanes : les redevances
douanières et péages étaient supprimés à l'intérieur,
mais des droits d'ancrage établis dans les principales
villes. Enfin un *Bulletin des lois* du grand duché fut
créé le 7 janvier 1808.

*
* *

Lorsque le ministre Agar transmit au comte Beugnot
en 1808 l'administration du grand-duché de Berg et de
Clèves, l'influence française s'était déjà fait puissamment
sentir dans la réorganisation de tous les services de cet
état et le nouveau ministre n'eut qu'à marcher dans
la voie ainsi ouverte.

Le mérite en revenait directement au compatriote de
Murat; c'est sa politique plutôt que celle du grand-duc qui

fut suivie à l'intérieur. Dans les affaires étrangères, Murat se manifeste au contraire personnellement. Ses idées se résument dans une formule bien simple : accroître par tous les moyens possibles l'étendue du grand-duché de Berg et de Clèves pour en faire peu à peu un royaume ; arriver du même coup à doubler ou tripler des revenus trop faibles pour satisfaire une vanité toujours en progrès.

Dès le 28 mars, conformément d'ailleurs aux intentions de Napoléon, Murat a occupé les terres de Hombourg, de Gimborn, de Neustadt et de Wildenberg, « qui confinent au duché de Berg et sur lesquelles de tout temps, les souverains de ce duché ont formé des prétentions ». Mais il convoite surtout Essen et Werden. L'intention de Napoléon était bien de les lui faire obtenir, comme le prouve la lettre où il le charge de savoir à qui appartient le comté de Wittgenstein, qu'il voudrait donner à Murat avec les abbayes d'Essen et de Werden et le comté de Lamarck.

Mais Napoléon comptait procéder lentement, par la voie de négociations bien conduites et sans donner à la Prusse de nouveaux motifs d'irritation. Murat, mis sans doute au courant des intentions impériales par l'indiscret Talleyrand, se dit qu'il vaut mieux tenir qu'attendre ; et puis, sera-t-il blâmé d'avoir devancé les désirs de Napoléon ? Il écrit donc le 28 mars à l'empereur pour lui faire remarquer que les territoires des anciennes abbayes d'Essen et de Werden ont été incorporés au duché de Clèves par trois ordonnances successives du roi de Prusse en date du 29 décembre 1804, du 25 avril et du 4 juin 1805, et que le duché de Clèves ayant été cédé par la Prusse au prince choisi par Napoléon, Essen et Werden sont compris dans la cession. Sans attendre de nouvelles instructions, content de ce beau raisonnement déduit en apparence selon les règles de la logique, Murat informe négligemment l'empereur qu'il a ordonné au général Beaumont d'achever de remplir sa mission en occupant Essen et Werden. S'il affirme à l'empereur que les Prussiens ne s'en plaindront pas, il est plus franc avec Talleyrand à qui il avoue qu'il risque la guerre et lui demande son appui.

Ainsi, Murat qu'on a vu souvent épargner le sang de ses soldats sur le champ de bataille ne recule pas devant un grave conflit pour arrondir injustement son domaine et augmenter ses revenus.

Le résultat naturel de cette politique de casse-cou ne tarde pas à se produire.

Non seulement, M. de Rappart, commissaire prussien, proteste contre l'occupation d'Essen, de Werden, d'Hussen et de Sevenaer, et affirme que ces deux derniers pays appartiennent à la Hollande, mais, le 31 mars, Blücher envoie deux officiers prussiens sommer le commandement du petit détachement français laissé à Essen d'avoir à se retirer. Le capitaine, à qui était confié ce poste, fait la seule réponse qui lui soit permise : il ne le quittera que sur un ordre formel de celui qui l'a envoyé. A cette nouvelle, Murat se plaint à son tour à M. de Rappart des menaces de Blücher et envoie au commandant du détachement l'ordre de n'évacuer son poste qu'autant qu'il y sera contraint, de ne pas tirer le premier, mais de repousser la force par la force s'il est attaqué. Le 4 avril, dans la matinée, Blücher entre à Essen avec 2 bataillons, quelques escadrons de cavalerie et 6 pièces d'artillerie ; en présence de telles forces, le commandant du détachement français est réduit complètement à l'impuissance et doit se contenter de protester verbalement.

Napoléon ne manque pas de tancer vertement Murat,

après cette aventure. Ou bien il ne fallait pas occuper
Essen et Werden, ou il fallait être sûr de s'y maintenir.
D'ailleurs l'empereur ne veut pas « indisposer le roi
de Prusse ». Mais, tout en grondant, il essaie de réparer
la faute commise par Murat et d'arriver diplomatique-
ment au résultat que son beau-frère cherchait par la
force. Il envoie à Talleyrand des documents pour qu'il
les transmette à M. de Lucchesini et qu'il lui démontre
que Werden et Essen sont bien compris dans le duché
de Clèves; il lui marquera combien il est « fâché de la
chaleur qu'on met dans cette affaire, qui n'est pas d'une
telle conséquence qu'on ne puisse l'arranger à l'amiable
tout doucement. »

Murat, de son côté, ne cesse d'intriguer. Il invoque
l'appui de Talleyrand dans des formules aimables, voire
familières. Il se plaint à lui que le roi de Prusse, ne se
contentant plus de contester ses droits sur Essen, Werden et Elten, vienne encore de faire occuper la seigneu-
rie d'Œst, qui a fait de tout temps partie du duché de
Berg. Il s'adresse au roi de Prusse lui-même, au comte
d'Haugwitz, il flatte, il câline presque, met du moins
une forte sourdine à ses sorties belliqueuses contre
Blücher et contre ces odieux Prussiens qui tyrannisent
la Westphalie. Il va jusqu'à prétendre que s'il avait
connu les prétentions du roi de Prusse il aurait « commencé, par égard pour Sa Majesté, par entrer en explications à ce sujet ». Il suffit de rapprocher ces paroles
de ce que Murat écrivait à Talleyrand quand il pré-
voyait la guerre, pour être édifié sur sa bonne foi.

La bienveillance que lui témoigne Napoléon, malgré
la sévérité avec laquelle il a blâmé la légèreté de son
beau-frère, encourage sans doute Murat dans sa désin-
volture. Fidèle à la conduite qu'il s'est inspirée à l'égard
de sa famille, l'Empereur continue à combler Murat de

faveurs, à grandir son rôle et sa situation de souverain.

Lors de la constitution de la Confédération du Rhin, le 12 juillet, il y fait entrer Murat avec son titre de grand-duc, et lui donne un siège dans le groupe des rois, immédiatement après le grand-duc de Bade. Le duc de Nassau doit lui céder en toute propriété et souveraineté la ville de Deutz avec son territoire, la ville et le baillage de Königswinter et le baillage de Willich. Napoléon substitue Murat à la maison de Thurn et Taxis dans le privilège des postes de l'Allemagne du Nord; il l'établit seigneur suzerain sur tout un groupe de princes médiatisés; l'étendue des états du grand-duc en est doublée. Et cependant, à la suite de ces nouvelles concessions, Murat trouve encore le moyen d'entrer en conflit avec ses voisins. Il se querelle avec le duc de Nassau au sujet de l'occupation de Deutz, de Königswinter et Willich; il se plaint amèrement à Talleyrand d'une lettre de M. de Gagern au comte de Nesselrode.

Murat discute avec Napoléon lui-même pour garder Wesel, camp retranché du bas Rhin, que l'empereur veut garder.

Il a aussi de vifs démêlés avec Louis, roi de Hollande. Murat vient de céder à ce dernier Sevenaer, Maalburg et Huysen, mais doit recevoir les pays de La Marck et Munster. Or, Louis veut faire prendre possession de ses nouveaux territoires avant que le traité soit ratifié. Protestations de Murat qui se plaint aussi du préfet de la Roër qui a occupé Wesel avant que le territoire rétrocédé fût délimité. Enfin, il appuie les réclamations des députés de Munster, de La Marck, Lingen et Tocklinburg venus à Paris pour supplier l'empereur de les fixer sur leur sort : seront-ils Hollandais, Westphaliens ou sujets du grand-duc de Berg ? Murat voudrait être fixé aussi pour arrêter son budget de 1808 et former la conscription.

Dans ces différentes circonstances, Murat débat des intérêts sérieux ; sa ténacité est la même lorsqu'il veut obtenir de l'empereur l'autorisation d'accepter la Toison d'or que lui offre le roi d'Espagne. Napoléon ne semble pas pressé d'encourager la vanité de son beau-frère ; alors celui-ci s'adresse à Talleyrand et finit par réussir. Il réussit de même à faire marier sa nièce Antoinette au prince de Hohenzollern-Sigmaringen et considère cette alliance comme doublement heureuse pour lui-même, car elle l'allie à une ancienne famille princière et est agréable à Joséphine, amie de la mère de la fiancée. Murat, à la même époque, se fait donner par Napoléon 150 000 francs pour acheter l'Élysée ; on lui cède le château de Brühl en échange de l'abbaye de Saint-Maixent. Toutes ces faveurs et bien d'autres, les mémoires de l'époque s'accordent à déclarer que Caroline aida Murat à les obtenir, que la rusée princesse fut d'un grand secours à Murat dans sa carrière et qu'il dut souvent aux intrigues plus ou moins basses de sa femme près de l'empereur et des principaux personnages de la cour, en même temps qu'à ses plates courtisaneries et même à de répugnants services, ses dignités et les faveurs qu'il obtint. Madame de Rémusat écrit que Murat reçut le rang de prince et le grade de grand amiral pour « récompense de ses complaisances récentes ». Elle prétend que, sous le Consulat déjà, les deux époux prêtaient la main aux aventures amoureuses de Bonaparte, que Joséphine « se livrait à l'amertume de ses plaintes contre ses beaux-frères, contre Mme Murat et contre Murat qui cherchaient à assurer leur crédit en excitant chez le consul des fantaisies passagères dont ils favorisaient ensuite la secrète intrigue. » Empereur, Napoléon aurait reçu d'eux les mêmes services[1].

Napoléon fit avec le grand-duché de Berg une expérience qu'il renouvela avec tous les États qu'il distribua. Ses satellites lui causaient bien des soucis et menaçaient souvent de troubler la « gravitation » générale de l'empire. L'anecdote suivante racontée avec esprit par la reine Hortense montre combien Murat, comme tous les Napoléonides, comprenait peu sa situation : « Murat me fit sourire un jour lorsque n'étant que grand-duc de Berg, il se plaignait vivement de l'empereur qui voulait réunir la ville de Wesel à la France : « L'Empereur n'a pas le droit de me prendre cette place, me disait-il ; elle ne me vient pas de lui ; c'est un traité avec le roi de Prusse qui me l'a donnée. » Et qui avait fait ce traité ? qui avait donné le duché, la place et tout ? »

Le second séjour de Murat dans son grand-duché de Berg fut interrompu par une nouvelle guerre, inévitable d'ailleurs depuis Austerlitz. La rapidité des victoires de Napoléon avait seule empêché la Prusse de se joindre dès lors à l'Autriche, à la Russie et à l'Angleterre pour former une nouvelle et redoutable coalition contre la France. L'attitude de Murat à Düsseldorf, ses rapports plus que tendus avec Blücher et avec les autorités prussiennes n'avaient pas été de nature à calmer l'ardeur belliqueuse de la reine Louise et du prince Louis de Prusse : ils entraînèrent l'indécis Frédéric Guillaume III à une prise d'armes trop tardive. Le 15 septembre 1806 la Prusse sommait Napoléon d'évacuer l'Allemagne.

---

[1] Voir notamment un passage des Mémoires de Mme de Rémusat (t. I, p. 307), où elle insiste sur l'habileté de Caroline à flatter l'empereur, sur ses intrigues avec Maret et Fouché contre M. de Talleyrand et qui se termine par un portrait de Murat peu flatteur.

« On nous donne un rendez-vous d'honneur pour le
8 octobre ; jamais un Français n'y a manqué », écrivit
Napoléon à Berthier.

C'est au roi de Hollande, Louis, qu'était confié pendant la campagne la défense du grand-duché de Berg et
de Clèves ; il aurait son quartier général à Wesel et les
forces du grand-duché seraient sous ses ordres. Quant
à Murat, Napoléon lui envoyait le 19 septembre l'ordre
de se trouver au plus tard le 29 à Francfort et d'y
reprendre le commandement de la réserve de cavalerie
de la Grande Armée. Et de Mayence, l'empereur complétait ce premier ordre, le 29 septembre, à dix heures
du matin, en prescrivant au grand-duc de partir de suite
pour Würzburg, de mettre la citadelle de cette ville
à l'abri d'un coup de main et de surveiller la frontière
avec sa cavalerie.

Le vrai Murat, soldat avant tout, va renaître. En
dépit de l'étiquette protocolaire et de la correspondance
officielle qui l'appelle « S. A. le prince germanique »,
le membre de la confédération germanique disparaît,
il ne reste à la tête des troupes françaises que le fougueux général de cavalerie, qui commande aux mêmes
divisionnaires, ou à peu près, qu'en 1805, et entretient
les mêmes relations avec l'état-major.

Murat quitte Mayence le 29 septembre ; le lendemain
il est à Würzburg dont il organise immédiatement la
défense. Le 7 octobre il a achevé de disposer ses troupes
et assigne à chaque général son poste ; lui-même sur
l'ordre de Napoléon, transporte son quartier général à
Kronach. Le 8 les opérations commencent. Nous ne voulons pas refaire ici l'histoire de cette campagne racontée
en détails par des historiens bien informés, nous nous
contenterons de rappeler la part importante qu'y prit
Murat. C'est lui qui accomplit la première action d'éclat

de la campagne en passant de vive force la Saale sur un
pont rompu et en s'emparant des hauteurs de Saalburg
avec quatre compagnies d'infanterie légère et une pièce
de canon. Il annonça ce fait d'armes avec joie à Napoléon, mais, à sa grande surprise, alors qu'il attendait
des félicitations, il ne reçut qu'un blâme sévère pour
n'avoir pas employé de cavalerie pour la poste : sa lettre
avait mis trop longtemps pour parvenir. Murat sut protester contre un reproche immérité ; des piquets de
cavalerie avaient bien été mis sur la route et le retard
ne lui était pas imputable.

Le lendemain, Murat remportait la victoire de Schleiz,
qui est, en quelque sorte, dans la campagne de 1806,
le pendant du combat de Wertingen, l'année précédente. Comme à Wertingen, on y voit l'ennemi se laisser chasser de la ville où il s'est jeté, puis reprendre
l'offensive, et Murat survenir avec ses cavaliers. Ceux-
ci, en trop petit nombre, comme le lui fait remarquer
Napoléon, sont repoussés par trois fois ; enfin, aidés
par les éclaireurs et les troupes de ligne du général
Maison, que Murat appelle « des soldats incomparables », ils infligent aux Prussiens, par une charge
endiablée, une défaite complète : 2 000 ennemis fuyaient
sur la route ayant jeté « pour courir plus vite, leurs
armes, leurs sacs et leurs chapeaux ».

Après le combat de Schleiz, Murat marche sur Leipsig. En route, il occupe Auna : il se dispose à courir
vers Neustadt, où il entend le bruit du canon, quand
l'empereur lui ordonne « d'inonder » de ses escadrons
les plaines de Leipsig. Murat, conformément aux
instructions précises qu'il a reçues accélère les mouvements et fait battre par Lassalle les colonnes rencontrées en chemin. Bientôt quelques hussards, sous
la conduite de Curély, une des gloires de la cava-

lerie légère, pénètrent audacieusement dans Leipsig.

Le dénouement approche : les combinaisons de Napoléon vont aboutir à deux victoires le même jour : Iéna et Auerstaedt. La veille de ces batailles, Murat franchit, avec sa cavalerie, 70 kilomètres pour atteindre Iéna où il arriva fort tard dans la nuit. A onze heures du matin, il était aux côtés de l'empereur et le secondait dans la direction générale de l'action. Puis, il se mettait à la tête des trois divisions de cavalerie et les commandait jusqu'à la fin de la journée.

C'est lui qui achève, à six heures du soir, la déroute des troupes prussiennes et entre à Weimar, à la suite des fuyards. Alors va commencer cette extraordinaire poursuite des restes de l'armée de Prusse pendant laquelle le superbe général de cavalerie fait oublier les étourderies et les mesquineries du grand-duc de Berg et qu'il couronne glorieusement par la prise de Prenzlöw et la capitulation imposée à Blücher.

CHAPITRE VII

PRENZLOW ET EYLAU. — LE RÊVE POLONAIS

L'armée prussienne en déroute, il fallait empêcher
ses débris épars de se réunir; Murat était tout désigné
pour cette tâche; on l'avait vu déployer les qualités
requises en pareil cas lorsqu'il avait poursuivi l'archiduc Ferdinand : il allait faire mieux encore dans les
plaines de l'Allemagne du Nord. Dès le 16 octobre il
reçut, à Weimar, l'ordre de poursuivre l'ennemi qui
opérait sa retraite dans la direction d'Erfurt. Immédiatement, il partait et le soir même il atteignait l'arrière-
garde prussienne, devant Erfurt, le culbutait, lui
prenait 60 chariots chargés de farine et de nombreux
équipages et lui faisait environ 800 prisonniers. Mais
le gros des fuyards se jetait dans Erfurt, ville forte et
bien défendue par des troupes de toutes armes, fraîches
et valides. Murat n'avait à sa disposition que de la
cavalerie. Il envoya sommer les généraux réputés qui
commandaient la place de se rendre. Ceux-ci voulurent

Sources imprimées. — Foucart, *Campagne de Prusse, Prenzlow
et Lübeck.* — De Lettow-Vorbeck, *Der Krieg von 1806 und 1807,*
t. II. — Thoumas, dans *les Cavaliers du premier Empire*, biographie de Lasalle. — Général Rapp. *Mémoires*, 1823. — Général
Marbot, *Mémoires*. — Général Bertrand, *Mémoires*.

Sources manuscrites. — Archives historiques de la guerre,
Grande Armée 1807 : correspondance de Murat et notes. Rapports
de Grouchy, de Belliard.

obtenir des conditions qui épargneraient à des hommes comme Mollendorf et le prince d'Orange-Nassau l'humiliation d'être prisonniers. Murat refusa et cerna la ville. Bientôt Napoléon lui faisait parvenir les clauses de la capitulation : 10 000 hommes étaient obligés de se livrer aux Français, les soldats étaient envoyés en France, et les officiers ne pouvaient retourner chez eux qu'en prenant l'engagement de ne pas servir avant leur échange.

Murat repart sans perdre un instant pour atteindre le duc de Weimar qui fuit vers le nord-ouest. A Lengensalza il retrouve Klein et Lasalle, mais ceux-ci ont laissé passer la majeure partie des troupes de Kalkreuth et de Blücher, en se fiant naïvement à la parole des généraux prussiens qui leur ont affirmé qu'un armistice venait d'être signé. On sait le blâme qu'infligea Napoléon à Lasalle pour cette bévue, dans un ordre du jour célèbre.

Heureusement Bernadotte bat à Halle les 25 000 hommes du prince de Würtemberg, et Murat s'élance sur la route de Gotha à Magdebourg. Lorsqu'il s'arrête le soir à Immenrode pour y installer son quartier général, sa cavalerie a fait 30 kilomètres; ses opérations et celles de Soult ont réussi à séparer du reste de l'armée prusienne le corps du duc de Weimar, qui est rejeté à l'ouest. Murat franchit à toute allure les étapes d'Immenrode à Nordhausen, puis à Hasselfeld et à Stiege, faisant jusqu'à 43 kilomètres dans une journée. Sur les hauteurs de Stiege il met en déroute une colonne prusienne de 2 régiments de cavalerie et 800 hommes d'infanterie. Blücher et le duc de Weimar tentent de se rallier autour de Magdebourg, et les Français en font autant. Dans l'ardeur de la poursuite, Murat a oublié les Prussiens faits prisonniers à Erfurt : un

convoi de 5 000 d'entre eux, conduit à Francfort sous
une trop faible escorte est délivré en route par une
poignée de hussards prussiens. Berthier adresse de
vives réprimandes, au nom de l'empereur, à Murat
pour ce fait, mais celui-ci rejette la faute sur Ney qui
s'était chargé, dit-il, de faire exécuter les ordres
relatifs aux prisonniers et ne lui en « a jamais écrit un
seul mot. »

Cependant, le 19 octobre, tous les corps prussiens,
sauf celui des Saxons, sont réunis autour de Magdebourg. Faute d'un général en chef habile pour diriger
leurs mouvements, ils sont bientôt obligés de se
disperser entre l'Elbe et le Rhin, ne laissant que
quelques troupes dans la ville. Murat, qui a continué
sa marche rapide, non sans battre quelques détachements en route, atteint Magdebourg, place un corps
en observation et repart dans la direction de Berlin.
Cette fois son initiative est conforme aux plans de
Napoléon dont il a devancé les ordres. Il passe la Saale à
Halle et l'Elbe à Dessau où il rejoint l'empereur. Trois
jours après Berlin est occupé par la Grande Armée.

C'est une première satisfaction, mais elle ne suffit
pas à Napoléon ; il veut qu'aucun de ces généraux
prussiens qui ont raillé son armée n'échappe ; la
poursuite reprend plus acharnée. Murat court avec ses
hussards et ses chasseurs sur la route de Stettin. Arrivé
à Hennigsdorf, il apprend que le prince de Hohenlohe a
passé plus à l'ouest et pointe au nord dans le but de se
réunir aux forces russes sur la frontière de Pologne.
Malgré tous les efforts de Murat et de ses divisionnaires,
le prince peut atteindre Furstemberg, avec la plus
grande partie de ses soldats ; toutefois la colonne du
général von Schimmalpfening est battue par Lasalle,
Grouchy et Murat à Zehdenick. Murat y fit 600 prison-

niers et prit 1 étendard : le bulletin de la Grande
Armée n'exagérait rien en l'appelant alors « l'infatigable ».

La bataille n'avait arrêté la poursuite qu'une journée
et Murat apprenait que le prince de Hohenlohe n'avait
pas encore quitté Furstemberg. On devait pouvoir le
gagner de vitesse. Deux routes seules s'offraient à lui.
Lasalle, Milhaud et Beaumont vont en occuper les
croisements, sûrs que l'un d'eux au moins rencontrera
le prince. De fait, l'avant-garde prussienne se présente
bientôt devant les troupes de Milhaud, mais, malgré
une lutte acharnée de plusieurs heures et le secours de
Murat, accouru d'Hasleben au bruit du canon, Hohenlohe s'échappe encore. Murat doit se contenter de
culbuter les gendarmes du major Löfschbrand dans un
marais, de faire un certain nombre de prisonniers et
de s'emparer de 4 étendards.

Le prince, après avoir marché toute une nuit, arrive
à Prenzlow ; Lasalle y arrive en même temps et,
Murat, à son tour, malmène si bien les ennemis que
Hohenlohe doit se séparer du prince Auguste de Prusse.
Il fuit encore mais, serré de près par Beaumont, il se
décide à parlementer et envoie un officier à Murat.
Celui-ci, avec sa jactance gasconne, donne sa parole
que Hohenlohe est cerné par cent mille hommes (le
maréchal Lannes assistait, il est vrai, à la bataille avec
son état-major, mais l'infanterie de son corps d'armée
était encore à une certaine distance). — Votre général
veut-il capituler ? dit-il au parlementaire — Non ! Mon-
seigneur, jamais il ne se prêtera à cette dure condition !
— Eh bien ! je le ferai sabrer ! » Le prince de Hohenlohe a peur d'être sabré : il cède et accepte toutes les
conditions imposées par Murat : les officiers prisonniers de guerre conservent leur épée et leurs bagages

et peuvent retourner chez eux jusqu'à l'échange ; les
soldats déposent les armes et sont envoyés en France.
Prenzlow est, à notre avis, la plus belle page de l'histoire militaire de Murat. Dans d'autres combats on
avait pu opposer le nombre au nombre. Ici, Murat
contraint 9 500 hommes à désarmer avec moitié moins
de forces. Le corps de Lannes l'a soutenu assurément,
mais s'il n'avait pas fait preuve d'une si grande activité
et d'une telle audace, s'il n'avait pas attaqué sans
attendre l'arrivée de l'infanterie, le prince de Hohenlohe se fût sauvé une fois de plus. La victoire rempor-
tée le 28 se complétait le 29 : Milhaud faisait capituler
les deux brigades de cavalerie qui avaient échappé
au désastre, et Lasalle, avec quelques hussards,
prenait Stettin défendue par une nombreuse artillerie
et une forte garnison. « Mon frère, écrivait Napoléon à
Murat, je vous fais mon compliment sur la prise de
Stettin ; si notre cavalerie légère prend ainsi des villes
fortes, il faudra que je licencie le génie et que je fasse
fondre mes pièces. »

Restait la colonne de Blücher qui n'avait pas participé à tous ces combats et qui, le jour de la bataille de
Prenzlow, se trouvait au sud-ouest entre Luckenwalde
et Fürstenwalde. Napoléon tenait particulièrement à la
capture de ce général ; Lasalle ne la désirait pas moins.
La poursuite reprend donc. Lasalle brûle les étapes.
Murat fait jusqu'à 60 kilomètres par jour. Le 4 novembre il rejoint Bernadotte à Schwerin. Le 6, une
bataille sanglante et décisive est livrée sous les murs
de Lübeck. Les corps d'armée de Bernadotte et de
Soult et la cavalerie de Murat y prennent part et ont
plus de 1 500 hommes hors de combat, mais Blücher
pris entre les forces françaises et un cordon de Danois
décidés à faire respecter la neutralité de leur pays,

réduit à l'impossibilité de faire embarquer ses troupes comme il l'avait projeté, pour aller se réfugier dans l'île de Rügen, n'a plus qu'à imiter l'exemple des autres généraux prussiens. La capitulation du 7 novembre termine la lutte : le roi de Prusse n'a plus d'armée.

Dans cette fiévreuse course, cette poursuite endiablée, Murat a fait le plus bel emploi de sa vigueur, de sa résistance, de son aptitude à entraîner des troupes malgré la fatigue et dans de mauvaises conditions de routes, de climat et d'autres encore. Il a mérité les éloges que lui prodigue l'empereur, car il a montré quel parti on peut tirer de la cavalerie lorsque l'armée ennemie commence à se démoraliser et qu'il importe de ne pas lui donner le temps de reprendre confiance en elle-même. Avec ses hussards, ses dragons, ses chasseurs stimulés à propos et habilement commandés, il a transformé une simple défaite en déroute irréparable.

La victoire, si longtemps cherchée et conquise après tant de dures opérations, ne semble pas d'ailleurs l'avoir épuisé. Le 11 novembre, Murat a déjà rejoint l'empereur à Berlin avec tout son état-major.

Tandis que les soldats de Murat, de Soult et de Bernadotte couraient après Blücher, le reste de l'armée française n'attendait pas la fortune en dormant. Ney faisait capituler la superbe Magdebourg. Davout forçait Küstrin. Les corps d'armée de Lannes et de Davout occupaient toute la ligne de l'Oder, et au moment où se livrait la bataille de Lübeck, ces troupes entraient à Posen au milieu des acclamations des habitants. Le 17 et le 18 novembre, la ligne des opérations françaises se trouvait portée de l'Oder à la Vistule. Après huit jours de repos à Berlin, Murat en part le 19 novembre pour se rendre à l'avant-garde de l'armée ; il est à Posen le

21 et le 23 à Klodawa, au quartier général de Davout. Les forces de cavalerie qu'on y peut grouper sont naturellement celles qui n'ont pas pris part à la « marche infernale » sur Lübeck et qui forment un total de 9 200 hommes. Lasalle et Grouchy devant arriver bientôt, la réserve de cavalerie va se trouver reconstituée. Murat peut disposer, en cas de besoin, du corps d'armée de Davout; il a, en somme, sous ses ordres, le commandement de toute l'avant-garde.

Klodawa, où Murat a rejoint ses troupes est à mi-chemin de Posen à Varsovie. C'est d'abord la marche prudente vers la capitale de la Pologne. Les Russes paraissent à peine. A Varsovie, il n'y a que peu de troupes prussiennes. Deux petits engagements ont lieu seulement pendant la marche. La lutte s'annonce comme anodine. « Les Russes, disent les soldats, depuis la rude leçon d'Austerlitz, n'osent plus tenir devant nous. » L'avenir condamnera l'optimisme de ces pronostics. Et puis, on ne marche plus en pays ennemi; partout la population polonaise se montre disposée à renseigner, à favoriser les Français; on les accueille en libérateurs; les petites villes de Lowicz et de Sochaczew illuminent à l'arrivée des troupes. Pour se dédommager du mécompte qu'il a éprouvé à Berlin, Murat fait dans Varsovie une entrée de triomphateur : à une heure de l'après-midi, il pénètre dans les faubourgs à la tête du 13e régiment de chasseurs, des compagnies d'élite des 1re et 3e divisions de dragons et du 8e régiment de la même arme. La population s'est portée à sa rencontre et des acclamations enthousiastes retentissent sur son passage. Il trouve les Polonais et surtout les Polonaises charmantes. Quel général pouvait mieux que lui donner une bonne idée de la nation française à ce peuple brave, chevaleresque, prompt à l'amitié mais un peu frivole et inconstant. Les splendeurs de son uniforme attirent sur Murat tous les regards. Pour faire valoir sa fière prestance, son élégance de beau garçon conscient de ses attraits séducteurs, il a fait venir de Paris pour 27 000 francs de plumes et de passementerie [1]! Et quel costume de théâtre : tunique à la chevalière chamarrée de broderies d'or et recouverte d'une riche pelisse de fourrure, une culotte blanche, des bottes demi-courtes en cuir rouge, un glaive antique supporté par un baudrier en sautoir tout brodé et dont la poignée étincelle de pierreries ; sur la tête un bonnet de martre à calotte rouge et surchargé de plumes d'autruche noires, au milieu desquelles les jours de bataille, une aigrette blanche en plumes de héron est fixée par une agrafe de diamants. Le cheval a une bride et des étriers d'or, une selle recouverte en peau de tigre.

Pendant toute la quinzaine de novembre le temps avait été beau et les troupes n'avaient pas eu à se plaindre, mais à partir du 24, la pluie, la neige et les brouillards avaient commencé à ralentir la marche ; l'entrée à Varsovie est marquée par un retour de beau temps, un froid sec bien préférable à la neige ; le ciel, lui aussi, veut aider à la fête, tout contribue à favoriser Murat dont le cœur s'ouvre à l'espérance : ne va-t-il pas trouver là le royaume rêvé ? Il faut lire dans « *Le Général Auguste Colbert* » par le marquis de Colbert les lettres que Murat adresse à Napoléon après son entrée à Varsovie. En même temps qu'il y décrit l'enthousiasme qu'il a

[1] Le fait est signalé par tous les mémoires du temps. Mme d'Abrantès (t. VI, p. 256), raille particulièrement Murat de ses goûts pour les toilettes excentriques, dans le même passage où elle célèbre la charge de Hof comme la plus belle que « de mémoire d'homme on eût vue dans une armée combattante ».

reçu il pose sa candidature au trône de Pologne sans se
nommer, déclarant que les Polonais voudraient « former une nation indépendante sous un roi étranger qui
leur serait donné par V. Majesté. » Mais d'abord il
s'agit de conquérir ce royaume. Le prétendant ne
possède même de sa capitale que les deux tiers, car les
Russes occupent encore le faubourg de Praga, de l'autre
côté de la Vistule. La neige recommence à tomber à
gros flocons le 29, et la Vistule, dont la crue est très
forte, charrie des glaçons. Malgré ces obstacles, Murat
fait traverser le fleuve dans des barques, le 2 décembre,
au 17e de ligne, de la division Morand, qui occupe le
faubourg de Praga aussitôt évacué par les Russes.
Bien qu'on ne dispose que de quinze bateaux, deux
autres régiments de ligne passent aussi. Les eaux
montent encore et il faut surseoir au passage en
barque de la cavalerie. Les troupes restent un certain
temps immobilisées, ce qui impatiente l'empereur.
Enfin les pontonniers achèvent de construire un pont
sur la Vistule à Varsovie et un autre sur la Narew à
Okunin. La situation change bien alors. Le mouvement
des divisions recommence et les rivières sont franchies.
Bessières livre heureusement le combat de Biezun.
Davout passe de force la Vkra suivi de Lasalle et de
Klein, et Friant prend Nasielsk. Murat, malade depuis
quelques jours, a dû remettre le commandement de la
réserve de cavalerie à de Nansouty et se reposer à
Varsovie, mais lorsqu'il voit que l'heure de l'action
décisive approche, il monte à cheval malgré son état
de faiblesse et rejoint l'empereur à Novemiasto; il
prend aussitôt le commandement des chasseurs de la
garde et se tient à l'avant-garde. A Lapaczyn, on
rencontre l'ennemi et les chasseurs le chargent vigoureusement. Murat poursuit lui-même une partie de la

cavalerie russe mise en déroute, tandis que le colonel
Dalhmann avec deux escadrons de chasseurs et de
mameluks se charge de l'autre fraction. Cet exercice
profite à l'état de Murat qui écrit le soir à l'empereur :
« Ma journée m'a fait très bien et je me porte beaucoup
mieux que ce matin. » Le régime de nourriture n'est
cependant pas des plus réconfortants, et l'approvision-
nement est pénible : « A force de cris et de menaces, dit
Lasalle, j'ai obtenu un pain et une dame-jeanne de vin
que je suis trop heureux d'offrir à Votre Altesse.
Notre *noble* hôte est un ladre qui nous laissera mourir
de faim. » Le dégel, fort inattendu en cette saison,
complique la situation : les troupes pataugent dans
« quatre pieds de boue ». Le 26 décembre, le maréchal
Lannes livre un combat très important près de Pultusk
à Bennigsen. Ce général dispose de 44000 hommes
avec 276 canons, tandis que Lannes n'a que 26 000 soldats et 55 pièces d'artillerie. On se bat de dix heures du
matin à six heures du soir « dans la boue jusqu'à mi-
cuisse, le vent et la grêle renversant les soldats ».
Presque à la même heure et par le même temps, Murat
rencontre vers Gostynin deux colonnes russes : l'une
venant de Bielitz présente le flanc, l'autre arrive de
Ciechanow; c'est celle dont Murat a heurté quelques
détachements, la veille, entre Lapaczyn et Plonsk.

Elles sont commandées par le prince Galitzin et le
général Dochtorow. Le combat s'engage entre huit et
neuf heures du matin. La brigade Lasalle a opéré sa
jonction avec la brigade Marulay, du corps d'armée de
Davout, au village de Garnowo, Murat a donc à sa droite
le maréchal Davout et à sa gauche le maréchal Augereau. Il ne leur donne aucun ordre pendant l'action et
chacun d'eux manœuvre isolément. La cavalerie assure
les communications entre les deux corps d'armée. Les

brigades Lasalle et Marulaz supportent seules le premier choc et les dragons n'entrent en ligne qu'à une
heure de l'après-midi. C'est pendant cette bataille de
Gostynin que la brigade Lasalle éprouve une panique
inexplicable. Pour l'en punir, Lasalle la maintient sous
le feu du canon des Russes jusqu'à minuit. Lui-même
ne bouge pas et a 2 chevaux tués sous lui.

*
* *

Après les batailles de Pultusk et de Golymin, les deux
armées prennent leurs quartiers d'hiver, à la grande joie
des Français que le climat et les privations désespé-
raient.

Murat passa à Varsovie tout le mois de janvier de
1807. Si l'égoïsme et l'ambition ne l'avaient pas aveu-
glé, il eût compris dès lors combien le rétablissement
du royaume de Pologne par Napoléon était aléatoire.
Les acclamations qui avaient salué l'empereur à son
entrée à Posen, au début de la campagne, l'avaient
agréablement impressionné et illusionné sur la facilité
de restaurer le royaume. Il avait cru qu'il en tirerait
60 000 auxiliaires en armes, et le premier enthousiasme
tombé, il s'était aperçu que ces 60 000 hommes n'exis-
taient que dans l'imagination des chefs polonais. De
part et d'autre, on allait donc se tenir sur une prudente
réserve, voisine de la défiance. Murat, personnellement,
eut bien de la peine à entrer dans de semblables consi-
dérations. Il ne songeait qu'à cette couronne de roi que
la Pologne semblait lui offrir. Les grandes dames polonaises raillaient son accent cadurcien, ses façons de galantin de cavalerie, de sous-officier de houzards à bonnes
fortunes, mais la petite noblesse l'admirait, les chefs
de parti, comme Poniatowski, comprenaient qu'il était

homme à s'intéresser à la résurrection de la Pologne parce que cette renaissance du pays lui promettait un trône. C'est dans cette pensée que Poniatowski lui offre le sabre d'Étienne Bathori, que le sultan Amurat III avait fait roi de Pologne, et Murat se demanda sérieusement si ce sabre n'était pas l'image du sceptre qu'il attendait. Pourtant, dès les premiers jours, Napoléon avait cherché à refroidir son enthousiasme.

Le bruit du canon se fit de nouveau entendre et mieux que toutes les recommandations d'un souverain, mit fin aux combinaisons et aux intrigues politiques qui s'étaient donné carrière pendant les loisirs de la demie paix des quartiers d'hiver. Les Russes prenaient l'offensive en attaquant brusquement l'aile gauche des Français à la fin du mois de janvier. Bernadotte repoussait bien leur première attaque à Mohrungen, mais il était obligé de reculer devant Bagration et Barclay de Tolly. Napoléon se félicitait de cette retraite : il voulait laisser toute l'armée russe s'engager à la poursuite de Bernadotte, puis s'élancer rapidement derrière elle et lui couper toute communication avec le Niémen. C'est pour favoriser l'exécution de ce plan que Murat se portait sur Willemberg. Un accident fit échouer ce plan : l'officier qui portait à Bernadotte le pli qui en contenait l'exposé tomba aux mains des cosaques. Le général russe Benningsen prévenu, put rétrograder. Murat le poursuivit.

En route, il bat à Passenheim une colonne du prince Dolgorouki. Celui-ci se retire dans Allenstein et Murat emporte la place et adresse à l'empereur un rapport élogieux pour ses auxiliaires, surtout pour Soult.

Dès lors, chaque jour est marqué par un combat : Bergfriede le 3 février, Deppen le 4, Liebsdadt et Wolfsdorf le 5, Hof le 6, enfin Eylau, le 8, et dans chacun de ses engagements la cavalerie a une part prépondérante. Murat a laissé un récit particulièrement mouvementé de la rencontre de Hof[1]. La charge qu'il y commanda donna un avant-goût de celle d'Eylau. L'empereur embrassa d'Hautpoul, qui s'était spécialement distingué à la tête des cuirassiers, et celui-ci s'écria : « Pour me montrer digne d'un tel honneur, il faut que je me fasse tuer pour votre Majesté ! »

Nous n'avons pas eu le bonheur de retrouver un récit de la journée d'Eylau par Murat lui-même. Mais l'histoire de cette bataille est trop connue par d'autres documents pour que le rôle qu'il y joua nous échappe. On sait qu'au moment le plus critique, deux de ses divisions ayant été complètement détruites par l'artillerie russe et Augereau ayant été blessé par un biscaïen, c'est à Murat que s'adressa l'empereur. « Nous laisseras-tu dévorer par ces gens-là ? » lui dit-il en lui montrant les lignes ennemies.

Aussitôt, Murat ordonne la charge : en première ligne, 3 000 chasseurs à cheval et hussards, en seconde ligne, 7 000 dragons ; en troisième ligne, 1 600 cuirassiers. Il est difficile de reconstituer tous les détails de cette célèbre charge, mais on en trouvera d'intéressants dans le rapport du général Grouchy à Murat.

Les deux premières lignes de l'infanterie russe sont renversées, on le pense bien, par cette véritable trombe humaine, mais la troisième ligne n'ayant pas été suffisamment entamée, les deux autres ont le temps de se relever, de faire demi-tour et de prendre la cavalerie française entre deux feux. Bessières accourt au secours de Murat avec deux brigades de chasseurs à cheval de la

[1] Voir cette relation aux Archives historiques de la guerre, Grande Armée, 1806, févr., Lettre de Murat à l'empereur. Voir aussi, le rapport du général Grouchy au grand-duc de Berg.

garde, et la compagnie de mameluks du colonel Dahlmann. La cavalerie a peine à se dégager, enfin la vigoureuse trouée qu'elle pratique immobilise en quelque sorte le centre de l'armée russe, sauve le corps d'Augereau et permet à celui de Davout de tomber sur l'aile gauche des Russes. Elle rend encore un grand service dans la soirée, en arrêtant les efforts isolés de l'ennemi. Une colonne de 4000 grenadiers russes était parvenue jusqu'au cimetière d'Eylau où se tenait l'empereur : « Jamais rien de ma vie ne m'a plus impressionné, raconte le général Bertrand ; nous tremblions tous, l'empereur ne bougea pas ; il dit seulement plusieurs fois en voyant les Russes : quelle audace ! et ordonna à un bataillon de la garde de s'avancer. Le peloton d'escorte les chargea en tête, et pris en flanc par la brigade du général Bruyère tout fut bientôt sabré ou dispersé. »

La cavalerie française perdit à Eylau 3275 hommes sur 14000, et les généraux d'Hautpoul et Corbineau et le colonel Dahlmann, restèrent sur le champ de bataille.

En dépit des proclamations de Benningsen, l'armée russe se considère bien alors, sinon comme battue, du moins comme hors d'état de reprendre la lutte ; elle s'enfuit au plus vite dans la direction de Kœnisberg. Murat la suit pas à pas avec sa cavalerie, prudemment cette fois. Ce n'est plus une impitoyable chasse à l'homme comme la poursuite de Hohenlohe et de Blücher. Les reconnaissances de ses chasseurs et de ses hussards, le 10 février, jour où Murat couche à Grosslauth, lui apprennent que la plus grande partie de l'armée russe se retire par Willemberg. Lasalle ne parvient à occuper cette ville que dans la soirée du 11 février avec les 3 brigades de cavalerie légère Bruyère, Durosnel et Guyot. Le même jour, de Ludwigswald, Murat aperçoit au loin, les clochers de Kœnisberg, mais dès qu'il fait mine de s'avancer, les Russes menacent de reprendre l'offensive. Toute la journée du 12, on reste ainsi de part et d'autre dans l'expectative : Murat est convaincu — à tort — qu'il n'y a dans Kœnisberg que l'arrière-garde ennemie sous les ordres du prince Bagration et que l'évacuation de la ville par les derniers détachements russes n'est plus qu'une question de quelques heures ; or, la paix ne s'achètera qu'au prix de nouvelles victoires pénibles et plus décisives. Dès ce moment toutefois, on constate une curieuse détente des esprits dans les deux armées. Murat raconte dans une lettre adressée à l'empereur, que les cosaques font des démonstrations d'amitié aux soldats français. Il se fait toutefois illusion sur les bonnes intentions des Russes qui se maintiennent vigoureusement, et s'aperçoit que toute l'armée de Benningsen est concentrée autour de Kœnisberg. Il constate aussi la fatigue et le découragement de ses hommes, las d'être harcelés jour et nuit par les cosaques. Il se plaint même à l'empereur de la lâcheté de la division du général Michaud : « voilà deux fois qu'elle se dessoude et qu'elle a fui en désordre » et demande qu'elle soit renvoyée sur les derrières de l'armée. Bruyère se lamente de manquer de fourrages, et Grouchy dépeint la détresse de la Grande Armée au lendemain d'Eylau, sous les plus tristes couleurs.

Un mouvement en arrière s'imposait. La Grande Armée reprit peu à peu les cantonnements qu'elle occupait avant l'attaque des Russes. Jusqu'au 15 mars elle eut encore à repousser les tentatives des partis de cavalerie ennemie et Murat ne fit que couvrir la ligne des avant-postes, puis les Russes prirent leurs quartiers d'hiver et tout le monde se reposa.

On envoya la cavalerie se refaire dans la région maritime voisine de la petite ville d'Elbing que la brigade du général Durosnel, appuyée par la division de dragons Klein, avait occupée le 22 février. L'empereur s'attacha particulièrement à la reconstitution de la cavalerie légère dont l'effectif était insuffisant en présence des nuées de cosaques dont disposaient les généraux russes pour le service des reconnaissances, l'attaque des convois et des avant-postes ; il devait la placer sous le commandement de Lasalle dont les précieuses qualités étaient reconnues. Elle serait composée de douze régiments et divisée en quatre brigades, et le tout concentré à Elbing, quartier général de Lasalle. Après un séjour à Varsovie, Murat se rendit lui aussi à Elbing le 25 mai et y passa la revue de toute sa cavalerie qui lui parut en excellent état ; avec l'autorisation de l'empereur, il visita le 28 mai Dantzig, notre nouvelle conquête, et y passa quelques jours avec le maréchal Lefebvre.

C'est au cours de cette demi-oisiveté qu'une brusque attaque des Russes sur le corps du maréchal Ney vint rappeler nos troupes à la réalité. A la campagne d'hiver succède la campagne de printemps ; elle est plus courte, moins pénible et surtout plus décisive. La belle résistance de Ney à Guttstadt permet à l'armée de se concentrer. Le 5 juin, Berthier envoie l'ordre à Murat de réunir immédiatement les divisions. Murat obéit et établit son quartier général à Saalfeld, le 7 juin à Mohrungen, le 8 juin, à Alt-Reichau. La cavalerie a franchi la Passarge le 9 juin, refoulant l'arrière-garde de Bagration ; elle traverse l'Alle à la nage et reprend Guttstadt. Toutes les forces russes se replient sur Heilsberg dont Benningsen a fait un véritable camp retranché. Le terrain perdu par le corps d'armée de Ney qu'avaient assailli des troupes trop nombreuses, est reconquis ;

mais le lendemain, Murat commet la faute d'attaquer,
sans en avoir reçu l'ordre, les formidables positions de
Benningsen à Heilsberg au lieu d'attendre que le mouvement tournant dessiné par Davout contraigne l'ennemi à évacuer le camp retranché. La bataille d'Heilsberg
est une des plus sanglantes mêlées de cette sanglante
campagne. Murat ne dispose que du corps d'armée de
Soult, de la division de cavalerie légère de Lasalle et
de la division de cuirassiers du général Espagne, tandis
que la cavalerie russe compte plus de 80 escadrons.
Vers le soir, on a recours aux fusiliers de la jeune
garde et à la division Verdier du corps du maréchal
Lannes. Murat a un cheval tué sous lui ; il monte sur
celui d'un brigadier du 20e chasseurs. Douze dragons
russes l'entourent ; il va être pris ou tué, lorsque
Lasalle accourt, sabrant tout sur son passage et le dégage. Quelques instants après c'est Murat qui rend le
même service à Lasalle : « Nous sommes quittes, mon
cher général », lui dit-il en le serrant dans ses bras. Le
colonel de Gonneville dans ses souvenirs raconte ainsi
comment fut décidée la charge des cuirassiers de la
division Espagne : « En ce moment, dit-il, le grand-duc
de Berg arriva par le derrière de notre droite suivi de
son état-major, passa au galop devant notre front, cou-
ché sur l'encolure de son cheval et jeta au général
Espagne, en passant très rapidement devant lui, cette
seule parole que j'entendis : Chargez ! Cet ordre donné,
sans autre formule, de faire attaquer par 15 escadrons non soutenus, 60 escadrons d'élite, me parut
d'autant plus difficile à expliquer que pour joindre
l'ennemi, il fallait franchir un ravin quasi infranchis-
sable, en défilant par 2 ou 4, et se former sous le feu
de l'ennemi à 200 pas de sa première ligne. » Aussi
l'empereur reprocha-t-il vivement à Murat et à Soult

cette inutile boucherie. Il n'était pas besoin de faire tuer tant d'hommes pour que le succès fût grand. Après Heilsberg, Napoléon était fixé sur le plan à suivre ; il tenait les Russes à sa discrétion et se promettait de les battre à son heure.

Murat est mis à la tête de l'aile gauche, composée des corps de Davout et de Soult, des divisions de cuirassiers Espagne et Hautpoul et d'une partie de la cavalerie légère de Lasalle. Il s'avance par Eylau et Grosslauth sur Kœnigsberg, débordant l'aile gauche des Russes. Au moment où se livre la bataille de Friedland, (14 juin), il est sous les murs de Kœnigsberg. Laissant le maréchal Soult y entrer, il va passer la Pregel à Wehlau le 16 juin et poursuit l'armée russe jusqu'au Niémen. Sa cavalerie arrive le 19 devant Tilsit. Murat se prépare à lancer ses escadrons sur les cosaques en présence de l'empereur quand un officier vient en parlementaire de la part du général Benningsen et demande un armistice. La campagne de Pologne est terminée. Le reste est affaire aux négociateurs, c'est-à-dire aux deux empereurs eux-mêmes. Du traité qui va se signer sortira-t-il un royaume de Pologne et ce royaume sera-t-il donné à un Napoléonide ? Murat le croit encore et il espère ceindre son front de la couronne de Sobieski comme il porte déjà l'épée de Bathori. Le 1er avril, il a eu une fausse joie lorsque Napoléon lui a donné l'autorisation de se constituer une garde d'honneur polonaise de cent hommes : « Mon cousin, a-t-il écrit tout de suite à Berthier, je vous prie de baser les dépenses qu'exigera la formation de la garde polonaise de cent hommes que Sa Majesté veut bien m'accorder sur celles qui peuvent être faites pour une compagnie de Sa Majesté d'un pareil nombre d'hommes ». Mais le 10 avril, l'empereur revient sur sa première décision et Murat en est pour une désillusion de plus. Bien plus cruelle est celle qu'il éprouve le jour de la mémorable entrevue sur le Niémen, lorsque Napoléon le voyant arriver en grande tenue polonaise, le cingle de cette mordante apostrophe qui détruit ses dernières espérances : « Allez-vous-en mettre votre uniforme de général, vous avez l'air de Franconi ! »

Et cependant Murat n'a pas été le seul à convoiter ce trône qu'il voit lui échapper avec tant de chagrin. Pendant qu'il guerroie loin de France, Caroline s'est livrée à toutes les intrigues possibles pour se faire couronner. Mme de Rémusat raconte que la grande-duchesse de Berg ne se contentait pas de déployer, à Fontainebleau et chez elle, un luxe inouï pour flatter Napoléon, de dépenser couramment de 10 à 15 000 francs pour ses toilettes, et même de les surcharger de perles fines et de diamants « qui les rendaient sans prix » (t. II, pp. 330-347), de tout faire servir à sa table en vermeil, etc., mais encore qu'elle allait jusqu'à tâcher de tirer parti de sa liaison avec Junot pour arriver à ses fins [1]. Elle dit aussi qu'elle faisait des « agaceries » à Talleyrand et que quand celui-ci objectait au désir fou qu'elle avait de porter un diadème, l'incapacité de Murat, elle répondait qu'elle se chargeait de mener son mari. Mme Murat flattait encore Maret, favori de l'empereur. La duchesse d'Abrantès prétend que l'ambition de Caroline était plus haute encore. Suivant elle, pendant l'expédition de Pologne, l'impératrice Joséphine agitait la question de savoir qui pourrait remplacer l'empereur

---

[1] *Mémoires*, t. III, pp. 121 et 252. Cette liaison de la grande duchesse de Berg avec Junot est affirmée aussi par M. Masson (*Napoléon et sa famille*, t. VI, p. 184) qui parle encore des amours de la grande-duchesse de Berg avec le prince Metternich et en même temps avec La Vauguyon. Mme de Rémusat l'accuse d'avoir accordé ses faveurs à Fouché.

s'il mourait, parlait d'Eugène de Beauharnais, et la grande-duchesse de Berg intriguait pour faire désigner Murat par les généraux [1]. Peine perdue, Napoléon n'était ni disposé à mourir, ni à faire de si tôt de son prétentieux beau-frère un souverain.

[1] Mémoires, t. VI p. 256. Voir dans le même vol. le récit (p. 403), d'une grande scène qui aurait éclaté entre l'empereur et Junot à propos des relations de celui-ci avec Caroline.

CHAPITRE VIII

MURAT, LIEUTENANT DE L'EMPEREUR
EN ESPAGNE

Un réveil si décevant après un si beau rêve laisse Murat sous une mauvaise impression et paraît le décourager un moment, mais bientôt le naturel reprend le dessus et l'ambition de devenir roi le tourmente de nouveau.

Après la signature de la paix de Tilsitt, il se garde bien de retourner dans son grand-duché. Ce n'est pas à Dusseldorf qu'il défendra utilement ses intérêts. Il rentre à Paris en même temps que l'empereur, s'apprêtant à faire de la cour impériale son champ de bataille. D'ailleurs, la résidence dans une ville qui vaut tout juste une sous-préfecture de troisième ordre en France ne lui procurerait aucun charme. Agar n'est-il pas là pour administrer cet État de cinq cent mille habitants ? Il va donc rejoindre sa femme pour tâcher, avec son aide,

Sources imprimées. — Lumbroso, *Correspondance de Joachim Murat*. — Napoléon, *Correspondance*, t. XV. — F. Masson, *Napoléon et sa famille*, t. IV. — Comte Murat, *Murat lieutenant de l'Empereur en Espagne*. — Toreno, *Historia del levantamiento, guerra et revolucion de Espana*. — Miguel de Azanza et D. Gonzalo O'Farel, *Mémoires*, etc. 1815.

Sources manuscrites. — Archives des affaires étrangères. Espagne. Correspondance, vol. 673.

d'agrandir ce domaine, ou mieux, pour conquérir la couronne royale tant désirée?

Le 3 août 1807, Napoléon manifeste l'intention de régler définitivement la situation du grand-duché et surtout de délimiter ses frontières du côté de la France. Murat lui propose immédiatement d'agréer Agar comme ministre plénipotentiaire. L'empereur objecte le cumul exagéré de plusieurs fonctions par le même homme et veut qu'Agar renonce au moins à son mandat de député au Corps législatif de France, s'il veut rester le factotum du grand-duc de Berg. Murat feint de ne pas comprendre et, plutôt pour gagner du temps que pour s'entêter, représente Agar comme ministre plénipotentiaire. Mais Napoléon ne cède pas et le 20 janvier suivant, le comte de Westerholt est agréé pour discuter le traité. La signature en est immédiatement donnée. Murat cède Wesel et son territoire à la France, Huissen, Sevenaer et Malburg à la Hollande, mais reçoit en compensation les domaines des anciennes abbayes d'Elten, d'Essen et de Verden, qu'il a si âprement disputés à la Prusse en 1806, le comté prussien de La Marck avec la ville de Lippstadt (celle-ci devant être possédée en commun avec le comte de Lippe-Detmold), la partie prussienne de la principauté de Munster, le comté de Tecklenburg et le comté de Lingen. Le grand-duché de Berg et Clèves s'agrandit ainsi de 146 milles carrés et s'augmente de 362 000 habitants : il peut faire désormais, avec une population de 1 200 000 âmes, bonne figure parmi les petits États d'Europe.

Ce n'est pas en vain que Murat a employé les derniers mois de l'année 1807 à solliciter et à manœuvrer. Le summum de ses désirs n'est pas atteint, mais il a fait un bon pas en avant. Il n'a pas seulement multiplié les démarches dans les chancelleries, les bureaux et le cabinet de l'empereur, avec Caroline qui fait des réunions mondaines un favorable terrain d'action, il s'est montré souvent aux fêtes et aux réjouissances. Le couple grand-ducal sait que Napoléon aime voir les siens briller dans les salons et qu'il reconnaît les services rendus à l'éclat de sa cour. Les magnifiques époux se sont prodigués à Rambouillet puis à Fontainebleau, où l'empereur s'est reposé du 15 septembre au milieu de novembre. C'est encore dans le livre de M. Frédéric Masson qu'on trouve la description du train plus que princier de Caroline et de Murat pendant cette période de leur existence où ils s'efforcent d'éblouir et de séduire : « la table tout en vermeil, ce qui n'est point de mise chez l'empereur, la plus raffinée et la mieux servie où chaque soir par fournées sont conviés tous les habitants du palais et tous les voyageurs de marque ; le peuple de laquais en livrée rouge et or faisant la haie ; les bals avec de miraculeuses inventions de fleurs ; les quadrilles où les danseurs sont en Espagnols et les danseuses en Polonaises et que conduit Despréaux ». Il faut noter, au milieu de ces fêtes, le curieux incident protocolaire rapporté par le comte Murat à la date d'août 1806, mais qui s'est produit à la fin de ce mois l'année suivante et qui fait bien comprendre la situation faite par Napoléon aux membres de sa famille qui étaient chefs d'État, par rapport à lui-même et aux souverains étrangers. Murat, grand-duc de Berg, et vrai prince régnant, s'offusque de passer après Borghèse, simple prince romain. Napoléon lui dit que son rang dans les palais a été fixé par celui qu'il avait dans la famille impériale, lequel n'était autre que le rang même de Caroline ; il ne saurait être considéré et traité à Paris comme un prince étranger. Rois, princes ou grands-ducs, que ses parents occupent le premier rang dans le pays qui leur a été donné ; gouverner, soit ; mais qu'ils n'oublient jamais, lorsqu'ils sont près de l'empereur, qu'ils ne sont plus que des membres de sa famille ; ne doivent-ils pas à cette circonstance leurs grandeurs et leurs titres, et non à leur mérite personnel ?

Après le séjour à Fontainebleau, Murat accompagne l'empereur en Italie et rentre à Paris le 30 décembre, le précédant seulement de quelques jours. A ce moment, il ne sait aucunement pour quelle nouvelle expédition le maître le désignera et recommence à jouir en toute tranquillité de la vie de Paris.

Tout à coup, le 20 février 1808, il est avisé par le ministre de la guerre que l'empereur le nomme son lieutenant général en Espagne : il doit prendre sur le champ le commandement des troupes réunies depuis quelque temps dans ce pays. Murat ignorait, comme tant d'autres, que la guerre fût imminente de ce côté. Il connaissait le désir obsédant de Napoléon de ruiner la puissance maritime de l'Angleterre, sa seule ennemie à craindre depuis Tilsit ; il venait de voir le Portugal démembré ; il était au courant de la misérable situation de l'Espagne et de la famille qui y régnait et pensait peut-être que Napoléon ne manquerait pas d'exploiter cette situation ; de plus l'envoi du général Dupont là-bas (novembre 1807), puis de Moncey (janvier 1808), n'était pas le signal d'intentions pacifiques ; — mais il avait d'autant moins de raison de s'attendre à partir lui-même en Espagne, surtout si vite, que quelques heures avant de recevoir son ordre de départ, il avait vu l'empereur qui ne lui en avait pas soufflé mot.

Des troupes considérables sont placées sous ses ordres.

Murat demande pourquoi ce déploiement de forces

dans un pays allié de la France. Il ne s'agit pas de la conquête du Portugal qui reste sous le commandement de Junot. Napoléon n'explique rien. Il ordonne seulement au lieutenant général de s'emparer tout de suite des citadelles de Pampelune et de Saint-Sébastien : que Murat devine, s'il le peut, les desseins de son maître ; la suite des événements l'instruira, qu'il sache s'inspirer des circonstances pour agir.

Murat se met en mesure d'obéir. Le 27 février, il est à Bayonne où il reste jusqu'au 7 mars, se préoccupant surtout d'exécuter à la lettre les instructions qu'il a reçues. Ce n'est qu'en second lieu qu'il profite du voisinage de la frontière pour s'informer des « choses d'Espagne » et s'en faire une idée plus exacte que celle qu'ont pu lui en donner les lettres de son ami Godoï, prince de la Paix.

La citadelle de Pampelune succombe. Il s'agit de s'emparer aussi de celle de Saint-Sébastien. Renseignements pris, Murat se persuade qu'il ne pourra l'enlever par la force des armes. Il recourt à la ruse. Il écrit au duc de Mahon, gouverneur de la province de Guipuzcoa et lui expose que Saint-Sébastien offre les conditions sanitaires et économiques les plus avantageuses pour y établir un hôpital militaire, et pour y fixer une partie des dépôts des troupes françaises alors en Espagne. Il va donc y envoyer ces compagnies de dépôt. Avec une certaine clairvoyance qui lui fait honneur, le duc de Mahon se tient sur une prudente réserve, répond poliment, mais sans acquiescer. Murat insiste. Il envoie au duc de Mahon par le général Exelmans, une nouvelle lettre dans laquelle il fait observer que « des dépôts, des malades et des magasins ne sauraient être en sûreté dans des villages où ils seraient exposés à des mouvements populaires que la malveillance pourrait faire naître et qu'ils ne peuvent être hors d'atteinte que derrière des murailles et sous la protection des canons »; il ajoute « que ce n'est pas quand les Français occupent Barcelone, Pampelune, qu'ils sont établis sur le Douro, qu'ils ont pénétré en Espagne du consentement de S. M. C. qu'ils y ont été reçus et y sont traités en alliés, qu'on peut refuser un asile aux malades qu'on est obligé de renvoyer sur les derrières »; enfin il le rend responsable « des suites d'un refus qui peut compromettre le succès des projets concertés entre les deux gouvernements ou altérer l'amitié qui les unit ». En même temps, Murat se tient prêt à revenir à l'emploi de la force, si la diplomatie échoue. Il sait que les détachements de la garde ne sont pas loin de Saint-Sébastien. Mais le duc de Mahon consent à recevoir les troupes françaises dans la citadelle de Saint-Sébastien, car il ne dispose en réalité que de 400 hommes pour la défense.

En annonçant cette bonne nouvelle à Napoléon, Murat fut assez peu généreux pour railler le duc qui avait eu la naïveté de lui faire promettre de rendre la place si la cour n'en approuvait pas l'occupation. Eût-il fait autrement lui-même ?

Pendant que Murat obtenait ce succès « pacifique », les troupes entraient en Espagne et marchaient sur Vittoria.

Somme toute, ces premières mesures d'ordre militaire sont sans importance. Les informations politiques que recueille Murat pendant son séjour à Bayonne l'intéressent davantage. Il apprend avec étonnement, que son excellent ami le prince de la Paix est « généralement détesté dans toutes les Espagnes », et que si on ne le croyait pas soutenu par l'empereur, « il ne se maintiendrait pas vingt-quatre heures ». A la veille de son départ de Bayonne, Murat écrit : « On ne peut se dissimuler que le prince de la Paix n'agisse secrètement contre la France, mais tous ses efforts et son puissant crédit tomberaient avec la nouvelle de sa disgrâce ». Dans l'opinion publique la reine est associée à la haine que l'on porte au prince de la Paix : « le roi est un être nul et n'inspire que du mépris ».

L'entrée des Français en Espagne a été d'abord bien accueillie, à tel point que le bruit a couru que les provinces du Guipuzcoa et de Navarre allaient envoyer des députés à la frontière pour recevoir l'Empereur et lui offrir les clefs de leurs villes ; « ces provinces se regardent déjà comme françaises ». Puis, l'occupation de la citadelle de Pampelune a changé les dispositions des esprits et a consterné toute l'Espagne.

D'après les lettres que Murat reçoit du général Duchesne, à Barcelone « on assassine de propos délibéré les soldats français ; les gardes espagnoles et vallones se promènent dans la ville par quarantaines avec un air menaçant accompagné de provocations. Des pierres lancées et des coups de fusil tirés des fenêtres et des toits des maisons, des cris de mort contre les Français s'y sont fait entendre ». Autant de symptômes significatifs pour un observateur avisé.

D'après ses lettres, Murat est persuadé qu'il a été envoyé à Bayonne, comme il fut envoyé en 1805 à Strasbourg, simplement pour y précéder l'empereur et remplir un commandement intérimaire exclusivement militaire. Il pense que l'empereur arrivera bientôt et qu'il ne lui a donné des instructions aussi sommaires que parce qu'il poussera lui-même très prochainement jusqu'à Burgos, sinon jusqu'à Madrid.

L'indécision de la politique de l'empereur dans les affaires d'Espagne justifie ces hypothèses. Le 3 mars Murat reçoit l'ordre de transporter son quartier géné-

ral à Vittoria. Napoléon lui parle longuement de la
nécessité de bien approvisionner l'armée de souliers et
de marmites, mais ne l'instruit pas de ses projets.
Murat s'en console un peu devant l'accueil que lui font
les populations basques. En Espagne, du reste, on est
encore moins fixé que le grand-duc de Berg sur ce qu'il
vient faire au delà des Pyrénées.

Le ministère des affaires étrangères a annoncé le 25
février à notre ambassadeur à Madrid, M. de Beauharnais, la venue de Murat dans les termes suivants :
« S. A. S. le grand-duc de Berg vient de partir pour
Vittoria. L'empereur l'envoye en Espagne pour inspecter son armée d'Espagne et pour en prendre le commandement ; vous pouvez même dire, dans l'occasion,
sans cependant en faire l'objet d'une note écrite et officielle qu'il serait possible que l'empereur fît un voyage
en Espagne et en Portugal, pour y inspecter ses armées. »
A Madrid l'opinion publique ne paraît pas très inquiète
du voyage de Murat ; on croit même que le prince de la
Paix va se porter à sa rencontre. Murat n'est que depuis
deux jours à Vittoria quand il reçoit l'ordre de s'installer à Burgos. Il y reçoit le même accueil que précédemment, et tout le monde croit de plus en plus qu'il ne
précède l'empereur que de quelques jours. Napoléon
le croit peut-être lui-même : il est sincère probablement
quand il ordonne des préparatifs en vue de son arrivée
à Burgos qu'il annonce formellement à Junot pour le
20 mars.

A la cour d'Espagne un changement se produit dans
l'attitude des principaux personnages. La présence de
Murat à Vittoria, puis à Burgos, agite le prince de la
Paix. L'auxiliaire le plus dévoué de la France lui devient
hostile. Il s'inquiète des mouvements de nos troupes.
Solano est rappelé de Portugal et se rapproche de

Madrid. Tout semble indiquer que l'on prépare l'embarquement de la famille royale à Cadix et sa fuite en Amérique : le favori veut que ses maîtres imitent le souverain de Portugal. A mesure que Murat reçoit ces informations, il les transmet à Napoléon. Celui-ci fait donner l'ordre, le 9 mars, par M. de Champagny, ministre des relations extérieures, à M. de Beauharnais d'informer la cour d'Espagne qu'une armée de 50 000 hommes entrera à Madrid le 22 ou le 23 et de répandre le bruit que le projet de l'empereur est de se rendre à Cadix pour assiéger Gibraltar, puis aller en Afrique. En passant, il règlera les affaires d'Espagne.

Pendant son déplacement, Murat apprend les graves événements d'Aranjuez qui vont modifier les dispositions de Napoléon et le décider à assigner un rôle nouveau à son beau-frère. Celui-ci envisage l'hypothèse de la fuite du roi et de sa famille et demande ce qu'il devra faire en ce cas.

L'empereur lui répond de laisser la cour tranquille, si elle se retire à Séville, et de rassurer le prince de la Paix. La guerre déclarée par la Russie à la Suède l'empêche de quitter Paris comme il le désirerait : il veut avant tout occuper militairement l'Espagne, écarter les obstacles, vaincre les résistances et négocier.

Lorsque sa lettre parvient à Murat, de nouveaux et plus décisifs événements se sont produits. Ils sont consignés tout au long dans un mémoire dicté par M. de Beauharnais, ambassadeur de France[1]. C'est de la même source que Murat les apprend : il s'empresse de les faire connaître à l'empereur, sans dissimuler l'émotion que lui cause la responsabilité qui va lui incomber. La

____

[1] Voir Archives des affaires étrangères, Correspondance Espagne, v. 673.

révolte du peuple contre le prince de la Paix l'inquiète :
« le sang peut couler et l'Europe ne manquera pas de
dire que c'est la France qui l'a ordonné » et il ne sait
« comment servir dignement Sa Majesté dans une circonstance si critique ».

Napoléon répond à Murat en lui donnant simplement
ordre de tenir en bon état son armée, de ne prendre
aucune part aux factions et d'annoncer toujours son
arrivée comme prochaine.

Tandis que Murat écrit de divers côtés que l'insurrection de Madrid aura pour conséquence que le roi ne
partira pas, celui-ci abdique en faveur de son fils, le
prince des Asturies, qui prend le nom de Ferdinand VII.
L'empereur recommande à son beau-frère de garder la
même attitude et de ne pas paraître connaître le nouveau roi jusqu'à ce que lui-même l'ait reconnu. Il ajoute :
« Je ne vais pas tarder à partir... Vous dites toujours
que vous n'avez pas d'instructions ; je ne cesse de vous
en donner toutes les fois que je vous dis de tenir vos
troupes reposées, de refaire vos vivres, de ne préjuger
en rien la question. Il me semble que vous n'avez pas
besoin de savoir autre chose. »

*
* *

En réalité, Murat n'a comme instruction précise que
l'ordre de marcher sur Madrid. Il poursuit donc sa
route. L'ancienne reine d'Étrurie, Marie-Louise, avec
qui il a entretenu de bonnes relations en Italie, lui écrit
pour lui exprimer ses inquiétudes au lendemain de
l'abdication de son père et le prier de venir la voir à
Aranjuez. Murat lit entre les lignes le regret qu'éprouvent Charles IV et surtout la reine d'avoir abandonné
le trône, et répond qu'il est d'autant plus peiné du résul-

tat amené par les événements d'Aranjuez qu'il avait
ordre de rassurer le roi, qu'il eût tout empêché s'il avait
été là, mais qu'il espère que la présence de son armée
à Madrid va contribuer à rétablir l'ordre. En même
temps il fait savoir à Napoléon la démarche de Marie-
Louise et lui propose ainsi de tirer profit de l'imbroglio
espagnol : « Le front du roi dépouillé de sa couronne
inspirera de l'intérêt, même contre son fils que l'on ne
pourrait s'empêcher de regarder comme un fils rebelle,
s'il est vrai, comme la lettre de la reine semble le prouver et comme on le croit généralement, qu'il ait forcé
son père à abdiquer le trône. S'il se rend à mon quartier
général, je l'enverrai à Votre Majesté et alors l'*Espagne
se trouverait véritablement sans roi, puisque le père
aura abdiqué et que vous serez le maître de ne pas
reconnaître le fils que l'on peut regarder comme usur-
pateur.* »

Cette lettre mérite d'être reproduite, quoiqu'elle soit
connue, et doit retenir l'attention des historiens. Sept
ans plus tard, après la défaite finale et dans le recueil-
lement de la captivité, à Sainte-Hélène, Napoléon, préoccupé du jugement de la postérité, s'est souvenu de cet
important message de Murat et a imaginé une lettre
qu'il aurait écrite le 29 mars 1808 démontrant que la
responsabilité de ce qui s'était passé incombait surtout
à son beau-frère. Mais quand on examine les principaux
passages de cette lettre que l'empereur prétend s'être
rappelés textuellement à Sainte-Hélène et qu'on les com-
pare avec ses précédents ordres à Murat, conservés en
original, on trouve une contradiction flagrante entre
ces dernières et la prétendue lettre du 29 mars.

On sait, de plus que Murat accusait réception à l'empereur de toutes ses lettres, or, dans aucune des réponses
qu'il lui fit pendant les derniers jours de ce mois de

mars, on ne trouve mention de la fameuse lettre. On sait aussi que Murat ne reçut jamais un blâme sans essayer de se justifier ou sans en marquer son chagrin. Le 30, il reçut au contraire, une approbation complète de ses actes par son souverain. « Dans ces circonstances imprévues, écrit l'empereur en terminant, j'approuve fort la conduite que vous avez tenue [1]. »

Les troupes de Murat firent leur entrée triomphale à Madrid le 23 mars, apparat toujours agréable au grand-duc de Berg. Elles furent accueillies chaleureusement par la population et aucun incident ne se produisit. Le 22 au soir, le duc del Parque était venu complimenter Murat au nom de Ferdinand VII au château de Chamartin où il devait passer la nuit. Sans répondre à aucune des lettres du prince des Asturies, ce qui aurait été reconnaître l'abdication, Murat chargea à son tour Monthyon de présenter au prince les compliments d'usage. En même temps il conseillait secrètement à Charles IV de protester contre l'événement d'Aranjuez et de déclarer que son abdication avait été forcée. Il s'efforçait de plus, par l'intermédiaire de l'ambassadeur de France, Beauharnais, dévoué à la cause du prince des Asturies et à l'égard duquel il dissimulait avant même d'avoir reçu le conseil de Napoléon d'agir ainsi, de persuader Ferdinand de renvoyer en Portugal les corps d'armée espagnols de Galice et d'Estrémadure.

Du côté de Charles IV et surtout de la reine d'Espagne, le plan de Murat était facile à réaliser. Louise ne songeait qu'à sauver le prince de la Paix et le roi malgré sa mollesse, était irrité de s'être laissé enlever la couronne par son fils. Monthyon envoyé auprès d'eux rapporta au grand-duc de Berg son impression sur l'état

[1] M. Thiers a eu tort d'admettre l'authenticité de la lettre du 29 mars, fausse comme l'établit le comte Murat.

d'esprit de la famille royale ; le roi avait accusé son fils
d'avoir préparé les événements d'Aranjuez de concert
avec le ministre de la justice Caballero ; il avait déclaré
qu'il n'avait abdiqué que pour sauver sa vie et celle de
la reine, car ils eussent été assassinés pendant la nuit ;
la reine avait chargé l'envoyé de remettre un véritable
mémoire à Murat sur les événements d'Aranjuez. Après
un long entretien avec Monthyon, Murat se décida à renvoyer cet officier auprès de Charles IV avec un projet
de lettre que ce monarque pouvait adresser à l'empereur, s'il voulait protester contre son abdication forcée.
Monthyon persuada facilement le roi qui écrivit à Napoléon dans le sens indiqué. Il n'avait abdiqué que pour
sauver sa vie et celle de la reine et il prenait la résolution
de remettre son sort entre les mains de l'empereur.
Dans une lettre personnelle à Murat, Charles IV ajoutait
qu'il acceptait avec confiance l'asile qui lui était offert
au milieu de l'armée française.

Le drame est dès lors bien noué : il faut en trouver
le dénouement. Voici celui que Murat propose à l'empereur : on fera partir le prince des Asturies pour se
rendre à la rencontre de Napoléon ; à peine aura-t-il
quitté Madrid que Charles IV y rentrera et que Murat
déclarera officiellement qu'il a reçu l'ordre de le reconnaître comme roi, jusqu'à ce que l'empereur ait pris une
décision au sujet de son successeur. Pour ne pas exciter
l'opinion publique qui est hostile à la reine et au prince
de la Paix, la reine ira passer quelque temps dans un
couvent en attendant que le calme renaisse, et le prince
de la Paix sera retenu prisonnier.

Le 1ᵉʳ avril, Napoléon a annoncé à Murat qu'il arrive
à Bordeaux le 4 avril et à Bayonne le 6, et demandé que
le prince de la Paix, dont le sort l'intéresse le plus lui
fût envoyé à Bayonne : « Quand vous feriez semblant de

l'envoyer comme prisonnier, c'est égal ; le principal est qu'il sorte d'Espagne ». Il a également donné des ordres pour que tout fût préparé en vue de son séjour à Madrid, et pourtant il doit avoir bien résolu de ne pas dépasser la frontière. Tandis que Murat compte sur lui et l'attend, il reçoit, sans en avoir été averti, la visite du général Savary, que l'Empereur lui délègue pour lui communiquer verbalement ses instructions. Il en éprouve un véritable désappointement. Savary, soldat né avec des instincts de policier, n'a jamais figuré parmi ses amis. Et puis il a déjà préparé la proclamation qu'il comptait adresser au peuple espagnol ; les ducs de l'Infantado et de San Carlos, Escoïtquiz et le secrétaire d'État devaient être arrêtés à la pointe du jour, toute l'armée se trouver sous les armes et deux brigades de cavalerie escorter Charles IV et la reine à l'Escurial. L'arrivée de Savary dérange ces projets et agace Murat. Il n'y a pourtant de changé que le théâtre de l'action.

Savary décide facilement le prince des Asturies à prendre le chemin de Bayonne : Murat doit être prudent jusqu'à ce que le voyage soit accompli. Tout s'annonce bien, du reste : les souverains, sont au pouvoir de l'armée française et le prince de la Paix doit être aussi dirigé incognito sur Bayonne ; les précautions nécessaires ont été prises pour que le prince des Asturies ne soit informé de rien et l'ambassadeur Beauharnais a été autorisé à rejoindre l'empereur. Laforêt le remplace.

Murat comptait faire partir le roi le 14 avril, jour où le prince des Asturies arriverait à Tolosa tout près de la frontière. Mais celui-ci s'arrête à Vittoria, ce qui ne laisse pas d'inquiéter Murat, quoique Bessières ait l'ordre de conduire le prince de force en France s'il refuse d'y entrer. Le grand-duc de Berg fait surseoir au départ du roi, mais, sans instructions nouvelles de l'empereur, se décide encore à aller de l'avant. Il convoque le conseil de Régence et lui fait admettre que Charles IV revienne sur son abdication et investisse lui-même ce conseil des pouvoirs nécessaires avant son départ pour Bayonne, car le vieux monarque tient essentiellement à voir l'empereur et s'inquiète de ce que son fils l'ait précédé auprès de celui qu'il considère comme l'arbitre des destinées des Bourbons d'Espagne. A partir de ce moment, les événements se précipitent. Ferdinand arrive à Bayonne le 20 avril « à midi et demi, avec un peu de chaleur ; peu après, l'empereur vint chez lui et le traita très bien ».

Le prince de la Paix est remis à minuit le 21 avril à Murat et expédié aussitôt à Bayonne sous l'escorte de Manhès, l'un des aides de camp du lieutenant général. Enfin Charles IV et la reine se mettent en route le 22, en compagnie du général Exelmans.

La situation de l'Espagne à ce moment est très bien dépeinte dans une lettre du chargé d'affaires de Prusse Henry, à son gouvernement.

Les Espagnols se sont laissé dire que Murat n'était pas venu simplement en mission militaire mais « pour traiter et s'entendre avec le roi Charles IV, avec le prince des Asturies et avec le prince de la Paz et qu'il ne trouvait aucun d'eux à Madrid » et qu'il en concevait des doutes sur la régularité de l'abdication en même temps qu'il s'inquiétait de ne pas voir arriver l'empereur ; « le dépit de voir les troupes étrangères dans la capitale et dans le cœur de l'état fait bouillonner leur sang déjà naturellement assez chaud. » C'est de ce sang bouillant et de cet orgueil national que Murat et Napoléon n'ont pas suffisamment tenu compte.

Mais les principaux événements vont se passer à

Bayonne. Murat s'efforce d'en détourner l'attention des Madrilènes. Il donne des fêtes, organise des combats de taureaux, charge les jeunes officiers de son état-major de distraire les dames. Pourtant, des troubles se produisent à Burgos, à Tolède. Un des aides de camp du lieutenant de l'empereur est frappé dans la rue d'un coup de couteau et tue son agresseur. Malgré ces symptômes, Murat demeure optimiste. Le 1er mai il écrit à l'empereur que tout va bien, et le lendemain on s'égorge dans les rues de Madrid. Le départ de l'infant Don Francesco a achevé d'ouvrir les yeux aux Espagnols.

Avec un chef autre que Murat, l'insurrection se rendrait maîtresse de la ville, mais le beau-frère de l'empereur sait à l'occasion se montrer énergique et résolu. Les fusiliers de la garde dégagent les approches du quartier général ; les chasseurs et les mameluks du colonel Daumesnil sabrent « cette canaille effrénée ». On commence par fusiller « trente de ces coquins pris les armes à la main » et à sept heures du soir, Murat déclare que « cet événement, quoique malheureux, nous assure pour toujours la tranquillité de la capitale » et selon son espérance « du royaume ». Étrange erreur. La date du *dos de mayo* ne s'effacera jamais du souvenir tenace des Castillans, et rien ne pourra laver le sang dont sont tachées les dalles des rues de Madrid. Murat évalue en effet lui-même à 200 le nombre des Espagnols fusillés, sans compter les 1 200 personnes tuées pendant la lutte. Le grand-duc de Berg ne se trompe pas seul au sujet de la résistance que pourraient opposer les Espagnols insurgés. Un prince de la maison régnante, Don Antonio, s'écrie : « Nous sommes enchantés de ce qui est arrivé ; on ne viendra plus nous dire qu'on peut détruire une armée avec des paysans armés de bâtons et de couteaux. On vient enfin de se convaincre qu'un bataillon de troupes de ligne suffit pour en disperser 10 000 ».

L'énergie que déploie Murat pour réprimer les troubles n'est pas désintéressée. Il est persuadé que c'est son bien qu'il défend et que le trône auquel il a songé assurément depuis Bayonne va lui échoir. A aucun moment il ne semble avoir soupçonné les intentions de Napoléon sur Louis, puis sur Joseph. Toute sa correspondance du mois d'avril témoigne de ses espérances. Tantôt il insiste sur l'impatience où sont les Espagnols d'avoir un nouveau roi et dit qu'ils ont prononcé son nom, tantôt il cite d'autres noms mis en avant pour qu'on réponde par le sien.

Il croit si bien réussir qu'il prend possession des appartements du prince des Asturies, au palais royal. Il s'octroie le commandement de l'armée espagnole et la présidence de la Junte de gouvernement. Aussi quand la lettre de l'empereur, datée du 2 mai, lui annonce que Joseph sera roi d'Espagne et lui donne à choisir entre le royaume de Naples et celui de Portugal, Murat est accablé de désespoir [1]. C'est « en versant des torrents de larmes », non de joie et d'émotion, comme il l'écrit à l'empereur, mais de colère et de désappointement, qu'il accepte le royaume de Naples. Bientôt, obligé de rester en Espagne jusqu'à la fin du mois de mai, il se ressaisit au point de se figurer que l'empereur reviendra sur sa décision. Peut-être Joseph refusera-t-il. Et Murat s'occupe activement de rétablir l'ordre dans un royaume qu'il ne peut se résigner à croire perdu pour lui, et qui lui semble

---

[1] Il en fut tout autrement de Caroline, si l'on en croit Mme d'Abrantès. « La joie qu'elle éprouva (d'être nommée reine), dit-elle, la rendit insensée pendant plusieurs heures. » (*Mémoires*, t. VII, p. 275).

ne devoir être gouverné que par celui qui l'a conquis.

Il recommence à intriguer en conséquence et trouve un précieux partisan de sa candidature au trône d'Espagne dans la personne du nouvel ambassadeur Laforêt. Celui-ci écrit à M. de Champagny une lettre où il s'efforce de démontrer que jamais le peuple espagnol ne fera à Joseph l'accueil qu'il réservait au grand-duc de Berg. Peine perdue. L'empereur fait répondre dans des termes aussi blessants pour l'opinion de Laforêt que décourageants pour Murat. Laforêt s'est « laissé aller à une complaisance qui est de la flagornerie. » Il a été « dupe du Conseil et de la Junte » en les croyant si bien disposés pour le grand-duc de Berg. L'opinion de Napoléon est « qu'il n'y a pas une voix pour le grand-duc, qu'il ne peut pas y en avoir; que la nation espagnole, étant toujours dans cette situation de haine et d'humiliation où les derniers événements l'on mise, doit par amour-propre désirer moins que tout autre le grand-duc qui, dans un jour, a confondu son orgueil et renversé toutes ses espérances ». Peut-on anéantir plus durement les dernières espérances d'un prétendant? La lettre de M. de Champagny parvient à Madrid le 23 mai; Laforêt la communique immédiatement à Murat... et celui-ci tombe malade le 24. Nous lisons en effet dans une lettre de Laforêt en date du 25 mai : « Je sors à l'instant de chez Son Altesse Impériale chez qui je n'avais pu être admis hier ni aujourd'huy. Je l'ai trouvée très souffrante de ce genre de colique commun à Madrid. Ses médecins assurent que cela ne sera rien et qu'une trop longue assiduité au travail a causé cette incommodité. A quelques mots échappés à son secrétaire des commandemens, je soupçonnerais que le prince a eu des chagrins qu'il a cachés. Si ces chagrins tenaient à quelques mécontentemens que Sa Majesté l'Empereur lui aurait exprimés, mon honneur est intéressé à ce que Son Altesse Impériale ne suppose pas que ma correspondance particulière puisse y avoir donné lieu. »

Murat est en effet plus atteint au moral qu'au physique. La déception a fait succéder l'abattement à cette surexcitation qui lui permettait de supporter une tâche excessive même pour un tempérament aussi résistant que le sien, et la maladie envahit l'organisme affaibli.

Murat est à peine immobilisé par le mal que de toutes parts l'Espagne s'agite. Les Asturies, fidèles à leur prince, s'insurgent. La diète d'Oviedo appelle les Anglais. Palafox soulève l'Aragon. De graves troubles se produisent à Badajoz et à Séville : l'insurrection gagne de proche en proche.

Murat, de plus en plus souffrant, se fait transporter à Chamartin et supplie l'empereur de lui désigner un remplaçant et de l'autoriser à rentrer en France. Savary vient prendre ses pouvoirs et Murat, incognito, va chercher à Barèges la santé physique et le calme moral.

Il eût mérité à moins le repos.

La conduite qu'il tint en Espagne ne se recommande ni par la pureté des intentions, ni par le désintéressement, ni par la loyauté. Mais on ne peut nier que sans être muni d'instructions formelles et malgré la difficulté des circonstances, il manœuvra avec habileté, soit sur le terrain diplomatique, soit sur le terrain militaire. Placé pour ainsi dire dans une impasse, il sut s'en tirer. C'est lui qui imagina le plan que Napoléon suivit, quoi que celui-ci en ait dit. La politique que l'empereur devait lui reprocher plus tard fut approuvée par le maître. A aucun moment de sa carrière Murat n'employa avec plus de succès cette finesse méridionale qui dupe d'autant mieux qu'elle s'embarrasse moins de scrupules. Jamais il ne se montra plus séduisant et plus charmeur. Ses allures de grand seigneur qui cachaient de vilains desseins en imposèrent aux fiers hidalgos de Castille. Son sang-froid et son énergie poussée jusqu'à la brutalité triomphèrent de l'émeute[1]. Assurément, la pensée qu'il travaillait pour lui-même doubla ses moyens naturels et accrut son initiative et son audace. Combien désabusé quand il fut certain d'avoir tout fait pour un autre! La rapidité avec laquelle telle Napoléonide montait parfois aux plus hautes situations, donnait le vertige aux autres. Leurs ambitions croissaient avec la fortune de leur chef. Ils en venaient à tout envier, à tout oser, à tout réclamer comme un dû.

Nous avons vu Murat, en 1800, s'agiter furieusement, sans mesure et sans tact, pour avoir le titre et le rang de général en chef. Après la campagne de 1805, il est presque honteux de n'être que grand-duc quand ses beaux-frères deviennent rois. En 1808, le royaume de Naples, qu'il aurait sollicité à genoux trois ans plus tôt, lui semble une récompense dérisoire de ses services. C'est qu'il s'est cru désigné pour monter sur le trône de Charles-Quint, et que, pendant quelques jours, il a tenu l'Espagne dans sa main. Il part pour Naples le cœur gros de regrets; les blessures de son orgueil et de son

[1] Les historiens espagnols se montrent généralement fort sévères pour Murat, notamment Toreno, Miguel de Azanza et D. Gonzale O'Farel, membres de la Junte, qui s'efforcent de prouver que cette assemblée fit tout ce qu'elle devait pour résister à l'oppression de Murat qui se conduisit en vrai tyran. — La duchesse d'Abrantès est aussi très dure pour Murat (Mémoires, t. VII, pp. 258 et suiv.). Elle rapporte des lettres du duc de Berg sur la campagne pleines de contradictions et plutôt fâcheuses pour sa réputation. Tout le passage où elle parle des affaires d'Espagne est à lire; et M. le comte Murat, dans son livre sur *Murat, lieutenant de l'Empereur en Espagne*, n'a pas manqué d'en tenir compte.

ambition ne se cicatriseront jamais. Et peut-être Napoléon eût-il mieux fait de confier la succession de Ferdinand le Catholique et de Charles-Quint à ce soldat très capable de revendiquer son royaume l'épée au poing, qu'à l'inepte et peu sympathique Joseph! Il n'avait pas à redouter là de conflits de frontières comme dans le grand-duché de Berg, où, à chaque instant Murat pouvait le brouiller avec la Prusse, ni comme dans le royaume de Pologne, situé près de la Russie qui se serait mal accommodée d'un voisin si remuant et si difficile à contenter. Mieux que Joseph, il faut le croire, Murat, maître de l'Espagne, eût su la conserver.

CHAPITRE IX

ROI DE NAPLES

Avant de quitter Bayonne, Murat avait remis à Mari-
zio Mastrilli, marquis de Gallo, ministre des affaires
étrangères du royaume de Naples, tous les pouvoirs
nécessaires pour opérer le transfert de la couronne des
Deux-Siciles. Installé à Barèges il ne songeait d'abord
qu'à se soigner. Au bout de quelques semaines, il se
trouve déjà mieux. « C'est probablement ici la fontaine
de Jouvence, écrit-il, le 14 juillet 1808, les eaux y sont
miraculeuses. » Dès lors, il cherche surtout à se
consoler de ses déceptions. Pourtant, il règle ses affai-

Sources imprimées. — Lumbroso, *Correspondance de Joachim
Murat*. — Comte Gennaro Marulli, *Ragguagli storici sul regno
delle due Sicilie*, t. III, 1846. — Desvernois, *Mémoires publiés par
M. A. Dufourcq*. — F. Masson, *Napoléon et sa famille*, t. IV. —
Francesco Pignatelli Strongoli, *Memorie intorno alla storia del
regno de Napoli*, 1805-1813. — Carlo Tivaroni, *L'Italia durante il
dominio francesco*, t. II. — Francesco Guardione, *Gioachimo Murat
in Italia*, ch. IV. — Luigi Maria Greco, *Annali di citeriore Calabria*,
t. II, 1872. — Botta, *Histoire d'Italie*, de 1789-1814, t. V. — Bian-
chini, *Storia delle finanze del reame di Napoli*, t. III. —
L. Madelin, *Fouché*, t. II. — Comte Murat, *Murat en 1808*. —
Commandant Marguerin, *Campagne de Russie*, t. II. — H. Weill,
Le prince Eugène et Murat, t. I.

Sources manuscrites. — Archives nationales, AF IV, 1685. —
Archives historiques de la guerre. Armée de Naples et des îles
Ioniennes. Correspondance 1808-1809. — Archives des affaires
étrangères Naples. Correspondance.

res de famille et d'intérêt : il fait ratifier par l'empereur les donations qu'il a faites dans le grand-duché de Berg à ses amis, notamment un revenu de 3 000 francs à sa nièce, la princesse de Hohenzollern, et un autre de 12 à 14 000 à Agar, devenu comte de Mosbourg.

Le 15 juillet toutes les clauses de la cession du royaume de Naples sont arrêtées entre Champagny et le marquis de Gallo. Le grand-duc de Berg devient le roi Joachim Napoléon. Le nom de Murat est toujours laissé de côté. D'ailleurs, le principal intéressé n'a pas même été consulté sur les conditions du traité. Les observations qu'il a soumises sur divers points : contingent à fournir, blocus continental, etc., ne sont parvenues à Bayonne qu'après la clôture des négociations et Murat n'a plus qu'à donner sa signature. Il lui est particulièrement dur, au moment où il reçoit une couronne qui ne le satisfait pas encore, d'être obligé de renoncer à ses belles propriétés de Paris, de Neuilly et de La Motte-Sainte-Héraye.

Le règne de Murat ne doit commencer que le 1er août. Joachim ne se presse donc pas de quitter la France. De Barèges, il va séjourner à Cauterets, puis chez Lannes, au château de Bouilles, près de Lectoure, et n'arrive à Paris que le 4 août.

Le 31 juillet, le Conseil des ministres s'était réuni à Naples et avait reçu communication du statut impérial nommant le grand-duc de Berg roi des Deux-Siciles, de la lettre du nouveau souverain aux ministres et de sa proclamation au peuple, ces deux documents rédigés par Gallo.

Il est probable que le peuple napolitain n'était pas si pressé de recevoir son nouveau souverain que semble l'indiquer le procès-verbal de cette séance. De son côté, Murat n'avait pas hâte de se présenter devant ses nouveaux sujets : il eût voulu sans doute gouverner Naples, comme Berg, de loin, et cherchait à rester à Paris. Sur les instructions de l'empereur, il se mit en route le 22 août, laissant Caroline à Paris. Avant de partir il adressa à Napoléon une lettre où il exprimait ses regrets de s'éloigner et demandait des instructions.

Après un court arrêt à Milan et à Rome, Murat entre dans sa capitale le 6 septembre, accompagné seulement de son aide-de-camp La Vauguyon. Il a revêtu son uniforme des jours de bataille sans arborer aucun des signes habituels de la royauté. Des députations des divers corps constitués viennent le saluer tour à tour, c'est au milieu d'une foule considérable qu'il se rend à l'église de Spirito Santo pour assister au *Te Deum* chanté par le cardinal Firrao. Sur la place del Mercatello, on a dressé une statue équestre de Napoléon et une statue de la déesse Junon qui figure Caroline. Les Napolitains, en vrais méridionaux manifestent avec la plus grande exubérance et acclament le nouveau roi qui ne se défend pas d'en éprouver du plaisir. Joachim Napoléon, avec sa belle mine et sa prestance, produit, il faut le dire, une excellente impression sur son peuple. Celui-ci ne fait pas moins bon accueil à Caroline et organise de nouvelles fêtes en son honneur, le 25 septembre.

Les réceptions flatteuses et les réjouissances bruyantes n'empêchent pas Murat de se rendre compte de la situation du royaume à son avènement. Sa correspondance presque quotidienne avec Napoléon le prouve. Il y traite surtout d'affaires militaires; cependant Joachim y parle souvent de ses embarras financiers, surtout à ses débuts. L'ennui qu'il éprouve d'être éloigné de l'empereur, le désir de le rejoindre à la guerre et le chagrin que lui cause le silence obstiné de son beau-

frère pendant de longues périodes y reviennent à tout
moment [1]. Beaucoup d'autres documents du reste,
constatent le mauvais état du pays et les difficultés
éprouvées par Murat à son arrivée à Naples.

Joseph avait invité à le suivre en Espagne la plupart
des officiers supérieurs et généraux qui l'entouraient à
Naples et une bonne partie de la garde royale. Desvernois raconte dans ses *Mémoires* qu'il devait obtenir
le grade de colonel en passant de Naples à Madrid, mais
que Murat su le retenir, ainsi que beaucoup d'autres.
Joachim réussit encore à faire succéder le maréchal
marquis de Pérignon à Jourdan dans le commandement
des troupes des Deux-Siciles et à s'attacher Lamarque,
Manhès, Cavaignac et Campredon.

Le choix des fonctionnaires civils l'embarrassa
davantage. Il comptait charger Agar, dès son arrivée,
de tout ce qui regardait les finances, celles de l'État et
les siennes, mais Naples était plus grand que Berg et la
tâche eût été lourde pour un seul homme. Il dut, malgré
lui, garder Salicetti qui sut se faire nommer ministre
de la police du royaume et s'apprêta à devenir comme
le Fouché de Naples. Ce Corse intrigant et ambitieux,
ancien protecteur des débuts de Napoléon, ressemblait,
par certains côtés au duc d'Otrante. Ce choix concor-
dait mal avec les intentions d'administrer avec écono-
mie et honnêteté que manifestait le nouveau roi.

Naturellement, Joachim se préoccupa, avant tout, de
réorganiser l'armée et dans cette matière, se montra

[1] Cette correspondance, inédite encore, se trouve aux Archives
historiques de la guerre (Armée de Naples et des îles Ioniennes. Correspondance. 2e série 1805 et cartons suivants). Nous l'avons dé-
pouillée entièrement, et nous en avons tiré ce qui pouvait nous
servir à porter un jugement sur le roi de Naples, mais nous n'avons
pas songé à utiliser tous les détails qui s'y rencontrent et trouveraient place dans un étude complète sur Naples sous Murat.

tout de suite supérieur aux frères de Napoléon, incapables au point de vue militaire.

Joseph n'avait jamais pu déloger les Anglais de l'île de Capri, d'où ils intriguaient dans les Deux-Siciles, comme le prouve un curieux rapport de Salicetti, et préparaient un soulèvement général de l'Italie méridionale contre la domination française. Murat organisa, dès septembre, une expédition que sa correspondance raconte presque au jour le jour. Le principal agent exécutif en fut le général Lamarque qui fit preuve de beaucoup d'audace et de courage, mais le plan en avait été conçu et préparé par Murat. Un agent de la police de Salicetti, le révolutionnaire Tito Manzi, qui entretenait une correspondance suivie avec sir Hudson Lowe, avait fourni tous les renseignements nécessaires. Sir Hudson Lowe disposait de 2 000 hommes d'excellentes troupes et de 40 canons ; il avait couvert l'île de fortifications ; en outre une croisière anglaise de 4 ou 5 frégates qui se tenait toujours aux îles Ponza augmentait les difficultés de l'entreprise, la marine napolitaine n'existant qu'à l'état de projet. Le 2 octobre Murat passait en revue à Naples sa petite armée, et à peine ses troupes étaient-elles rentrées dans leurs casernements qu'il faisait mettre l'embargo, le 4, sur tous les bâtiments qui se trouvaient dans le port ; à une heure du matin, 1 900 hommes s'embarquaient sur 180 barques, que convoyaient la frégate la *Cerere*, la corvette la *Renommée*, 26 barques canonnières et 10 autres embarcations armées ; le général Lamarque, chef d'état-major du roi et le général de brigade Francesco Pignatelli Strongoli commandaient l'expédition. Dans la soirée du 16 octobre, sir Hudson Lowe se résolut à capituler, au moment où arrivaient les secours qu'il attendait de Sicile. L'expédition avait failli échouer faute de munitions, mais Murat, qui de la côte en surveillait toutes les péripéties, avait envoyé aussitôt une escadrille qui, passant à travers l'escadre ennemie, avait apporté les ravitaillements nécessaires.

C'était un beau début pour le nouveau règne et qui produisit une vive impression. Murat fut encore plus heureux dans une autre occasion. Pendant la guerre de 1809 contre l'Autriche, l'Angleterre voulut profiter de ce que l'armée française était retenue sur les rives du Danube pour tenter un effort décisif contre le royaume de Naples. Pendant de longs mois elle s'y prépara. Les lettres de Murat à l'empereur sont pleines des progrès et des retards successifs apportés par les Anglais à ces préparatifs. Enfin une flotte de 40 navires portant 20 000 hommes, sous les ordres du général anglais John Stuart, du prince Léopold et des généraux Bourcard et Saint-Clair, partie des ports de la Sicile, cingla vers Naples. Sur sa route elle jeta 300 hommes dans la Calabre pour y soulever une insurrection. Murat eut un moment l'idée de se retirer à Gaëte avec toute sa famille, mais la reine Caroline et le ministre Salicetti, bien inspirés, le firent revenir sur cette fâcheuse pensée. Les Anglo-Siciliens eurent d'abord quelques succès; ils s'emparèrent des îles de Procida et d'Ischia, malgré la belle défense de l'officier qui commandait dans cette dernière île, le général Agostino Colonna di Stigliano. Puis leurs progrès s'arrêtèrent. Ils n'osèrent pas effectuer une descente sur le littoral, et des marins napolitains, aux applaudissements du roi, de la reine, de toute la cour et de la population de la capitale qui suivaient du rivage les incidents de la lutte, parvinrent à rentrer dans la rade de Naples malgré l'escadre anglaise. Murat fut si heureux et si fier de cet exploit de sa marine qu'il fit baron le capitaine de frégate Bausan avec une pension annuelle de 10 000 francs, et capitaine de frégate le lieutenant Caraffa. La nouvelle de la bataille de Wagram décida, le 24 juillet, le général Stuart à évacuer les îles d'Ischia et de Procida. Le 26 il quitta les eaux napolitaines. Cette entreprise tentée avec tant de fracas n'avait fait par conséquent que consolider la monarchie de Murat.

Le roi avait une autre ambition : enlever aux Bourbons la Sicile et augmenter d'autant son royaume. Mais les difficultés étaient grandes. Le détroit de Messine n'est pas large, et ce n'est pas par une poignée d'hommes, mais par une armée qu'il était nécessaire de le faire traverser sans éveiller l'attention des croisières anglaises. L'empereur était trop occupé avec la guerre d'Espagne et les événements de l'Europe continentale, pour songer à apporter à son beau-frère l'assistance qu'il ne cessait de lui réclamer. Il ne lui répondait même pas. A la présence des forces anglaises s'ajoutait un gros obstacle : l'hostilité traditionnelle des habitants de Messine qui, d'après les historiens siciliens, datait de l'abandon de leur ville par Louis XIV. Murat paya une fois de plus d'audace. Le soir du 17 septembre 1810, le vent s'étant calmé après un mauvais temps qui avait forcé l'escadre anglaise à se réfugier dans le port de Messine, Murat fit embarquer dans 80 petits bateaux environ 2 000 hommes de troupes napolitaines et corses, au village de Pentimele. Cette avant-garde aborda heureusement à Santo Stefano et San Paolo, et le général Cavaignac qui la commandait occupa ces deux villages. Le roi de Naples avait passé toute la nuit dans une petite barque en rade de Reggio attendant fiévreusement le résultat de l'entreprise de Cavaignac. Il s'agissait de renforcer l'intrépide général ; mais le général Grenier, commandant en chef des troupes françaises, qui n'avait pas reçu de Napoléon l'ordre d'appuyer l'entreprise sur la Sicile, refusa de faire marcher ses troupes. Lamarque était disposé à passer avec sa division. Grenier le lui défendit. D'autre part l'escadre anglaise commença à sortir du port de Messine. Les paysans siciliens, au lieu d'accueillir les soldats napolitains du général Cavaignac en libérateurs, les reçurent à coups de fusils et de pierres. Une colonne de 5000 soldats anglais accourut sous les ordres du général Campbell. Le colonel d'Ambrosio se sacrifia avec une poignée d'hommes pour arrêter les progrès de l'ennemi et permettre à ses compagnons d'armes de se rembarquer et Cavaignac parvint à regagner la côte de Reggio, mais en laissant entre les mains de l'ennemi 80 de ses soldats et le bataillon corse. Cette expédition se terminait donc par un échec causé en grande partie par la non-coopération des troupes françaises et cela ne contribua pas peu à irriter le roi de Naples contre son autoritaire beau-frère avec lequel il se sentait de moins en moins uni depuis qu'il avait ceint sa couronne [1].

De 1808 à 1812, les troupes napolitaines se distinguèrent encore sur les champs de bataille de l'Espagne et de la Russie.

A l'intérieur, Murat réprima avec énergie, dans les Calabres et les Abruzzes, cette entreprise de brigandage que les partisans des Bourbons appelaient un soulèvement national. Le héros de cette opération de haute police fut Manhès, jeune et vaillant officier, un des plus

[1] Les t. V et VI de *Napoléon et sa famille*, par M. Masson ont paru après que ces lignes étaient écrites. On trouvera dans le t. VI, p. 174 et suivantes, d'intéressants détails sur les efforts que Murat, aidé par Caroline, fit pour obtenir de Napoléon la permission de faire l'expédition de Sicile et sur l'aventure plutôt piteuse que nous venons de résumer.

précieux collaborateurs militaires de Murat. La bande
de Scarola défaite par Pignatelli Strongoli à Chiaro-
monte, un grand nombre de petites troupes éparpillées
restaient encore à atteindre. Manhès s'en chargea.
Supplié par Murat d'accepter le poste de gouverneur
des Calabres, dont il ne voulait à aucun prix, il céda
enfin par dévouement à la personne du roi. Sa proclamation énergique aux Calabres, pleine de menaces ter-
ribles contre les brigands et ceux qui les aideraient,
menaces qu'on le savait capables d'exécuter, porta ses
fruits [1].

Murat sut donc autrement que Joseph défendre contre
l'étranger son royaume et lui assurer la paix intérieure.
Ce roi soldat usa sur le trône de l'énergie dont il avait
fait preuve sur les champs de bataille, et s'il ne parvint
pas à conquérir la Sicile, c'est surtout parce que le
secours nécessaire de la France lui manqua. Botta lui
reproche l'allure beaucoup trop militaire de son gouvernement. C'est, dit-il, le régime de la soldatesque ;
officiers et soldats, surtout ceux de la garde royale, se

[1] L'historien Botta, très hostile au régime napoléonien en Italie, peint bien la situation ; il écrit :

« Manhès extermina jusqu'au dernier les brigands de la Calabre.
Qui ne mourut point par la corde mourut par la faim. Les
vieilles tours, les villages abandonnés, les grands chemins
étaient encombrés de cadavres décharnés, mais respirant encore
la fureur et la menace. Beaucoup de prisonniers moururent dans
les prisons avant de pouvoir être conduits au gibet... Longtemps
la route de Reggio à Naples présenta, de distance en distance,
le dégoûtant aspect de têtes ou de membres attachés à des
poteaux... Ce fut ainsi que la terreur triompha de la terreur même.
Chose incroyable mais réelle : on put habiter et voyager en Calabre
avec sécurité ! Les chemins se rouvrirent au commerce; l'agriculture reprit ses travaux ; c'était comme le passage de la bar-
barie à la civilisation. Les Calabres avaient besoin d'une épura-
tion de cette nature; elles la doivent à Manhès dont le nom y
sera couvert de malédictions et de bénédictions éternelles ».

croient tout permis. L'administration civile n'est pas cependant aussi sacrifiée que semblerait le faire croire ce passage de l'historien italien. Murat est bien secondé aussi dans cette partie de son gouvernement ; en première ligne, Agar, comte de Mosbourg, l'homme de confiance par excellence, à la fois l'ami et l'intendant de la fortune privée ; Agar a remplacé au ministère des finances, Giuseppe Pignatelli di Archiare. Honnête homme, comptable habile, il administre sagement, mais un peu au jour le jour, sans vues originales ni idées réformatrices. Il comprend et met à exécution quelques-unes des idées de Rœderer, le grand conseiller de Joseph, notamment la création de la caisse d'amortissement. Les charges militaires sont lourdes et le budget s'équilibre difficilement. Il est peu aisé d'économiser avec des souverains comme Murat et Caroline qui aiment à un tel degré le luxe et le faste. La maison royale seule coûte en 1810 1.395.000 ducats. La lutte avec l'Angleterre, et le blocus continental entravent considérablement la prospérité d'un État aussi essentiellement maritime que l'État napolitain ; les recettes en sont diminuées d'autant ; au budget de 1809, par exemple, les douanes ne figurent que pour 1 398 192 ducats. Pour accroître les ressources, Agar doit créer divers monopoles comme celui du tabac. Les chiffres du budget de la guerre dépassent de beaucoup les ressources financières du royaume.

Il est vrai qu'avec le budget, Murat fait d'utiles créations : un Collège militaire, une École polytechnique, une École d'artillerie et du génie, une École navale et une École des ponts et chaussées. Quelques officiers napolitains formés dans ces établissements se distinguèrent dans les guerres de la seconde période de l'Empire, tels Carascosa, Zenardi, Ambrosio, Aquino, Pepe,

Napoletani, Caselli, Russo. A la guerre et à la marine, Murat appelle un de ses anciens amis de l'expédition d'Egypte, l'ordonateur Daure, tombé en disgrâce depuis l'expédition de Saint-Domingue et dont nous reparlerons à propos des rapports de Napoléon, de Caroline et de Murat. Sauf Salicetti, qui meurt en 1809, ce qui amène la réunion du Ministère de la police générale au Ministère de la guerre et de la marine, il n'y a que deux Français parmi les membres du conseil du gouvernement. Les autres ministres sont italiens : Zurlo, à l'intérieur ; Francesco Ricciardi à la justice et aux cultes ; le marquis de Gallo, aux affaires étrangères. Dans la la maison royale, figurent le cardinal Firrao, grand aumônier ; le baron Lanussi, grand maréchal du palais, le prince Colonna di Stigliano, grand chambellan, le duc di San Teodoro, grand maître des cérémonies, le duc di Serra-Cassano, grand veneur ; le prince Campagna, colonel de la garde, et un seul Français, Exelmans, grand écuyer. Ainsi Murat s'est attaché quelques-uns des plus illustres représentants de la noblesse napolitaine et il y tient beaucoup ; il oublie facilement son origine plébéienne et révolutionnaire pour favoriser les éléments aristocratiques. Le Ministre de l'intérieur, Zurlo, a été ministre des Bourbons. Disgracié par Ferdinand, il sert avec une certaine fidélité le beau-frère de Napoléon. Ricciardi, né à Foggia en 1758, avocat célèbre, d'esprit jadis hostile aux Bourbons et nommé conseiller d'État par le roi Joseph, déploie une grande activité dans la réorganisation judiciaire. Quelques autres personnalités napolitaines ont aussi une réelle influence dans le nouveau règne : Pietro Colletta, né à Naples en 1755, cadet d'artillerie, officier en 1798, ingénieur, juge au tribunal extraordinaire créé par Salicetti, directeur des ponts et chaussées, intendant en Calabre, colonel, général et conseiller d'État, plein d'imagination, entreprenant, infatigable, mais d'un conseil pas toujours très sûr ; l'historien Vincenzo Coco ; Melchiore Delfico ; l'avocat Matteo Galdi, qui publie en 1796 un livre « *Sulla necessita di stabilire una republica in Italia* », professeur de droit public à Brescia et à Milan, puis conseiller d'État de Murat[1], etc. L'œuvre accomplie est la même que dans tous les États satellites de l'empire napoléonien. C'est un calque du gouvernement de la France, l'adaptation d'une partie des idées et des principes de la Révolution à un régime despotique. Dans le domaine judiciaire, quatre cours d'appel sont établies à Naples, Lanciano, Altamura et Catanzuro. Chaque province a une cour criminelle et un tribunal de première instance ; chaque district une justice de paix ; à Naples, un tribunal de commerce ; au sommet de la hiérarchie ordinaire une Cour suprême de cassation ayant son siège dans la capitale du royaume. De plus, une Cour des comptes. Tous les codes français sont promulgués et mis en vigueur.

Une commission spéciale, nommée pour travailler à l'abolition des droits féodaux, envoie des commissaires dans toutes les provinces à la fin de l'année 1809. Les terres féodales sont divisées entre les communes et les barons, puis les terres communales entre les divers

---

[1] Ce serait ici le lieu de parler de Maghella à qui M. Masson (t. VI, *loc. cit.*), atttribue une grande influence sur Murat en 1810 et 1811. Suivant l'éminent écrivain, Maghella, que Murat aurait songé un moment à nommer ministre de sa police, aurait poussé Murat à faire à son profit l'unité italienne. M. Masson regarde Maghella comme un précurseur de Mazzini. Du reste, il pense que les sociétés secrètes ont joué sous Murat un rôle que l'on connaît malheureusement trop mal, ce qui empêche de comprendre bien des faits (t. V, Avant-propos).

citoyens de la commune. Autres mesures semblables à celles prises en France : réduction des diocèses et des paroisses, abolition des ordres religieux. Dans le domaine de l'instruction publique, il est beaucoup fait, particulièrement par Zurlo et Galdi. Sous les Bourbons, il n'existait que quelques collèges et presque aucune école primaire ; la loi organique du 30 novembre 1811 prescrit la création d'une école primaire gratuite dans chaque commune : Naples a, de ce fait, 24 écoles avec 48 maîtres et 2 000 élèves. L'Université est protégée, les appointements de ses professeurs augmentés. On construit un observatoire astronomique, on augmente l'étendue du jardin botanique. Une École normale est créée pour former les professeurs et aussi une école de sourds-muets ; dans chaque province se fonde une société d'agriculture ; même activité dans les travaux publics : construction des routes de Bari, de Luce, de Melfi, des Calabres, etc. ; développement de l'industrie, protection accordée aux manufactures, etc. Le règne de Murat est, en somme, bienfaisant pour les provinces napolitaines ; ce sont les historiens italiens qui le constatent.

*
* *

Mais comment le gouvernement de Joachim est-il apprécié par l'empereur ? Cruel et constant souci pour le roi ! En donnant des royaumes aux membres de sa famille, Napoléon a entendu ne les considérer que comme des préfets avec un titre plus sonore et un domaine administratif plus étendu. A-t-il songé, qu'en mettant la couronne sur leur tête, il les fera ensuite difficilement se plier à l'obéissance qu'il exigera d'eux comme de simples fonctionnaires ? Ils lui doivent tout : c'est entendu. Mais Napoléon a négligé la plus forte, la

plus indéracinable des passions humaines, l'orgueil, et
en croyant faire d'eux des obligés prêts à tout par
reconnaissance, il s'est créé de petits rivaux, voire des
ennemis. L'intérêt même du royaume qu'il leur a donné
à gouverner est contraire à l'humiliante attitude qu'il
exige de ces roitelets, et la désaffection de leurs sujets
serait le premier et le plus sûr résultat qu'ils obtien-
draient s'ils s'y résignaient. L'empereur eût mieux fait
de transformer ces petits états en départements qu'auraient administrés des préfets, serviteurs à gages
depuis un siècle, que le pouvoir central a toujours pris
et renvoyés suivant son caprice.

Amoureux de popularité, et aussi désireux d'être un
bon roi, Murat, dès son arrivée à Naples, a voulu conquérir le cœur de ses sujets. Tout de suite il a résolu,
pour y réussir, de gouverner pour les Napolitains et
avec les Napolitains. Il sait qu'il a affaire à des méridionaux plus légers encore que ceux de son pays,
inconstants, que l'on s'attache assez facilement mais
que l'on perd de même; leur amour-propre est cha-
touilleux. Il se dispose à les flatter, sûr qu'il les gagnera
par ce moyen.

Murat a quitté Paris, on s'en souvient, peu en faveur
près de Napoléon. Le désaccord s'accentue dès que le
roi de Naples a rejoint ses États. Après la prise de
Capri, c'est un véritable conflit qui les divisera longtemps. Joachim ne s'est pas conformé aux ordres de
Napoléon et l'a informé directement de sa victoire au
lieu d'user de l'intermédiaire du Ministre de la guerre.
Napoléon l'en blâme rudement. Quelques jours après,
nouvelle semonce : il laisse « châtrer le code Napoléon »
et flatte trop le clergé. Puis ce sont les décorations qu'il
distribue trop généreusement. L'empereur, oubliant la
vivacité des sentiments religieux des Napolitains et

leur goût pour les pratiques extérieures du culte, reproche à Joachim d'avoir « fait des singeries pour Saint-Janvier », le saint national.

Les projets de Murat sur la Sicile irritent son beau-frère, de même que toutes ses mesures administratives et politiques. C'est une faute impardonnable d'avoir amnistié les déserteurs, rappelé les émigrés et gracié les condamnés à mort. Murat défend en vain ses actes avec dignité. Napoléon n'admet pas qu'il prenne certaines mesures par opposition aux actes de Joseph. Murat a quelque raison de lui écrire : « Je ne suis plus pour vous que l'homme qu'on tolère avec peine et qu'on a su rendre suspect », et l'affront que Napoléon lui fait en refusant la décoration des Deux-Siciles ne peut que le confirmer dans cette opinion.

M. Frédéric Masson attribue cette série de bourrasques impériales à des intrigues auxquelles aurait participé Murat et qu'aurait découvertes l'empereur, heureux, à partir de ce jour, d'infliger des affronts à son beau-frère. Ces intrigues sont racontées avec toute la précision possible en pareille matière par M. Madelin dans sa biographie de Fouché. Convaincu que Napoléon ne reviendrait pas d'Espagne, mais qu'il y laisserait à la fois la vie et la couronne, le grand policier s'était réconcilié avec le grand diplomate et avait lié partie avec lui, en vue de rester maître de la succession au trône impérial. Le candidat de leur choix était Murat qu'ils espéraient gouverner à leur fantaisie. Le roi de Naples et surtout Caroline, mis au courant de ces espérances et de ces projets, ne les désavouèrent pas ; une lettre adressée à Murat aurait été interceptée par le prince Eugène qui l'aurait envoyée aussitôt à l'empereur alors au cœur de l'Espagne : d'où le brusque départ de Napoléon de Valladolid le 17 janvier 1809 et son arrivée à Paris le 22. Ce refus de la décoration des Deux-Siciles, n'a rien d'étonnant après de tels événements. Mais on a vu que la mauvaise humeur de Napoléon contre Murat est antérieure au rapprochement entre Talleyrand et Fouché qui ne date que du commencement du mois de décembre 1808 ; dès septembre, Murat gémit dans sa correspondance sur la froideur de son beau-frère et c'est en novembre que celui-ci lui écrit dans les termes les plus durs. On ne peut douter que Murat ait prêté complaisamment l'oreille aux intrigues nouées par Fouché et Talleyrand et justifié alors la colère de l'empereur, mais celui-ci n'avait pas attendu cette époque pour blesser la vanité de Murat ; il ne pouvait rien faire de plus propre à désaffectionner et même à prédisposer à la trahison un homme si plein d'orgueil.

Cette période de tension dans les rapports entre Murat et Napoléon, qui va de novembre 1808 à février 1809, est pourtant suivie d'une accalmie amenée par les événements extérieurs : la guerre avec l'Autriche qui occupe trop Napoléon pour lui laisser les loisirs d'écrire des remontrances, et la question romaine pour la solution de laquelle le concours de Murat est utile. Murat sent bien de son côté qu'il ne pourrait que perdre à une rupture ; la puissance napoléonienne est à son apogée et il se montre plus soumis, plus respectueux que jamais dans sa correspondance.

Du palais de Schœnbrunn, Napoléon décréta le 17 mai 1809, la réunion des États du Pape à l'empire français ; Rome devenait ville impériale et libre. Pour organiser et gouverner les États romains, il désigna une commission dont les principaux membres furent le général Miollis, commandant les troupes d'occupation et Salicetti, Ministre de la police du royaume de

Naples. Les troupes françaises dans les États du Pape
furent rattachées à l'armée de Naples et placées par conséquent sous le commandement de Murat. Napoléon
semblait tenir à compromettre son beau-frère dans ses
violentes entreprises contre le gouvernement pontifical; Murat n'y voyait du reste aucun inconvénient et
s'y prêtait même de bonne grâce.

Si l'entreprise anglo-sicilienne contre Naples l'empêche de s'occuper de Rome autant que Napoléon le
voudrait, il en donne pourtant des nouvelles dans sa
correspondance et encourage l'empereur à agir ferme-
ment contre le pape ; le 11 juin il lui rend compte de la
prise de possession de la ville[1].

Pendant les affaires romaines l'empereur, malgré
les instances de Joachim pour être appelé en Autriche,
ne se laisse pas persuader. La paix signée, il veut savoir
exactement ce que deviennent les États confiés aux
membres de sa famille. Sur son ordre, Rœderer adresse
à Murat un questionnaire sur la situation du royaume
de Naples à tous égards. Murat en remet lui-même les
réponses à Napoléon quand il vient à Paris lors du
divorce impérial : pour un événement si important,
l'empereur voulut, on le sait, s'entourer de toute sa
famille.

Caroline arrivée à Paris quelques semaines après
son mari, y prolongea son séjour, tandis que Murat
rentrait à Naples. Il n'y revenait pas satisfait[2].

---

[1] Une lettre de Murat du 27 août 1809, contient ce curieux passage : « Le chargé d'affaires de Milan vient de recevoir de Milan
un paquet pour moi venant des loges maçonniques. Ce paquet
contient le diplôme de grand maître. Je prie V. M. de me tracer
la ligne de conduite à tenir en cette circonstance ». (Archives
nationales) Malheureusement, nous ne connaissons pas la réponse
de l'empereur.

[2] Voir encore sur tout cette période (1810-1811), et les démêlés

Le roi de Naples ne pouvait accepter sans se plaindre les charges financières trop lourdes qu'on lui imposait, ni rester indifférent aux difficultés au milieu desquelles on le forçait à se débattre. Tous les Français qui l'entouraient à l'exception d'Agar que Napoléon détestait, et dont il disait en 1808 que la présence de gens de cette espèce auprès du roi de Naples lui faisait douter de la réussite du gouvernement de son beau-frère, lui semblaient autant d'agents de ce pouvoir impérial qui pesait si lourdement sur ses épaules et le rapetissait à l'excès.

A ce moment, plus que jamais, il veut devenir un roi national, servi par des collaborateurs napolitains. La conservation de sa couronne ne peut être assurée qu'à ce prix.

Cette résolution amène la désunion dans le ménage royal : plus Murat est avide de gouvernement personnel, plus la reine Caroline, de tempérament autoritaire et qui ne saura se contenter d'être aimée par le roi comme épouse, s'affecte d'être tenue à l'écart du gouvernement comme reine. Le personel italien qui peuple la cour et sur lequel elle a peu de prise lui porte ombrage ; elle se rapproche de son frère, s'appuie sur l'ambassadeur de Naples, et peu à peu devient le vrai chef d'un parti français opposé au parti italien. Une lettre du ministre de France, publiée par M. Masson, témoigne de la division entre Murat et sa femme : « Le roi veut que la reine s'isole chaque jour davantage. Elle est gênée au point qu'elle ne peut même donner à déjeuner chez elle à

de Napoléon et de Murat. Masson, *op. cit.*, t. VI, ch. III. Nous rappelons que ce chapitre était écrit quand ont paru les tomes V et VI de M. Masson, puisque le dépôt du présent travail dut être fait à l'Académie des sciences morales et politiques avant le 31 décembre 1902.

aucune femme. Elle passe sa journée seule avec ses livres, sa musique et des ouvrages de femme. Il paraît que la manie du roi est une crainte épouvantable de paraître être mené par qui que ce soit, mais surtout par la reine. Il répète souvent cette phrase qu'il n'est mené par personne. Il l'applique même à d'autres que la reine. La reine ne peut plus recommander aucune affaire, ni aucun individu aux ministres, la demande est toujours rejetée. » On a dit que Caroline pour agir indirectement sur les décisions du roi, prit pour amant son aide de camp favori, de La Vauguyon, « joli homme, grand, mince, élancé, avec la tournure et les manières de l'ancienne cour, mais sous ce vernis, dissimulant assez mal sa sottise et sa nullité ». M. Masson semble tenir le fait pour certain ; en tout cas le nouveau ministre de la guerre et de la marine, Daure, fit une alliance politique avec la reine. Une page des mémoires du général Desvernois fait connaître la lutte de l'élément français et de l'élément italien à Naples et contient en quelque sorte, la justification de Murat par lui-même[1].

De leur côté, les Français accusaient les ministres italiens du roi d'être hostiles à la France.

Les événements de 1815 ont démontré que les hommes politiques napolitains à qui Murat accorda sa confiance n'en étaient pas tous dignes. Cependant, le roi de Naples eut raison, en principe, de ne pas vouloir se contenter d'être le gendarme du conquérant impérial et fit bien de chercher l'appui des nationaux dans son gouvernement. La vanité et l'ambition personnelle le guidèrent sans doute dans l'adoption de son système, mais elles s'accordèrent, dans ce cas, avec l'intérêt du pays en cause, c'est-à-dire avec la raison et le droit.

[1] Mémoires, p. 420.

Toute l'année 1810 se passe en tiraillements et en chicanes entre les deux beaux-frères. L'empereur ne cesse de réclamer au sujet du paiement des troupes françaises dont Murat doit s'acquitter seul. Il se plaint à Caroline que son mari désorganise « les corps en disant qu'il ne le fait pas. Il faut être de bonne foi et marcher droit ».

Après la tentative de débarquement en Sicile qui a échoué, comme nous l'avons dit, faute d'aide de la France, Napoléon fait reprocher à Murat par le ministre de la guerre d'avoir annoncé dans un ordre du jour que l'expédition sur la Sicile était ajournée, sans y avoir été autorisé.

Murat est très affecté de ces injustes remontrances, mais courbe le front. Il prie humblement l'empereur de croire à son dévouement et lui demande de remplacer son ministre dont la conduite est déplorable, d'accorder les licences qu'il désire depuis longtemps et qui lui permettront de seconder Napoléon dans ses projets maritimes ; il a fait tirer le canon en l'honneur de la victoire de Coïmbre et supplie, en terminant, son beau-frère « de se souvenir du pauvre Murat qui voudrait tant donner sa vie » pour lui. Le même jour, il accuse réception de la note par laquelle l'empereur demande qu'on ne prenne pas à Naples les mêmes titres militaires qu'en France, particulièrement ceux de colonel et de général ; il substituera à ces titres ceux de capitaine des gardes, lieutenant général, maréchal de camp et adjudant général ; il a fait confectionner un costume violet avec des broderies en or et où sont entrelacés des emblèmes de grand amiral et il demande s'il doit l'adopter définitivement comme costume royal. Ainsi, la garde-robe royale elle-même est soumise au contrôle impérial.

Napoléon refuse à Murat la permission d'avoir des ministres en Autriche et en Russie ; il prétexte que c'est une dépense inutile ; la vérité est qu'il veut supprimer le plus possible toute marque sensible de l'autonomie du royaume de Naples. Son beau-frère comprend la portée de son refus, et insiste : « l'Empereur, dit-il, prouve au Roi des Deux-Siciles qu'il n'a plus sa confiance et que son existence comme roi de Naples n'est que précaire ». Cette armée napolitaine que Murat considère comme son œuvre, qu'il passe en revue avec tant de plaisir, Napoléon la traite dédaigneusement : « Croyez que j'attache peu de prix à vos troupes qui sont formées à la hâte, mal habillées, mal composées[1]. »

Au milieu de tous ces incidents, la naissance du roi de Rome amène un court rapprochement. L'empereur paraît avoir oublié que Murat a été opposé à son mariage avec une princesse autrichienne et a préconisé une alliance conclue en Russie, évidemment parce que le roi de Naples craignait de voir ses prétentions sur le royaume des Deux-Siciles contrecarrées par une union avec la petite-fille de la souveraine de ce pays. Il se souvient plutôt des bons offices que Caroline lui a rendus en dirigeant les préparatifs de la cérémonie et en amenant la fiancée en France, et, malgré le mécontement de Marie-Louise qui a souffert, à Compiègne, des hauteurs de la reine de Naples, il veut que sa sœur soit la marraine de son fils. Caroline se dérobe. Dans une lettre du 26 mars 1811, elle allègue l'état de sa santé, exprime tous ses regrets et supplie l'empereur de lui continuer les marques de sa bonté. Napoléon revient à la charge ; le 20 avril, il écrit dans les termes

---

[1] Tous ces renseignements et ces citations, comme les suivants, sont tirés des lettres des Archives nationales, AF, IV, 1685.

les plus aimables à Caroline ; il tient à l'associer à tous les événements heureux qui lui arrivent et lui signifie que le baptême aura lieu au mois de juin. Caroline ne peut que s'incliner devant le désir manifesté d'une façon si nette par son frère.

Murat accompagna la reine à Paris, mais n'attendit même pas le jour du baptême pour regagner ses États. C'est à son retour qu'il rendit ce décret (14 juin 1811) qui devait exciter la colère de l'empereur : « 1° Tous les étrangers occupant un emploi civil dans Notre Royaume sont tenus de se faire naturaliser avant le 1er août prochain. Ceux qui ne se conformeront pas à cette clause seront censés avoir renoncé volontairement à ces emplois ; 2° Nos ministres sont chargés de l'exécution de ce présent décret. » Il affecta de croire, en transmettant ce décret à l'empereur le 18 juin, que rien n'y pourrait être repris ; la mesure lui semblait urgente, surtout à l'égard de ceux qui occupaient les plus hautes places, ministres en tête.

Murat rappela que sous Charles III, une révolte des Napolitains sans emploi avait éclaté ; il fallait s'attendre que pareil événement se renouvelât ; en résumé l'empereur ne pouvait qu'approuver la décision. Naturellement c'est le contraire qui arriva. Napoléon répondit au décret du roi de Naples par le décret du 6 juillet[1].

La situation de dépendance dans laquelle l'empereur entendait tenir les rois qu'il avait couronnés, était une

[1] *Vu notre décret du 30 mars 1806, en vertu duquel le royaume des Deux-Siciles fait partie intégrante de notre Empire ; considérant que le Prince qui gouverne cet État est Français et grand dignitaire et qu'il n'a été mis et maintenu sur le trône que par les efforts de nos peuples*, nous avons décrété et décrétons : art. I, tous les citoyens Français sont citoyens des Deux-Siciles ; art. II, le décret du 14 juin du roi de ce pays ne leur est pas applicable.

fois de plus nettement définie. Vers le même temps, l'armée française de Naples était dissoute ; et *un corps d'observation de l'Italie méridionale*, composé de trois brigades et commandé par le général Grenier, était formé. Ce corps d'observation réuni en permanence ne devait toutefois être employé qu'en cas de danger pour la sûreté du royaume, à la demande expresse du roi de Naples.

A ce moment, quelques Français quittaient Murat : Exelmans, son grand écuyer, puis Campredon, commandant du génie.

Le roi de Naples dut plier sous l'orage. Gallo essaya vainement de défendre son maître et d'expliquer le décret ; celui-ci fut annulé par un autre du 20 juillet, dont les considérants étaient une vraie rétractation.

L'incident, en dépit de sa solution amiable, laissait au cœur du vaincu une nouvelle plaie et la défiance et l'irritation du vainqueur n'en restaient pas moins vives.

Au mois de septembre, la situation devient tellement tendue que Caroline part à Paris le 17, pour tenter d'apaiser l'empereur. L'absence de la reine se prolonge une partie de l'hiver sans améliorer beaucoup les relations. Murat assure l'empereur, le 21 octobre, qu'il est toujours le même qu'à Wertingen, à Prenzlow et à Eylau, mais il lui demande de ne plus payer des troupes qu'il ne commande pas. Il est prêt à exécuter certaines conditions du traité de Bayonne qu'il trouve trop onéreuses, mais il espère que l'empereur respectera celles dont Murat entend profiter. L'ambassadeur d'Autriche près de Joachim, le comte de Mier, écrit un peu plus tard à Metternich que l'indisposition et la mauvaise humeur du roi continuent et que depuis trois jours il n'a vu personne. Le gouvernement impérial doit imposer à Murat le rappel en France du préfet de police, Maghella, et le renvoi du ministre de l'intérieur, Zurlo[1].

Cependant la guerre avec la Russie devient de plus en plus probable. On en observe les signes précurseurs, à Naples. Dès le mois de décembre de l'année 1811, un rapport du conseiller d'État chargé de la direction de la police, rapport adressé à Murat, l'informe que « la légation de Russie jusque-là d'un maintien si réservé paraît avoir changé de manières et de ton depuis la nouvelle des dernières affaires entre les Russes et les Turcs sur le Danube. M. Dolgorouki prend occasion de ces succès pour relever la puissance et les forces militaires de son pays ». Le baron de Durant apprend de son côté au gouvernement impérial le 30 janvier 1812 que le ministre russe se tient fort à l'écart et qu'il ne va pas au spectacle.

L'empereur demande à Murat, en prévision des hostilités un contingent de 10 000 hommes. Murat répond en s'efforçant de lui démontrer l'impossibilité où il se trouve de fournir un pareil contingent.

Il lui faudrait au moins 34 000 hommes pour la défense de son territoire; s'il en cède 10 000, il sera à la merci d'une attaque et de plus, grèvera son budget de 8 à 9 millions de dépenses. Il engage donc l'empereur à rappeler le corps français d'observation qui comprend juste 10 000 hommes.

[1] « Ces deux hommes, ajoute M. de Mier, possédaient toute la confiance du roi et par conséquent étaient mal vus de la reine. Le gouvernement français fait tout pour dégoûter le roi de la place qu'il occupe *momentanément* et il paraît que la présence de la reine à Paris n'a fait que différer le moment de son rappel. L'absence et l'éloignement n'ont fait qu'augmenter la mésintelligence qui régnait depuis quelque temps entre le roi et la reine ; on souffle la discorde pour embrouiller les choses davantage et trouver un prétexte apparent pour réunir ce pays au grand Empire ».

Le baron de Durant, ambassadeur de Napoléon à Naples, affirme au duc de Bassano que Murat est sincère en parlant ainsi. Murat, à cette époque, tombe malade et le diplomate attribue le mal nerveux qui le déprime aux contrariétés que lui causent ses démêlés avec l'empereur.

Napoléon, de plus en plus irrité contre son beau-frère ne lui écrit plus.

L'inquiétude de Joachim ne fait que croître. Une lettre de Caroline, qui est toujours à Paris, le décide à y partir le 15 avril, sous le nom de comte de Calabre, accompagné seulement de trois personnes, et à aller s'expliquer directement avec l'empereur.

Deux jours après, coup de théâtre : le roi ne part pas[1] !

En réalité, Murat n'a jamais songé à aller en Calabre et la nouvelle d'une menace des Anglais sur les côtes méridionales du royaume, n'est qu'un prétexte pour expliquer le changement d'avis au sujet du voyage à Paris. L'ambassadeur ne tarde pas à s'en rendre compte, et à démêler le vrai motif de ce subit revirement : Murat avait cédé au premier mouvement en se disposant à partir, puis, après avoir réfléchi et entendu ses princi-

[1] « Dans la journée du 15, écrit Durant, il travailla fort avant dans la nuit. Il devait hier matin passer en revue 4 régiments destinés à faire partie du contingent, tenir son conseil des ministres et recevoir dans la soirée avant de monter en voiture toutes les personnes de la cour. Rien de tout cela n'a pu avoir lieu. Sa Majesté est restée absolument enfermée dans son appartement jusqu'au soir. On a su qu'elle s'était trouvée assez incommodée et elle n'a pu voir ses ministres qu'après huit heures. A dix heures cependant, elle s'est rendue au théâtre Saint-Charles en petite loge, et le bruit s'est répandu que S. M. ne partait plus pour Paris, que des chevaux, au contraire, venaient d'être envoyés sur la route de Calabre, des circonstances extraordinaires appelant S. M. sur les côtes pour repousser quelques entreprises des Anglais. »

paux conseillers qui voyaient un danger pour lui à s'éloigner ; il était resté, « trouvant le prétexte des Anglais sur les côtes pour ajourner son départ. »

C'est le roi lui-même qui se charge de fournir de définitives explications au représentant de l'empereur, dans une audience particulière, le 26 avril. Il lui déclare que s'il est revenu de son projet de partir à Paris, c'est parce qu'il avait reçu « dans la nuit des lettres de M. le duc de Carignano qui l'informaient que dans son audience de réception, S. M., s'était exprimée dans les termes les plus sévères sur toute la conduite du roi. Les lettres de la reine l'avaient confirmé dans ces dispositions » ; mais maintenant, voici qu'il apprend qu'on a fait croire à l'empereur que s'il ne part pas, bien qu'attendu à Paris, c'est qu'il veut « se faire un parti en Italie et cherche à s'y créer un influence personnelle », il partira donc. Il s'expliquera franchement avec l'empereur et le persuadera de la sincérité de son attachement. « Telles sont, conclut le baron de Durant, les choses principales que S. M. a bien voulu me dire avec une effusion, une chaleur que j'ai trouvées toujours dans ses épanchements et qui attestent leur sincérité. J'oserais dire que j'en ai trouvé une preuve nouvelle en cela que S. M. n'a pas même dissimulé son intention de discuter personnellement avec l'Empereur les rapports de suzeraineté qu'elle hésite encore à reconnaître. *Comme Français, comme soldat, Elle se déclare hautement sujet de l'Empereur; comme roi de Naples, Elle prétend une parfaite indépendance,* ou elle demande au moins que l'organisation du grand Empire soit proclamée et que sa place y soit définie [1]. »

---

[1] Cette lettre et les précédentes, inédites, sont tirées des Archives des affaires étrangères, Correspondance, Naples, v. 138.

Nous verrons que c'est à Dantzick et non à Paris que
Murat devait retrouver l'empereur. Dans les premiers
jours du mois de mai, Napoléon combla enfin ses désirs
tant de fois exprimés, en l'appelant à la Grande Armée.
Là, Murat oubliera sa royauté pour redevenir le brave
soldat, l'intrépide général que nous avons connu dans
d'autres circonstances. Peut-on le blâmer d'avoir voulu
être vraiment roi, tant qu'il avait ses États à administrer,
et d'avoir mis tout son zèle à conserver une couronne
qui eût pu être plus mal placée que sur sa tête ?

CHAPITRE X

LA CAMPAGNE DE RUSSIE

« A trois cents pas du Niémen, sur la hauteur la plus élevée, on apercevait la tente de l'empereur. Autour d'elle, toutes les collines, leurs pentes, les vallées, étaient couvertes d'hommes et de chevaux. Dès que la terre eut présenté au soleil toutes ces masses mobiles revêtues d'armes étincelantes, le signal fut donné et aussitôt cette multitude commença à s'écouler en trois colonnes vers les trois ponts. On les voyait serpenter en descendant la courte plaine qui les séparait du Niémen, s'en approcher, gagner les trois passages, s'allonger, se rétrécir pour les traverser et atteindre enfin ce sol étranger qu'ils allaient dévaster et qu'ils devaient bientôt couvrir de leurs vastes débris. »

Ségur dépeint ainsi la Grande Armée franchissant,

SOURCES IMPRIMÉES. — De Ségur, *Histoire de Napoléon et de la Grande Armée pendant l'année 1812*, t. I. — A. Vandal, *Napoléon et Alexandre I*, t. III. — Belliard, *Mémoires*. — De Cistèrnes, *Journal de marche du grenadier Pils*. — Fabry, *Campagne de Russie ; opérations militaires, 24 juin-19 juillet*. — Général Thoumas, *les Grands cavaliers du 1ᵉʳ Empire*. — Thirion de Metz, *Souvenirs militaires*. — Baron Lejeune, *Souvenir d'un officier de l'Empire*. — Colonel Seruzier, *Mémoires*. — Baron Roch-Godart, *Mémoires*. — Macdonald, *Souvenirs*.

SOURCES MANUSCRITES. — Archives historiques de la guerre : Campagne de Russie 1812, Correspondance.

le 24 juin 1812, la frontière russe, en route pour une nouvelle guerre plus redoutable que les précédentes, et que ni la diplomatie française, ni la diplomatie russe n'avaient su éviter. Depuis le commencement du mois de juin la chaleur était torride pendant le jour et la nuit, des milliers de moustiques qui se complaisaient particulièrement dans ces terres marécageuses, empêchaient tout sommeil.

Tous ceux qui virent l'empereur ce jour-là le trouvèrent abattu, fatigué, et plus soucieux que de coutume; le pressentiment du désastre auquel son orgueil refusait de s'arrêter pesait sur lui.

Murat, après les événements rapportés plus haut, a confié, par un décret en date du 12 mai 1812, la régence du royaume de Naples à Caroline, et le commandement en chef de ses troupes au maréchal Pérignon. Il a rejoint la Grande Armée et repris ses anciennes fonctions de grand maître de la cavalerie.

Il ne rencontre l'empereur qu'à Dantzick. L'entrevue entre les deux beaux-frères, séparés par tant de dissentements, est une piquante scène de comédie dont il faut lire la description dans le magnifique livre de M. Vandal. Murat se plaint des intolérables exigences de Napoléon et menace de s'y soustraire. Napoléon lui reproche d'abord en termes durs son défaut de soumission, puis soudain s'attendrit et fait appel à la longue affection et à la confraternité militaire qui l'ont uni au roi de Naples. Celui-ci s'émeut, pleure presque : il est reconquis. Et le soir Napoléon se vante d'avoir joué « de la fâcherie et du sentiment, car il faut tout cela avec ce Pantaleone italien; au fond, continuait-il, c'est un bon cœur; il m'aime encore plus que ses lazzaroni. Quand il me voit, il m'appartient, mais loin de moi, comme les gens sans caractère, il est à qui le flatte et l'approche. Il subit l'ascendant de sa femme, une ambitieuse ; c'est elle qui lui met en tête mille projets, mille sottises ; il en est à rêver la souveraineté de l'Italie entière. »

Le nouveau commandement confié à Murat est, du reste, digne d'un roi : quatre corps d'armée de cavalerie sous les ordres de Nansouty, Montbrun, Grouchy et Latour-Maubourg et où l'on voit les cuirassiers, dragons, chasseurs, hussards et chevau-légers français réunis aux uhlans prussiens et polonais, aux cuirassiers saxons et westphaliens, aux chasseurs wurtembergeois et aux hussards prussiens, etc.

Le passage du Niémen commença dans la nuit du 23 au 24 juin.

La cavalerie de Murat s'engagea sur les ponts après le 1er corps. La Grande Armée entra sur le territoire russe à Kovno. Le quartier général de l'empereur fut établi dans cette ville, tandis que le roi de Naples recevait l'ordre de fixer le sien à Jijmorouï. Quelques jours après se produit entre lui et Montbrun l'incident rapporté par Thoumas. Le général Bruyère avait obligé l'arrière-garde russe à abandonner Vilna, et Montbrun avait été chargé d'empêcher les ennemis de brûler les magasins de cette ville et de la prendre. Murat qui le rencontra, s'emporta, jaloux de la mission donnée à son collègue et l'oblige à rester en arrière. Il s'élança lui-même vers Vilna, mais n'y arriva que pour voir brûler les magasins.

L'empereur survient furieux ; il insulte Montbrun à la tête de son corps d'armée, « et le menace de le renvoyer sur les derrières de l'armée comme bon à rien. Le commandant du 2e corps de cavalerie veut s'excuser : — Taisez-vous ! s'écrie Napoléon. — Mais, sire... — Taisez-vous ! — Mais, sire... » et Montbrun provoquait du regard l'intervention de Murat ; celui-ci se tait, tandis que Napoléon s'échauffant d'avantage, continue ses menaces. Alors Montbrun exaspéré, bouillant de fureur, tire son épée, la prend par la pointe et la lance en arrière par-dessus sa tête... puis, tandis qu'en sifflant, cette épée va tomber à plus de quarante pas de là, il met son cheval au galop, s'écriant : « Allez vous faire f.... tous ! » et court à fond de train vers sa tente où il rentre, attendant qu'on vienne l'arrêter... Napoléon était resté là cependant, blême de colère et surpris ; il se remit en marche sans rien dire. Tous les témoins de cette pénible scène croyaient voir Montbrun traduit devant un conseil de guerre ou emprisonné par ordre, ou du moins renvoyé de l'armée. Il n'en fut rien, et quoique l'affaire eût eu de trop nombreux témoins, elle fut étouffée. Peut-être Murat avoua-t-il en tête-à-tête la vérité à son puissant beau-frère. » Dans les documents officiels on ne trouve pas trace de cet incident qui n'est pas à l'honneur de Murat : un de plus. On voit seulement dans une lettre de Berthier à Murat, datée du 28 juin et écrite de Vilna, que l'empereur fait demander à ce dernier pour quelle raison le général Montbrun n'est arrivé à Troki qu'à midi.

La cavalerie fut d'abord employée à des reconnaissances incessantes dans toutes les directions. Napoléon hésitait devant un ennemi qui se dérobait sans cesse et il ne laissait pas un instant de repos aux éclaireurs. C'est plutôt sur lui que sur Murat que doit retomber la responsabilité d'avoir épuisé hommes et chevaux dans ces circonstances.

Dans ses instructions du 28 juin, Napoléon prescrivait de ne pas faire exécuter de reconnaissances par des patrouilles isolées d'une cinquantaine d'hommes qui seraient facilement surprises et enlevées par les cosaques, mais bien par des groupes de 1 500 cavaliers : dans ces conditions, il n'y avait pas de repos possible pour ces malheureuses troupes.

Le général Sébastiani écrivait le 2 juillet : « Nos chevaux meurent d'épuisement et nos hommes ne mangent que de la viande; ils sont harassés par le mauvais temps », et d'après le colonel Seruzier, l'artillerie des corps de cavalerie perdit alors une partie de ses attelages; ses réserves étant restées à Vilna, elle n'avait plus de munitions que pour une heure et demie de feu.

L'empereur ne commença à s'inquiéter de cet état de chose qu'après quelques jours de campagne, à la suite de l'engagement qui eut lieu à Swentsianouï entre Murat et l'arrière-garde des Russes. Il ordonna au roi de Naples de faire reposer ses troupes en cet endroit, d'y construire des fours et d'assurer les subsistances.

Murat redoute l'inaction. Pressé de rejoindre l'ennemi, il pousse activement ses reconnaissances vers la Dvina. Les Russes passent cette rivière et abandonnent Vidzouï que Murat occupa aussitôt. Il bat 500 cosaques à Droufa; les Russes repassent l'eau, puis reprennent leur mouvement de retraite, renonçant à livrer bataille. Toutes ces incertitudes fatiguent Napoléon qui se détermine à prendre une attitude nettement offensive. Pressés par Murat les ennemis évacuent le camp de Drissa, mais prennent de l'avance et marchent à grands pas sur Polotsk et Vitebsk.

L'empereur ordonne la concentration du deuxième corps à Disna et du troisième à Polotsk où Murat s'établit. Voilà la première partie de la campagne terminée. La cavalerie n'a livré aucun combat sérieux mais elle a plus souffert que si elle avait assisté à dix batailles : elle va entrer bientôt dans une phase où les rencontres vont se succéder presque sans interruption. C'est d'abord le combat d'Ostrovno, où Murat, accouru au secours de son avant-garde, défait une armée nombreuse avec deux divisions de cavalerie seulement. Thirion de Metz, dans un récit très pittoresque de cette bataille, montre Murat cinglant les cosaques à coups de cravache en criant : « chargeons cette canaille ! », et maintenant ses soldats immobiles six heures sous les boulets russes : il n'y perdit pourtant que 187 hommes. En revanche, le roi de Naples fit 700 prisonniers, prit 8 canons et 150 chevaux et tua ou blessa 4 à 5 000 hommes à l'ennemi.

A 8 kilomètres d'Ostrovno, la marche sur Vitebsk est encore interrompue. Nouvelle bataille plus acharnée que la précédente. Les Russes se sont abrités derrière un bois d'où ils criblent l'infanterie française de balles et de boulets. Tandis que Belliard encourage ses soldats et les anime, Murat fait exécuter aux lanciers polonais une charge qui oblige les ennemis à renoncer à la lutte : il eût massacré leurs colonnes si les accidents du terrain n'avaient protégé leur fuite.

La marche est reprise immédiatement sur l'ordre de l'empereur. Parveau près de Vitebsk le 27 juillet, Murat aperçoit l'armée russe campée sur une plaine élevée qui domine cette ville et que protège la Loutscheza. La cavalerie ennemie évolue sur les bords de cette rivière dont le lit est un vrai ravin, Murat engage imprudemment contre elle un seul régiment de chasseurs qui est bousculé dans les bas-fonds. Alors, furieux et désolé, il se précipite dans la mêlée avec soixante cavaliers et permet par son audace qui stupéfie les lanciers russes, aux chasseurs de se rallier.

Dans son rapport, Murat rejeta toute la responsabilité de ce demi-échec sur le colonel des chasseurs qui n'avait pas bien exécuté ses ordres.

Napoléon ne considérait ces engagements que comme

des escarmouches et se persuadait que le lendemain se livrerait une bataille décisive. Il aurait dit à Murat le soir : « A demain cinq heures le soleil d'Austerlitz? » Quelle ne fut pas la surprise de l'armée en trouvant le 28 juillet Vitebsk évacué et l'armée russe disparue comme par enchantement. Barclay de Tolly se retirait sur Smolensk.

Napoléon se trouva dès ce moment dans l'alternative qui caractérise toute la suite de la campagne. Faut-il poursuivre l'armée russe jusqu'à ce qu'on l'ait forcée à une bataille décisive? Vaut-il mieux s'arrêter sur les positions conquises, préparer les quartiers d'hiver, organiser la Lithuanie, assurer la solidité et la sécurité de la ligne de communications, en un mot, recommencer ce qu'on a fait en Pologne en 1807? D'après Ségur, Murat aurait vivement insisté en faveur de la continuation de la lutte, prétendant que l'armée russe était démoralisée et fuyait. Napoléon, au contraire lorsqu'il se laissait guider par la raison, penchait pour un arrêt de plusieurs mois derrière une ligne fortifiée allant de Riga à Bobrouisk par Dunabourg, Drissa, Polotsk, et Vitebsk. A d'autres heures, il lui répugnait de se reposer sans avoir remporté une victoire digne d'Austerlitz, de Friedland et de Wagram et qui donnât à réfléchir à l'Europe. L'état d'épuisement de l'armée et surtout de la cavalerie exigeait le repos et l'empereur se décida pour une solution mixte qui réunissait tous les inconvénients des deux systèmes en présence. Il est vrai que les Russes étaient aussi très indécis, ils hésitaient entre deux plans : ou bien attirer l'envahisseur plus avant dans l'intérieur de la Russie de manière à l'isoler de plus en plus de sa base d'opérations, ou bien lui livrer une grande bataille pour sauvegarder l'honneur de la Russie. Barclay de Tolly et Bagration ont opéré leur jonction sous les murs de Smolensk et le 8 août, ils se décident à reprendre l'offensive sur le désir vivement manifesté par l'empereur et par le parti national russe, le parti orthodoxe. Le même jour, une partie de la cavalerie de Murat qui se trouve en avant de Roudnia, est aux prises avec l'hetman des cosaques, Platof, à la tête de 7 régiments de 32 escadrons de cavalerie légère et d'une brigade de chasseurs commandée par le comte Pahlen. Pour résister à de telles forces, Montbrun ne dispose que de la division Sébastiani. Il est contraint à la retraite et perd beaucoup d'hommes : le comte de Waldburg, colonel du 3ᵉ chasseurs wurtembergeois, 9 autres officiers et 300 soldats sont faits prisonniers. Le combat d'Inkovo achève de déterminer l'empereur à marcher en avant. Murat pour gagner Smolensk, suit la rive gauche du Dniepr avec les corps de cavalerie de Grouchy, de Nansouty et de Montbrun. Le Borysthène des anciens est franchi près de Kassasna et Napoléon espère prendre à revers Barclay de Tolly et Bagration. A Krasnoï, Murat rencontre la division russe Névéroffskoï, qui, bien qu'ayant devant elle des forces très supérieures, dispute le terrain pied à pied et opère une retraite admirable.

Grouchy ne peut barrer le passage au général russe, car une partie de sa cavalerie a été envoyée en reconnaissance du côté d'Ielna et ses effectifs sont insuffisants. Murat a étourdiment laissé en arrière sa belle artillerie légère qui aurait rendu en la circonstance les plus signalés services et, malgré sa bravouve, n'obtient qu'un demi-succès à Krasnoï : Névéroffskoï perd 1 200 soldats tués, 1 000 prisonniers et 8 pièces de canon, mais il retarde la marche des Français sur Smolensk et sauve ainsi Barclay et Bagration. Ces derniers attendent toujours Napoléon du côté de Roudnia; le canon de Krasnoï les rappelle vers Smolensk. Dans une reconnaissance fort imprudente qu'il a tentée vers la ville, Ney a été repoussé. « Retiré sur une hauteur qui bordait le fleuve, il aperçut de l'autre côté du Dniepr, de masses de troupes. Il appela l'empereur pour les lui montrer. » C'était Barclay, Bagration, près de cent vingt mille hommes, enfin toute l'armée russe. A cette vue, Napoléon, transporté de joie, frappa des mains et s'écria : « Enfin je les tiens ! » Hélas ! il se trompait encore une fois. Barclay, fort habilement, refusait la bataille et la résistance que les Russes opposaient le 17 août dans Smolensk n'avait d'autre but que de permettre de détruire leurs magasins et d'incendier la ville. La cavalerie ne joua aucun rôle dans l'attaque de Smolensk. A la terrible bataille de Valoutina, le 19, où de part et d'autre on déploya tant de courage et d'opiniâtreté, Junot, par son inaction, empêcha un succès définitif. Ségur raconte que Murat courut à lui, et lui reprocha l'immobilité de son corps d'armée, et comme Junot objectait qu'il n'avait point l'ordre d'attaquer et qu'il ne répondait pas de sa cavalerie wurtembergeoise, Murat se plaça à la tête de cette cavalerie, l'entraîna à l'ennemi, chargea victorieusement, revint vers Junot, son ami, on le sait, et plus encore celui de Caroline et lui dit : « Achève à présent, ta gloire est là et ton bâton de maréchal ». Indécis, n'ayant pas cette audace qui chez Murat tenait lieu de tant de qualités, Junot ne sut pas profiter de la leçon et Valoutina ne fut qu'un demi-succès de plus.

On pouvait encore s'arrêter. Malgré l'état où l'avait réduit l'incendie, Smolensk était plus propice aux cantonnements de l'hiver que Vitebsk. Un effort plus utile que celui qu'on allait tenter sur Moscou eût fait prendre

Riga et donné d'excellents quartiers à l'aile droite. De plus, Napoléon eût pu avant l'hiver s'emparer de Kief et détruire l'armée russe du sud.

Mais l'irrésolution de l'empereur semblait grandir avec les distances. L'orgueil qui l'entraînait vers Moscou luttait chez lui contre la raison qui lui commandait de ne pas dépasser Smolensk. Encore une fois, il s'arrêta à un moyen terme et chargea Murat de suivre les Russes avec sa cavalerie et les deux corps d'armée de Ney et de Davout. La rivalité de Murat et de Davout qui datait de l'expédition d'Égypte, ne manqua pas de se réveiller dans une telle circonstance, chacun d'eux émettant un avis opposé à celui de son rival. A Doroghobouj, le 23 août, Murat crut avoir en sa présence toute l'armée russe, et convaincu que cette fois elle était disposée à livrer bataille, en prévint l'empereur qui accourut tout joyeux. Barclay de Tolly se déroba de nouveau. Mais le sort en était jeté, Napoléon avait quitté Smolensk; il était résolu à aller jusqu'à Moscou.

*
* *

Malheureusement, pour cette période de la campagne de Russie les documents officiels deviennent très rares. Relativement à la cavalerie, on ne trouve aux archives de la guerre que les lettres reçues par Grouchy; du moins y peut-on suivre l'itinéraire de Murat. Son désir est de livrer bataille aux environs de Doroghobouj, mais il trouve encore cette ville évacuée par les Russes. Il lui faudra continuer jusqu'à Moscou cette poursuite énervante d'un ennemi, non plus démoralisé, comme avant Ulm ou Prenzlow, mais aguerri et entendu qui opère sa retraite avec une rigoureuse méthode.

Quittant Doroghobouj, Murat suit la rive gauche du

Dniepr, tandis que Grouchy marche à droite. Davout et le prince Eugène les suivent. Murat passe l'Osma de vive force et y tue 200 Russes.

A cette occasion, un premier incident se produit entre Murat et Davout. Au plus fort de la lutte, une batterie du corps d'armée de Davout refuse à deux reprises de tirer; son commandant déclare que ses instructions lui défendent de combattre sans l'ordre du prince d'Eckmühl. Dans la soirée, violemment irrité, Murat prend à part Davout devant l'empereur en lui déclarant que s'ils sont en désaccord, l'armée ne doit pas en souffrir. De son côté, Davout accuse Murat de faire preuve chaque jour d'une témérité inutile, d'épuiser sa cavalerie à combattre des arrière-gardes de cosaques, ce qu'il pourrait éviter, d'engager l'action sans jamais reconnaître le terrain, etc. Tandis qu'ils se disputent, Napoléon joue avec un boulet russe qu'il pousse du pied et son esprit paraît loin de ces querelles futiles, de ces rivalités personnelles. Enfin, il congédie son beau-frère et Davout en disant à ce dernier : « qu'on ne pouvait pas réunir tous les genres de mérite; qu'il savait mieux livrer une bataille que pousser une avant-garde et que si Murat avait poursuivi Bagration en Lithuanie, peut-être ne l'aurait-il pas laissé échapper ». Ce reproche adressé au vainqueur d'Auerstädt ne le calme pas. Près de Viazma, le 28, la discussion reprend de plus belle. Murat ayant aperçu derrière un ravin, de l'autre côté de la rivière, et dans une position avantageuse, les Russes prêts à combattre, veut engager l'action, mais Davout s'y oppose, en trouvant intempestif de verser le sang des soldats dans la circonstance, et il défend à ses généraux d'obéir au roi de Naples. Blême de colère, celui-ci envoie immédiatement son chef d'état-major Belliard à l'empereur pour lui dire qu'il faut opter entre lui et Davout. Napoléon s'emporte à son tour et envoie Berthier sur le champ de bataille avec l'ordre d'enlever la division Compans à Davout et de la placer sous le commandement de Murat. Avec son sang-froid habituel, Davout n'en continue pas moins à critiquer les actes du roi de Naples. Il faut l'intervention de Belliard, pour empêcher Murat de provoquer en duel son rival de gloire.

De semblables dissensions se produisent dans l'armée russe. La plupart des chefs, hostiles à Barclay de Tolly, surtout parce qu'il est Allemand, lui reprochent d'imiter Fabius Cunctator. Ils réclament la bataille qui doit préserver Moscou, la cité sainte, du contact des hérétiques. Avant de la livrer, le vieux Kutusof, un pur Moscovite, est désigné pour remplacer Barclay de Tolly à la tête de l'armée. C'est répondre aux vœux les plus ardents de Napoléon : nul doute en effet, que si Kutusof eût commandé plus tôt à la place de Barclay, les désastres de la retraite de Russie ne se fussent pas produits. Nous n'entrerons pas dans les détails de la bataille du 7 septembre 1812 à qui les Français ont donné le nom de la Moskowa et que les Russes appellent bataille de Borodino ; tout le monde sait l'histoire de cette boucherie, la plus sanglante des guerres de l'empire, et dans laquelle Napoléon, affaibli par la maladie, se montra inférieur à lui-même comme stratège. Murat y donna de nouvelles preuves de son incontestable bravoure. Nombreuses sont les anecdotes rapportées sur lui pendant cette terrible journée : « J'aperçois au loin devant moi dans la plaine, raconte le baron Lejeune, le roi Murat caracolant au milieu des tirailleurs à cheval et bien moins entouré de ses troupes, bien moins occupé de sa cavalerie que des cosaques nombreux qui le reconnaissaient à son panache, à sa bravoure et au petit manteau de cosaque en long poil de chèvre qu'il portait comme eux. Ces derniers, heureux comme dans un jour de fête, l'entouraient avec l'espoir de s'en emparer et en criant : « Houra! Houra! Mourat! » mais aucun n'osait aborder, même à la longueur de sa lance, celui dont le sabre vif comme l'éclair écartait avec adresse le danger et portait la mort au cœur des plus audacieux ».

Et ce dialogue à l'antique que rapporte le général de Ségur : les soldats de Friant, rangés devant Semenowskoë repoussent les premières charges, mais assaillis par une grêle de balles et de mitraille, il se troublent; un de leurs chefs se rebute et commande la retraite. Dans cet instant critique, Murat court à lui et le saisissant au collet, lui crie : « Que faites-vous? » Le colonel, montrant la terre couverte de la moitié des siens, lui répond : « Vous voyez bien qu'on ne peut plus tenir ici ! — Eh! j'y reste bien moi, s'écrie le roi. Ces mots arrêtèrent cet officier; il regarda fixement le monarque et reprit froidement : « C'est juste! soldats, face en tête! Allons nous faire tuer ! »

Plusieurs charges fort importantes furent données à la Moskowa, l'une par Latour-Maubourg, un peu après midi, pour soutenir la division Friant qui s'empara enfin du village de Semenowskoïë et deux autres par Montbrun et Caulaincourt contre l'armée de Bagration. Rapp dans ses mémoires raconte de la façon suivante la première de ces charges : « Nous avions trop appuyé sur la droite; le roi de Naples restait seul exposé aux ravages des batteries de Semenovskoïé. Il n'avait que des troupes à cheval, un ravin profond le séparait du village: il n'était pas facile de l'emporter; il le fallait cependant sous peine d'être écrasé par la mitraille. Le général Belliard, qui n'aperçoit qu'un rideau de cavalerie légère, conçoit le dessein de la refouler au loin et de se porter par un à gauche sur la redoute. « Cours à Latour-Maubourg, lui répond Murat, dis-lui de prendre une brigade de cuirassiers français et saxons, de passer le ravin, de tout sabrer, d'arriver au galop sur le revers de la redoute et d'enclouer les pièces. S'il ne réussit pas, qu'il revienne dans la même direction. Tu disposeras une batterie de 40 pièces et une partie de la réserve pour protéger la retraite. » Latour-Maubourg culbuta et dispersa les Russes et s'empara des ouvrages.

La cavalerie de Montbrun était placée, au début de l'action, derrière le corps d'armée de Ney ; comme celui-ci était très exposé au feu de l'ennemi et que le colonel Désirat du 11e chasseurs venait d'être tué, Montbrun accompagné de son état-major cherchait un autre emplacement. Tout à coup le cheval du colonel Seruzier atteint par un projectile s'abattit sur son cavalier ; Montbrun, demande au colonel Seruzier s'il est blessé lorsqu'il est lui-même frappé par un boulet au côté.

Auguste Caulaincourt prend le commandement du corps de cavalerie de Montbrun ; Murat le lance sur le plateau entre la grande redoute et Semenovskoïé avec les 5e, 8e et 10e cuirassiers qui culbutent l'infanterie russe et dépassent l'ouvrage. Soudain, Caulaincourt, conformément aux instructions de Murat, fait une conversion à gauche avec le 5e cuirassiers. Au moment, où il pénètre dans la grande redoute il tombe frappé à mort, mais les Français restent les maîtres.

Napoléon en refusant de laisser donner la garde, empêcha Murat et Ney de transformer leur succès en une victoire décisive. L'armée russe était vaincue mais non anéantie. Après avoir disputé à Mojaïsk, la route de Moscou à Murat, elle trouvait moyen de faire perdre sa piste à Sébastiani et de se porter rapidement au sud, vers Kalouga, pour y menacer notre ligne de communications. Les Français n'avaient pris Moscou que pour la voir livrée aux flammes par les malfaiteurs mis en liberté par Rostopchine. Sans tarder, les cosaques commencèrent à enlever tous les faibles détachements qu'ils rencontraient dans leurs incessantes chevauchées. Murat et Bessières furent chargés avec de fortes colonnes de cavalerie de battre les environs de la ville sainte[1]. Au cours de cette opération Murat, trompé par des commencements de négociations, se laissa surprendre dans la nuit du 17 au 18 octobre, à Winkowo ; l'ennemi ne triompha pas longtemps, car le roi de Naples rallia sa cavalerie, chargea en personne à la tête de deux régiments de carabiniers et parvint par son énergie à se dégager en infligeant de sérieuses pertes aux assaillants. Du côté français il y eut pourtant 310 soldats ou officiers tués, 702 prisonniers ou égarés et 371 blessés.

Pendant la désastreuse retraite qui ramène l'armée de Moscou aux rives du Niémen, Murat paie chaque jour de sa personne, mais chaque jour aussi sa cavalerie perd quelques chevaux et il ne lui reste bientôt plus que des squelettes de régiments. Au départ de Moscou l'effectif de la réserve de cavalerie atteignait encore 10 000 cavaliers montés (y compris la cavalerie des

[1] Belliard, resté malade à Moscou, reçut de Murat plusieurs lettres publiées à la suite des Mémoires du célèbre adjudant-général et qui sont intéressantes. Dans l'une (23 septembre 1812), Murat demande ses équipages. On y lit ce post-scriptum : « Dis à mon aide de camp qu'il n'oublie pas mon beau traîneau. » Deux jours après il exprime son dégoût et se dit « fatigué de courir de grange en grange et de mourir de faim ». Le 10 octobre, le ton de sa correspondance est plus lamentable encore et il réclame à grands cris de la farine (t. I, p. 106 et suiv.).

corps d'armée); en entrant à Smolensk, il ne reste plus que 4 400 cavaliers montés : au passage de la Bérésina 1 800.

Le 8 décembre, Murat arrive à Vilna. A Midnicki, Napoléon a pris la décision de regagner immédiatement la France, laissant le commandement de l'armée, ou plutôt des débris de l'armée au roi de Naples. C'est une rude tâche que l'empereur impose à Murat : il importe de connaître la manière dont il s'en acquitte, car nous sommes à l'une des périodes les plus critiquées de la carrière de notre personnage.

Tout d'abord le maréchal Ney reste chargé, avec le 2e et le 3e corps renforcés par les troupes du général Gratien et du général bavarois de Vrède, de former l'arrière-garde et de couvrir la retraite de l'armée. Murat ordonne de diriger tout ce qui appartient au 5e corps sur Grodno et de là sur Varsovie, où Poniatowski tentera de réorganiser le corps d'armée. Les hommes d'infanterie isolés qui ne peuvent pas être utilisés seront envoyés à Kovno. Vilna sera débarrassée de toute la cavalerie démontée et des bagages, afin que les mouvements se fassent sans confusion [1].

Dès le 9 décembre, Murat constate qu'il est impossible de rallier l'armée sur Vilna et de s'y maintenir; il faudra repasser le Niémen; mais on agira avec lenteur pour arrêter les progrès de l'ennemi et on ne conservera, de toutes les conquêtes de la campagne de Russie, que Kovno comme tête de pont. Murat lui-même quitte Vilna dans la nuit du 9 au 10 avec le 1er et le 4e corps et la garde; les cosaques qui occupaient déjà les faubourgs et un hôpital militaire, prennent possession de la capitale de la Lithuanie le 10, à huit heures du matin : le géné-

---

[1] Tout ce qui suit jusqu'à la fin du chapitre est écrit d'après les documents inédits des Archives historiques de la guerre.

ral Hagendorp sorti un des derniers de la ville, échappe tout juste aux cosaques. La montée de Ponari, à 7 ou 8 kilomètres de Vilna, arrête la plupart des voitures et équipages que Murat envoie sur Kovno ; elles rebroussent chemin, puis sur l'ordre du roi de Naples, leurs conducteurs tentent de nouveau de franchir ces pentes glacées, mais comme à cause du froid, ils se sont écartés du convoi, les soldats pillent et brûlent une grande partie de ces voitures ; plusieurs fourgons contenant le trésor de l'armée subissent le même sort. Le désordre est tel qu'il devient impossible d'y porter remède. Murat le constate en arrivant à Kovno, le 11 décembre. Ney, chargé de couvrir le ralliement des débris de l'armée et de retarder la marche des Russes, lui écrit qu'il n'a pu tenir dans la position d'Iévé et qu'il se replie sur Jymorouï ; il craint même que la route de Kovno ne lui soit coupée ; avec la division Loison et la division bavaroise réunies, l'effectif de son corps d'armée est à peine de 1 500 hommes. Murat renonce alors à conserver Kovno. Il faut revenir au point de départ et repasser la Niémen ; c'est ce qu'il ordonne : les débris des corps de cavalerie se concentreront, à gauche sur la route de Gumbinnen et ce qui reste des corps d'infanterie sur la route de Tilsitt ; Ney est averti « qu'il trouvera quatre pièces de canon en position à moitié chemin de Kovno, à Komkeski, c'est-à-dire avant le défilé, que s'il avait besoin de plus de canons, il trouvera le reste de l'artillerie de la division Loison à Kovno ». Murat lui rappelle combien « il est important qu'il tienne l'ennemi à quelques lieues de Kovno, afin de donner le temps d'évacuer ou de détruire ce qu'on ne pourra pas évacuer et enfin de ne venir prendre que demain au soir la défense de la tête de pont de Kovno ». Dans la matinée du 13, Murat traverse le Niémen et porte son quar-

tier général à Skrause. Il prescrit la concentration à
Gumbinnen ; de là sa garde royale, la garde impériale,
l'artillerie, et le génie se porteront sur Kœnigsberg qui
deviendra le quartier général ; chacun des corps reçoit
une destination particulière, excepté celui de Macdonald engagé dans la Courlande et qui donne de l'inquiétude à Murat.

Voilà donc la ligne du Niémen abandonnée, comme
Vilna et Kovno. Murat ne voit plus d'asile sûr que dans
les places fortes de la ligne de Vistule. Il l'écrit à Berthier en lui exposant ses soucis et en le priant de faire
appel à toute la sollicitude du prince Poniatowski qui
devra faire « les derniers efforts pour la défense du
grand duché, pour la gloire du nom polonais. »

Kœnigsberg est trop isolé de la ligne de la Vistule,
Murat n'y peut faire qu'une halte et évacue tout sur
Dantzick. Quelques renforts commencent à arriver de
France, mais ce ne sont que des recrues. D'autre part,
les alliés prussiens font douter de leur fidélité : trois
régiments de la garnison de Memel refusent le service.
Les cosaques font leur apparition sur l'autre rive du
Niémen, à Tilsitt. Berthier ne cache pas ses inquiétudes
à l'empereur en lui écrivant, le 24 décembre et Murat
se plaint à Berthier de la démoralisation générale :
beaucoup voudraient quitter l'armée. Le roi de Naples
est toujours vivement préoccupé de Macdonald et il
vient encore de prendre des dispositions pour assurer
la retraite de ce général, quand il apprend son heureuse arrivée à Tilsitt, le 29 décembre.

Macdonald avait reçu l'ordre d'évacuer la Courlande et
de regagner le Niémen le 28 décembre seulement. L'officier prussien que lui avait délégué Murat avait mis
huit jours pour effectuer un trajet qui demandait trente
heures. Aussitôt prévenu, il avait mis en mouvement

ses troupes et exécuté une très belle retraite, culbutant les Russes qui voulaient lui barrer le passage en avant du fleuve.

La première pensée de Murat est de profiter de l'arrivée de Macdonald pour reprendre l'offensive dans une certaine mesure : il charge le général Bachelu de balayer les partis ennemis aux environs de Tilsitt, et organise les autres corps avec Berthier.

Le roi de Naples commence à peine à reprendre confiance et à espérer qu'il pourra se défendre sur cette ligne du Niémen, suivant le désir de Napoléon, quand se produit la défection du général York et de la division prussienne du corps d'armée du duc de Tarente (31 décembre 1812). Macdonald n'a que le temps de réunir les troupes polonaises, westphaliennes et bavaroises qui sont restées fidèles et de sortir en toute hâte de Tilsitt pour aller occuper une sorte de défilé, la forêt de Bœmwald, où l'ennemi pourait le cerner. Après une marche de vingt-deux heures sous la pluie et par une nuit des plus obscures, il est hors de danger. Arrivé à Labïau, il y laisse ses troupes pour se rendre à Kœnigsberg où l'appelle le roi de Naples ; lorsqu'il y arrive, Murat est parti pour Elberg. A la nouvelle de la trahison des Prussiens, il a en effet quitté Kœnigsberg avec la garde impériale et la garde royale napolitaine, transporté son quartier général à Elberg. Ney a reçu l'ordre de rassembler les troupes d'Heudelet à Kœnigsberg et Berthier écrit à Macdonald, au nom de Murat, que la trahison du général York modifie tout : il cherchera à protéger la garnison de Kœnigsberg, à favoriser l'évacuation de cette ville et, s'il est obligé de se retirer devant des forces supérieures, détruira tout ; à aucun prix, il ne permettra à l'ennemi d'arriver avant lui à Dantzick. Quand Macdonald aura pris position, Ney partira de

Kœnigsberg avec la division Marchand pour Marienburg.
Berthier fait connaître à l'empereur les nouveaux mouvements, il lui apprend que le duc de Tarente va s'établir entre Brandenburg et Elbing pour retarder la marche des Russes et que le roi de Naples s'y rendra lui-même pour reprendre l'offensive et occuper Elbing ; ce qui prouve que Murat n'est pas découragé et veut quand même tenir tête à l'ennemi.

Sans Macdonald il eût même commis une grave faute : il voulait empêcher ce général de rétrograder sur Elbing et le faire marcher sur Kœnigsberg d'où Ney avait eu bien de la peine à sortir. Macdonald refusa d'obéir « ce qui mit le roi en fureur, dit-il dans ses souvenirs, mais il changea promptement d'avis et de ton ; la marche de l'ennemi sur ses derrières étant confirmée, il applaudit à ma prévoyance et m'appela en toute hâte à Elbing pour conférer avec lui. »

Murat dut même céder aux instances du duc de Tarente qui voulait aussi se fixer à Elbing. Le 10 janvier, il autorisait Berthier à l'y appeler et terminait sa lettre par ses mots : « Donnez l'ordre à la garde d'être prête à marcher au premier coup de baguette. »

Le lendemain, Murat établissait son quartier général à Posen et reportait brusquement toute l'armée sur l'Oder. Le 16, il partait pour Naples, malgré les supplications de Berthier et de Daru, abandonnant le commandement de son armée au prince Eugène.

Napoléon, très irrité, fit insérer au *Moniteur* cette note : « Le roi de Naples étant indisposé à dû quitter le commandement de l'armée qu'il a remis entre les mains du vice-roi. Ce dernier a plus d'habitude d'une grande administration : il a la confiance entière de l'Empereur. »

Rien dans la conduite précédente de Murat ne pou-

vait faire prévoir cette détermination. Il n'avait pas
paru désespérer après la désertion des troupes du général York. Jusqu'au 10 janvier, il avait tout fait pour
tirer le meilleur parti possible d'une situation déplorable. Macdonald lui reproche, dans ses *Mémoires*, de
ne pas avoir, dès le début, évacué les places de la
Pologne, de la Prusse royale et de la Vistule, pour
concentrer ses forces sur l'Oder avec le corps qui arrivait d'Italie et y attendre les nouvelles levées que l'on
faisait en France. C'est, au contraire, d'avoir abandonné
tour à tour ses diverses lignes de défense que les historiens blâment Murat. Lorsque le projet de Macdonald
lui fut communiqué, plus tard, il le désapprouva et dès
lors se montra très froid à l'égard du maréchal. Il est
certain qu'en essayant de tenir successivement à Vilna,
à Kovno, sur le Niémen, sur la Pregel, sur la Vistule, il
se conforma aux intentions réelles de Napoléon. On doit
supposer qu'il subit de grandes influences pour se
décider, le 11 janvier, à se retirer sur Posen, et ensuite à
fuir dans son royaume. L'attitude de Macdonald qui
regardait comme impossible la continuation de la lutte,
a sans doute contribué à faire prendre à Murat, si vif et
si impressionnable, une telle résolution. Ajoutons à cela
le mauvais vouloir de certains généraux à son égard, et
peut-être un accès de jalousie conjugale. Enfin il dut
apprendre que la Prusse allait joindre ses forces à celles
de la Russie, et, prévoyant la ruine de Napoléon, voulut
avant tout sauver son propre royaume.

CHAPITRE XI

LA CRISE

Le 31 janvier 1813, à neuf heures du soir, Murat arrivait au château de San Leucio, à Caserte, où il retrouvait toute sa famille. Sur le champ il envoyait ce billet laconique à l'empereur : « J'espère qu'un peu de repos et de bonheur dont j'avais tant besoin contribuera à me rendre bientôt ma santé, dont je ne regrettais la perte que parce qu'elle me privait de continuer de servir Votre Majesté. » Le retour de Murat ne ramenait pas l'union dans le ménage royal. La reine Caroline n'avait pas approuvé son brusque départ de l'armée et lui avait écrit le 15 janvier pour le supplier d'y rester.

M. Weil, en rapportant la lettre, fait remarquer que malheureusement elle n'était parvenue à l'armée qu'après le départ de Murat, mais il faut ajouter que si le roi de Naples l'avait eu reçue, il se fût encore plus hâté d'abandonner l'armée, car sa double jalousie de mari et de roi s'en fût accrue. Il avait été informé de certaines coquetteries plus ou moins politiques de Caro-

Sources imprimées. — H. Weil, *le Prince Eugène et Murat*, t. I. — Correspondance de Napoléon. — Cte Pajol, *le Général Pajol*, t. III. — F. Masson, *Napoléon et sa famille*, t. V et t. VI. — Duchesse d'Abrantès, *Mémoires*.

Sources manuscrites. — Archives des affaires étrangères. Naples. Correspondance, v. 138.

line et il était inquiet pour son autorité d'avoir dû confier la régence à sa femme.

Pourtant, il avait accumulé les précautions. Le
26 mai 1812, le baron de Durant avait écrit au duc de
Bassano : « que la régence du royaume était dévolue à
la reine pendant l'absence du roi », que celle-ci « avait
le commandement général des troupes de terre et de
mer, qu'elle présidait le conseil, qu'elle décidait des
affaires courantes, mais qu'en même temps toute décision qui par sa nature avait besoin d'un décret était
réservée au roi ». Et le comte de Mier dans ses
dépêches à Metternich avait signalé la situation très
difficile faite à la régente dont les décisions étaient soumises au roi qui les rejetait ou en ajournait l'examen
jusqu'à son retour. Murat n'avait laissé à Caroline que
l'initiative des mesures qui pouvaient achever de la
rendre impopulaire parmi les Napolitains, comme la
création de nouveaux impôts. Il avait compté affaiblir
ainsi le parti français et réduire l'action de Napoléon
sur son royaume.

Le 4 février 1813, Murat rentra officiellement et
solennellement dans sa capitale. Il y fut reçu avec des
acclamations de joie, nullement de commande, mais
bien sincères selon le comte de Mier, bon juge en la circonstance. Le roi était aimé de ses sujets. Qui savait
combien cela durerait avec une population aussi mobile
que celle de Naples ? Le baron de Durant constate simplement que le souverain avait l'air très souffrant et
inquiet. L'accueil de ses sujets, heureux de le revoir,
ne pouvait en effet, l'empêcher de s'irriter des critiques
de la reine et de s'affliger de la sévérité de l'opinion en
France au sujet de ce qu'on appelait sa fuite ; la note
cruelle parue dans le *Moniteur* achevait de déchirer
son cœur. Et cependant, on l'a vu, Murat avait fait sur

la frontière de Pologne tout ce qui était humainement possible pour dénouer avec honneur une situation inextricable. Il ne s'était décidé à demander à plusieurs reprises, l'autorisation de quitter l'armée et enfin à partir sans congé que lorsqu'il avait eu acquis la certitude de l'inutilité de ses efforts. Si l'empereur, tout en blâmant sévèrement son beau-frère dans sa correspondance privée, lui avait eu au moins épargné la désapprobation publique qu'aggravait un éloge exagéré du prince Eugène, c'est-à-dire de l'homme le plus exposé à la nécessité de recourir aux services du roi du Naples ; si, au lieu de le brutaliser, il avait eu fait appel à son cœur et à leurs anciennes relations, Murat, si sensible aux démonstrations affectueuses eût tout oublié et fût bientôt redevenu l'ancien soldat fidèle à son pays et à l'empereur, peut-être même aux dépens de sa couronne. Au contraire, le silence obstiné de Napoléon, les mesures de plus en plus hostiles prises contre le roi de Naples, firent craindre à celui-ci qu'une fois la paix faite et les dangers de la coalition écartés, l'empereur, victorieux et n'ayant plus d'adversaire à redouter sur le continent, ne le destituât et ne l'envoyât en disgrâce dans quelque province perdue. On ne le ménageait que parce qu'on pouvait encore avoir besoin de lui ; sous l'influence de l'irritation et de l'inquiétude, il en vint à penser qu'il ne pourrait sauver son trône qu'en retardant, en empêchant même le succès de Napoléon. Cette idée, d'abord vague, se fixera dans son esprit à mesure que s'accroîtra la sévérité impériale, et c'est ainsi qu'il en viendra à négocier avec un ami douteux de la France, comme l'Autriche, puis avec ses ennemis les plus déclarés comme les Anglais[1]. 1813 est encore pour Murat une année de

[1] M. Masson juge impossible d'affirmer la connivence de Murat

crise morale. Les sentiments patriotiques du soldat passionné de gloire et l'orgueil ambitieux du roi sont sans cesse en lutte dans son âme.

L'amour du trône promet d'être le plus fort. Murat regarde son royaume comme l'avare un trésor acquis à grand'peine. Il met à le garder autant d'âpreté qu'il a déployé d'énergie pour gagner tous ses grades ou titres, depuis le galon de sous-officier jusqu'à la dignité royale. Les lettres du baron de Durant et du comte de Mier permettent de suivre jour par jour ce poignant drame de conscience[1]. La réaction physique, inévitable chez une nature nerveuse, se produit d'abord. En rentrant à Naples, la fièvre qui l'a secoué violemment au château de Caserte, le reprend dans la soirée avec une telle force que l'on redoute un moment une maladie sérieuse.

Cependant, dès le 9 février, il va mieux et peut travailler avec ses ministres. Il a « le regret toujours plus vif d'être éloigné de ses États et de voir une portion de son autorité exercée par la reine. » Murat a peur aussi que les Russes et les Anglais ne tentent d'envahir son royaume. « La première pensée du roi est pour le maintien de son royaume » ; il a « une idée fixe d'indépendance qui continue à ne point admettre la suzeraineté de l'Empire ». Le 11 février, il sort pour la première fois depuis son retour à Naples ; il va avec la reine et ses enfants au parc de Capo di Monte, où il monte à cheval. Trois jours après, dans une soirée diplomatique à la cour, il confie au baron de Durant que l'article du

avec l'étranger (*op. cit.*, t. V, avant-propos, et t. VI, pp. 298 et suiv.). Nous croyons que ce crime peut se déduire des faits que nous exposons et des documents dont nous nous sommes servis.

[1] C'est dans cette correspondance (Archives des affaires étrangères), que nous avons puisé la plupart des détails qui suivent.

27 janvier du *Moniteur*, ou l'on a laissé entendre que son retour n'avait pas été convenu avec l'empereur l'afflige. « La figure du roi, observe le baron de Durant, porte encore les traces visibles de ses fatigues et des atteintes qu'avait reçues sa santé ; la bonne saison et le bonheur de se retrouver dans sa famille commencent pourtant à le remettre. »

Le premier mois de son séjour dans sa capitale est pour Murat une période d'expectative. Il attend les nouvelles de France et surtout une lettre de l'empereur. Le 7 février, il fait une première démarche dans le sens de la conciliation, et annonce qu'il augmentera de deux escadrons le régiment de cavalerie envoyé par la reine Caroline à l'armée impériale. Puis, comme Napoléon reste insensible à cette avance, le roi ne met pas à exécution sa promesse : à la fin du mois de février les deux escadrons ne sont pas encore partis. Il a d'ailleurs une excuse en réserve; il s'est produit, le 26 février, un événement assez grave et qui prouve que le royaume n'est pas à l'abri des attaques du dehors. Deux vaisseaux de guerre anglais, le *Thames* et le *Furious* sont arrivés devant l'île de Ponza ; un bataillon en a débarqué et a surpris la garnison qui a capitulé aussitôt ; les Anglais s'y sont installés fortement, comme quelques années auparavant dans l'île de Capri.

Bientôt Murat, toujours sans nouvelles de l'empereur, devient de plus en plus froid à l'égard de son représentant, le baron de Durant. Le 6 mars, il l'invite encore à une partie de chasse à Carditello ainsi que le ministre d'Autriche et celui de Bavière, et dans un long entretien lui parle de la société secrète des carbonari qui se forme dans ses États ; ce sont, à son avis, de faux francs-maçons dont il va faire demander la suppression par les francs-maçons eux-mêmes. Le 10 mars, l'ambassadeur constate que le roi le traite avec réserve, sans doute à cause de la manière dont il renseigne le gouvernement français.

Le roi semble approuver le projet des Autrichiens d'observer la neutralité dans la lutte entre Napoléon et les autres puissances européennes et de se poser en médiateurs : le diplomate en conclut que le gouvernement napolitain songe à adopter une attitude semblable, et à en profiter pour ne fournir qu'une insignifiante participation militaire. Il ne se trompe pas : Murat vient précisément d'envoyer à Vienne le prince Cariati avec la mission de savoir du gouvernement autrichien si la conduite qu'il pense tenir sauvegardera sa couronne. Une lettre du comte de Mier au prince de Metternich montre que le projet de la mission du prince Cariati était formé dès le 26 février, ce que confirme la permission accordée à la même époque par Murat, à la comtesse Zichy, amie personnelle de la reine Marie-Caroline, de traverser ses États pour se rendre de Palerme en Autriche. Une dépêche chiffrée de Metternich au comte de Mier, publiée par M. H. Weil, permet de déterminer la nature du mandat confié au prince Cariati : le roi ne désire que conserver le trône de Naples, mais il veut de l'Autriche une garantie qui lui assure l'existence. Enchanté, au fond, de cette démarche, Metternich se tient pourtant sur une prudente réserve, connaissant bien le caractère mobile de Murat. Il commence par demander au prince Cariati de lui communiquer ses pleins pouvoirs, s'il en a, pour mener à bonne fin la négociation ; en même temps, il recommande au comte de Mier de ne pas se mêler « dans le fond d'une affaire très délicate en elle-même et de laisser venir les événements ». Le 20 avril, le prince Cariati étant nommé ministre du royaume de Naples à Vienne, son mandat secret devient une mission officielle.

C'est le premier pas fait par Murat dans une voie dangereuse, et il le laisse complètement ignorer à la reine qui, bien qu'en meilleurs termes avec lui depuis quelque temps, reste dévouée à la politique napoléonienne. Une lettre de l'empereur pourrait encore tout réparer; Murat non seulement l'attend, mais la sollicite. Le 31 mars, le baron de Durant est reçu avec sa femme par la reine; Caroline lui expose les inquiétudes qu'éprouve le roi du silence de l'empereur à son égard. Le roi survient et surenchérit dans le même sens. Il croit pourtant avoir donné toutes les preuves possibles d'affection à l'empereur; Napoléon ne comprend-il pas le secours dont Murat pourrait lui être en Italie? Et puis est-ce son intérêt à lui, de trahir la France? que l'empereur dise un mot: il se charge de défendre l'Italie très menacée. Si l'on veut qu'il retourne à la grande armée, il partira, mais qu'on lui rende justice, considération et honneurs. En rapportant cette conversation au duc de Bassano, le baron de Durant manifeste l'espoir que l'empereur encouragera son beau-frère dans ces dispositions et lui adressera les bonnes lettres que le roi attend de Paris. Le 2 avril, le baron de Durant revient sur cette conversation du 31 mars; il est persuadé que la pensée secrète de Murat « étant de se voir abandonné dans une négociation définitive, il songe à pourvoir par lui-même au soin de sa conservation »; c'est dans ce but qu'il consacre tant de soins à l'organisation de son armée, et qu'il se prépare à voyager dans la Pouille et les Abbruzzes pour y affermir sa popularité. Ce déplacement est annoncé à plusieurs reprises dans les premiers jours du mois d'avril, Murat part seulement le 12; il sera de retour dès le 29. Jusqu'au dernier moment il a attendu une lettre de Napoléon; pour donner un commencement de satisfaction à son tyranique beau-

frère, il fait partir le jour même où il se met en route
pour la Pouille les deux escadrons depuis si longtemps
promis et écrit une longue lettre à l'empereur. Plusieurs passages de cette lettre déjà deux fois publiée
mériteraient d'être cités. Murat y reproche à l'empereur
l'article du *Moniteur*, se défend d'avoir encouru un
blâme par son départ précipité de l'armée, car il n'avait
promis d'y rester que tant qu'il y serait utile, or, sa
présence y était devenue sans objet et ses sujets le récla-
maient. Ce que nous avons exposé du rôle de Murat,
après que l'empereur eut quitté l'armée à Smorgoni
montre que ces observations sont en partie fondées et
que sa conduite, répréhensible assurément, mérite d'obtenir des circonstances atténuantes[1]. Murat voudrait
aussi que l'empereur se souvînt que durant toute cette
pénible campagne de Russie, il l'a vu « oublier non
seulement le trône, mais encore les privilèges du plus
simple commandement pour ne se montrer que le premier
de ses soldats », courir « tant de fois au-devant des dangers
avec une si complète abnégation de lui-même » ? Il vient
maintenant solliciter de l'empereur une déclaration
franche de ses sentiments à son égard ; il lui demande
des témoignages de confiance qui répondent à ses sentiments privés ; il désire recevoir des instructions sur la
marche qu'il doit suivre pour la défense de l'Italie ; car
il continue à croire, malgré son vif désir de rejoindre
l'empereur et de combattre à ses côtés, que sa présence
est beaucoup plus utile dans la péninsule. Pour le

[1] La duchesse d'Abrantès, en ses *Mémoires*, se montre très
sévère pour Murat. Elle va jusqu'à déclarer à cette occasion
qu'il « n'avait pour tout talent militaire, que le courage d'un
soldat ». (T. I, p. 223.) Elle parle longuement de l'inimitié de
Murat et de l'empereur et de la lutte entre le roi de Naples et sa
femme (id., p. 31?

démontrer, il trace un tableau de la situation de l'Italie peut être trop noir, mais qui ne manque pas de vérité. Il craint de prochains désordres. Les faits donneront bientôt raison à Murat : à la fin d'avril on découvre un complot machiné par les Anglais dans plusieurs villes, notamment à Salone et à Capoue ; soixante individus sont arrêtés.

Une lettre d'accent sincère comme celle de Murat méritait une réponse. Quelle qu'elle fût, celle-ci eût mieux valu que le silence dédaigneux et plein de menaces de l'empereur, qui se contenta de faire réclamer par le ministère de la guerre au roi de Naples six bataillons d'infanterie.

A son retour de Pouille, Murat apprit que l'empereur avait quitté Paris pour rejoindre l'armée en Allemagne sans lui faire connaître ses sentiments. Alors il perdit tout espoir et tout calme. Par un de ces mouvements violents qui le portaient parfois à prendre les plus fâcheuses décisions, il se tourna vers l'Angleterre. Les négociations qu'il entama à Ponza sont la conséquence directe du silence de Napoléon après la lettre du 12 avril [1].

*
* *

Le 22 avril arrivait à Ponza une grande barque à bord de laquelle se trouvait un employé du ministère de la police de Naples, Guiseppe Cerculi. Cet homme était chargé de remettre au lieutenent-colonel Coffin,

---

[1] M. Weil se trompe quand il fait observer que l'on s'est occupé presque exclusivement de la mission du prince Cariati et que les historiens ont laissé dans l'ombre les négociations de Ponza. Les Italiens Marcelli, Tivaroni et d'autres encore parlent de ces dernières. Mais ils n'ont pas connu les documents importants et provenant des archives anglaises publiés par M. Weil.

commandant la garnison anglaise, une lettre de Bosset, commissaire des guerres. Il venait, soi-disant, fournir la liste des produits et des articles que la garnison pouvait échanger avec Naples. En remettant son message à Coffin, Cerculi lui dit : « Vous connaissez le but officiel de ma venue à Ponza, mais il y en a un autre. Le ministre de la police a ajouté en me congédiant : « Si le commandant de l'île est disposé à parler d'autres choses, dis-lui que le roi voudrait savoir quelles propositions on serait disposé à lui faire ». Le lieutenant-colonel Coffin répondit que c'était au roi à faire des ouvertures et à exposer ses désirs. Cerculi reprit : « Le roi, quoique beau-frère de Bonaparte, sait que celui-ci lui en veut. Il se rend compte de sa situation et sacrifierait tout, jusqu'à sa vie même pour sauver son royaume de Naples. Il y aurait peut-être moyen de concilier ses intérêts et ceux de l'Angleterre. » Prenant acte de ces bonnes dispositions, le colonel Coffin annonça qu'il en référerait à lord William Bentinck, représentant du gouvernement anglais en Sicile et lui demanderait des instructions. La lettre où Coffin exposait le récit de son entrevue avec Cerculi fut envoyée à Palerme le 23 avril par le vaisseau de guerre l'*Edinburgh* ; Cerculi était déjà retourné à Naples. La mission de Cerculi avait été imaginée par le duc de Campochiaro, ministre de la police, chef direct de Cerculi et adversaire de la France en même temps que partisan de l'entente avec l'Autriche ou avec l'Angleterre. Il s'était souvenu d'une conversation que le lieutenant-colonel Coffin avait eue avec le commissaire des guerres Bosset, lorsqu'il avait pris Ponza : l'officier anglais avait exprimé tous les regrets que lui causait l'impossibilité d'arriver à une entente avec le gouvernement napolitain et tous les avantages qu'il y aurait pour les deux pays à conclure du moins une convention commerciale, et il avait affirmé que lord Bentinck l'autoriserait à traiter en son nom avec le roi de Naples. Le duc de Campochiaro était-il lui-même autorisé par Murat à tenter une telle démarche ? Nous ne le croyons pas : au moment où Cerculi se rendit à Ponza, Murat était en Pouille et espérait encore une réponse de l'empereur. En tout cas, Cerculi n'avait aucune instruction précise ; sa démarche n'était que la suite de l'entretien de Coffin et de Bosset ; il allait aux renseignements, pas davantage, et le duc de Campochiaro attendait ces renseignements pour proposer à Murat de tenter une telle négociation. Suivant toute vraisemblance, l'initiative fut simultanée chez le lieutenant-colonel Coffin et chez le duc de Campochiaro.

Le 7 mai, le colonel Coffin reçut de lord Bentinck une lettre lui permettant de continuer à correspondre avec Naples, et le 11 des instructions formelles : il devait apprendre exactement ce que voulait Murat, ne pas s'engager à fond à son égard mais lui offrir de le faire devenir « le Bernadotte de l'Italie » « et lui redemander Gaëte ». Et les desseins de lord Bentinck se précisèrent encore dans la note du 16 mai : « Murat déclarera la guerre à Bonaparte et se mettra de suite en mouvement avec toutes ses forces vers le nord de l'Italie. Les alliés s'uniront à lui avec toutes leurs forces à un point et à un temps fixés. Murat cédera au roi de Sicile le royaume de Naples aux conditions suivantes : 1º Murat aura un équivalent ; 2º il gardera Naples jusqu'à ce qu'il obtienne cet équivalent. »

Il n'y eut aucune communication entre Ponza et Naples du 22 avril au 29 mai ; à cette date, Cerculi revint à Ponza, accompagné cette fois d'un négociant anglais établi à Naples, sir Robert Jones. Murat, cependant était de retour de la Pouille, mais il était reparti

presque aussitôt pour Portici où il resta jusqu'au
30 mai avec la reine. Son éloignement fut sans doute
une des causes de l'interruption des négociations, mais
il est plus que probable qu'il fut heureux de consacrer
ce temps à la réflexion. Napoléon avait remporté la victoire de Bautzen, pourtant l'attitude de plus en plus équivoque de l'Autriche ne lui permettait pas d'en profiter ;
on négociait à Dresde, on négociait à Görlitz ; Metternich voulait imposer la médiation de l'Autriche et montrait son pays armé et prêt à reprendre la lutte. Murat
guettait à la fois l'arrivée d'un courrier de Napoléon et
d'un courrier d'Autriche ; par précaution, il tenait à
conserver intégralement ses forces militaires et refusait obstinément d'envoyer les 6 bataillons réclamés à
Vérone. Le 13 mai, le baron de Durant fit savoir que le
roi, au lieu de satisfaire l'empereur, allait fournir un
long mémoire où il discutait ce qu'on lui demandait. Il
y arguait des désertions si fréquentes dans ses troupes ;
il se plaignait de la forme sèche dans laquelle le gouvernement impérial lui avait enjoint d'envoyer des soldats ; il se plaignait surtout du silence persistant de
l'empereur. « La reine elle-même, s'aperçoit, disait
Durant, que le roi lui retire une part de la confiance
que le rapprochement et l'habitude avaient maintenue
jusqu'ici », et le bruit courait que le roi avait des corres-
pondances à Paris même avec des gens qui, « à l'instigation de l'Angleterre, lui montrent l'appât d'une réunion (de l'Italie) en un état unique, également soustrait
à l'influence française et à l'influence autrichienne ».
L'ambassadeur français concluait : « Le roi est sur le
bord de l'abîme où la vanité plus que l'ambition le conduit ; il suffit peut-être d'un mot de l'empereur pour le
retenir et le ramener. »

Ce mot ne venait toujours pas. Enfin, le retour du

vice-roi d'Italie à Milan, le 16 mai, lui faisait perdre l'espoir de présider à la défense de l'Italie et achevait de le mal disposer.

C'est dans ces conditions que, le 29 mai, Cerculi et Robert Jones arrivent à l'île de Ponza. Coffin leur apprend que lord Bentinck, se rendant en Catalogne, à l'intention de s'arrêter à Ponza pour y négocier lui-même avec les représentants du gouvernement napolitain. Cerculi retourne aussitôt à Naples afin d'aviser le duc de Campochiaro de cette importante nouvelle. Ce n'est pas lui qui est renvoyé à Ponza, mais un certain Félice Nicolas, conservateur des archives, ancien secrétaire du général Joseph-Francis-Edward Acton, frère du célèbre ministre et ancien secrétaire d'ambassade à Vienne. Le duc de Campochiaro remet à ce Félice Nicolas, le 1er juin, une commission pour se rendre à Ponza et y conférer avec lord William Bentinck d'une entente avec l'Angleterre. Dans la nuit du 2, lord Bentinck arrive à son tour. Son entrevue avec Jones et Nicolas a lieu le lendemain dans la matinée et le colonel Coffin y assiste. Les représentants de Murat déclarent qu'il est impossible à leur maître de renoncer à la couronne de Naples, qu'il consent à s'allier avec l'Angleterre et à faire dans le nord de l'Italie une diversion à la tête de 40 000 hommes, mais qu'il désire acheter à la Grande-Bretagne 20 000 fusils pour compléter son armement. Lord Bentinck ne veut pas s'écarter des instructions qu'il avait envoyées lui-même le 16 mai au colonel Coffin : reconnaissance des droits du roi Ferdinand sur Naples ; reconnaissance des droits de Murat à une compensation ; remise de Gaëte aux Anglais. Nicolas est envoyé à Naples pour y faire connaître les propositions de lord Bentinck.

La deuxième entrevue a lieu le 5 juin à bord de

l'*America*. Avant de se lier avec l'Angleterre, Murat
tient à savoir comment l'Autriche entend le traiter ; de
plus, lord Bentinck n'ayant pas les pouvoirs nécessaires
pour signer un accord, il ne peut que l'inviter à transmettre ses desiderata à son gouvernement. Lord William Bentinck exprime de son côté tout le regret qu'il
éprouve « à voir des négociations aussi importantes se
terminer de la sorte, » et il ajoute : « je dois faire constater que c'est en ce moment surtout que son concours
aurait été le plus utile. L'Angleterre lui en aurait su
gré et en aurait assurément tenu grand compte. Peut-
être n'en sera-t-il plus de même quand l'Autriche se
sera déclarée. J'aurais pris sur moi de signer séance
tenante une convention militaire avec Murat, convention que mon gouvernement aurait assurément ratifiée.
Je dois au contraire faire toutes mes réserves pour
l'avenir. » Dans son rapport au Foreign office, lord
Bentinck ne perd pas tout espoir ; il croit que Murat
hait Napoléon et qu'il compte obtenir le royaume d'Italie qu'il ne peut conquérir avec ses seuls Napolitains.
Le 6 juin, lord Bentinck s'embarque pour l'Espagne,
mais avant son départ il laisse entre les mains du lieutenant-colonel Coffin le texte de convention suivant, avec
l'autorisation d'y apposer sa signature si Murat y met
la sienne. « Article 1 : le but des parties contractantes
est la liberté de l'Italie et son indépendance de la domination de Bonaparte ; ... art. 3. En dix jours de la ratification par le roi Gioachimo, Gaëte sera remise aux
troupes anglaises comme place de dépôt et de sûreté
et sera rendue dans le même état en cas que le gouvernement britannique ne ratifie pas la présente ouverture ; art. 4. Les droits de S. M. le roi Ferdinand à la
couronne des Deux-Siciles seront reconnus ; art. 5. Les
droits de souveraineté du roi Gioachimo sont reconnus.

La possession du royaume de Naples ne sera pas contestée, en attendant qu'on puisse conclure un arrangement satisfaisant pour les deux parties contractantes. »

Murat se demande quels avantages il pourra retirer d'une semblable convention, alors que la situation de Napoléon est loin d'être désespérée ; le seul résultat en serait de livrer aux Anglais sans aucune garantie la plus forte place du royaume. Aussi est-il chaque jour plus perplexe et plus inquiet du sort de sa couronne. Ses relations avec le représentant de la France se ressentent de son état d'esprit et de la gêne inévitable que lui cause le soin avec lequel il doit dissimuler ses négociations avec l'Autriche et surtout avec l'Angleterre. L'envoi de troupes à Vérone reste en suspens. « Le roi donne presque exclusivement tout son temps à la formation de ses troupes... La santé de la reine est toujours languissante. Sa Majesté prend beaucoup sur elle, quelquefois cependant et dans son intimité, elle ne peut retenir l'expression de ses inquiétudes. On s'aperçoit alors qu'il n'y a pas que sa santé qui souffre, mais rien ne paraît aux yeux du public. »

Le 23 mai, le baron de Durant constate que Murat a été particulièrement froissé du retour subit du prince Eugène en Italie. Le 1er juin, au moment où les pourparlers sont le plus fréquents avec les Anglais, la reine exprime au ministre de Napoléon les doléances du gouvernement napolitain : elle s'associe au roi pour regretter que toutes les notes sur le contingent parviennent à Murat sans que l'empereur lui adresse directement la parole ; elle regrette au moins autant le silence de l'empereur envers elle, et Caroline ajoute qu'elle ne quitte pas le roi pour qu'il ne se laisse pas suborner. Profitant de ces confidences, Durant l'engage à faire modifier la marche « si peu conforme aux relations du

pays avec la France que Murat donne aux affaires ».
Murat travaille à se mettre en mesure de tenir tête à
l'orage si l'empereur en arrive aux dernières extrémi-
tés contre lui et de conquérir ce qu'il appelle son indépendance. C'était « le but secret de sa politique; c'en
est aujourd'hui le but avoué ». Le baron de Durant
raconte au duc de Bassano, à l'appui de cette opinion,
que le roi a fait dernièrement reprocher aux commissaires « la langueur de l'esprit public. » Ceux-ci
essayèrent maladroitement de le réveiller; on crut à
Naples que le roi allait faire un acte formel d'indépendance ce qui « suscita peu d'enthousiasme et le roi en
fut gêné ». On dit, écrit encore Durant, qu'il a « des
relations toutes formées avec l'Autriche »; on parle
même de l'Angleterre, mais c'est sans doute aller trop
loin. Le but réel de la mission du prince Cariati était
déjà connu de l'empereur et la veille du jour où Napoléon signait le fâcheux armistice de Poischwitz, il faisait remettre au gouvernement napolitain une note
très vive exigeant le rappel du prince Cariati de Vienne.
Pendant trois jours, le duc de Gallo n'ose mettre cette
note sous les yeux du roi; enfin, il s'y décide et Murat
entre dans une violente colère. Le représentant autrichien, le comte de Mier, écrit dans un rapport qu'il
adresse à Metternich qu'il ne faut plus qu'un sénatus-
consulte pour priver Murat de son royaume : « N'omet-
tant aucune occasion pour l'humilier, faisant tout pour
lasser sa patience, l'empereur à l'air de le provoquer et
de chercher un prétexte à son anéantissement dans sa
résistance à ses volontés ». Sur les instances pressantes
du baron de Durant, le duc de Gallo répond enfin le
11 juin que « le prince Cariati avait ordre de s'entendre
avec l'ambassadeur de France et de prendre dans les
cas imprévus ses conseils et sa direction. Et tout le

résultat des menaces de l'empereur est de décider Murat
à de nouvelles démarches auprès de l'Angleterre. Le
23 juin, un message est porté au colonel Coffin par
Cerculi ; de son côté, lord Bentinck a expédié en Angleterre à lord Castlereagh, à la fin du mois de juin, par un
bateau parti de Palerme, tous les documents relatifs
aux négociations avec Murat. Le gouvernement anglais
attend jusqu'au 7 août pour envoyer ses instructions :
On est disposé « à offrir à la famille royale de Sicile
une compensation pour le royaume de Naples dans le
cas où l'Autriche insisterait sur ce point afin de s'assurer la coopération effective de Murat, et comme si l'on
se bornait à maintenir Murat en possession de Naples,
jusqu'à ce qu'on lui trouve un équivalent, cela ne le
disposerait guère à donner une coopération effective au
point de vue militaire, on lui assurera et garantira son
royaume. » On verra que lorsque ces instructions parvinrent à lord Bentinck, un nouvel et complet revirement s'était produit dans l'esprit de Murat. Les mois de
juin et de juillet furent fertiles en incidents de toutes
sortes entre les deux beaux-frères. Le 11 juin, de Dresde,
l'empereur avait donné l'ordre au ministre de la guerre,
le duc de Feltre, d'écrire à Murat que l'Autriche devant
entrer dans la coalition, il se trouvait dans la nécessité
de lui demander le concours d'une division, qu'il était
certain que l'Adige une fois perdu, le royaume de Naples
le serait aussi, et qu'il fallait donc que la division
demandée fût rendue à Bologne le 15 juillet. D'autre
part, le 18 juin, sur l'ordre du duc de Bassano, Durant
avait fait savoir au gouvernement napolitain que si le
10 juillet, la division demandée n'était pas partie, il
quitterait Naples en y laissant seulement son secrétaire.
Le même jour, Murat exposait dans une lettre ses intentions : si l'Autriche entrait dans la coalition il marche-

rait lui-même à la tête de ses troupes, mais réunies ; elles ne seraient pas réparties entre les diverses brigades de l'armée, et le 27, il répondait dans un sens identique au duc de Feltre.

Dans les mêmes jours les faits suivants donnèrent plus d'acuité au conflit. Le *Moniteur*, évidemment à l'instigation de l'empereur, ayant inséré une note qui accusait sournoisement de trahison les défenseurs do de Ponza lors de l'occupation de cette île par les Anglais, Murat, le 27 juin, fit nier officiellement par son ministre, le duc de Gallo, que les Napolitains eussent livré Ponza aux Anglais : ils avaient cédé au nombre après une défense courageuse. Or, un journal Anglais, le *Morning chronicle*, venait de publier la note suivante qui fut placée sous les yeux de l'empereur : « Nous apprenons avec la plus grande surprise par des avis reçus hier de la Sicile à la date du 8 avril qu'il paraît y avoir quelque apparence d'arrangement amical et de commerce entre lord William Bentinck et les ministres de Murat à Naples. Il paraît qu'on est convenu d'une cessation de toute hostilité entre la Sicile et Naples, et une lettre datée de Messine le 7 avril porte que les relations avaient été rétablies avec les îles situées dans les baies de Gaëte et de Naples et qu'on avait la perspective d'un commerce avantageux avec le continent par l'intermédiaire de ces établissements. Il serait curieux de voir un autre maréchal français élevé au trône se ranger au nombre de nos amis et de nos alliés. La mission de Beauharnais à Milan a-t-elle quelque liaison avec la défection supposée de Murat ? » Cette note tendancieuse et perfide, bien faite pour amener une rupture définitive et irrémédiable entre Napoléon et le roi de Naples, faussait les événements puisqu'elle antidatait les premières négociations ; l'empereur la fit reproduire par le *Moniteur* et chargea le baron de Durant de la présenter au duc de Gallo à Naples. Les termes d'une note adressée le 22 juin par Napoléon au duc de Bassano montrent à quel degré d'irritation l'empereur était arrivé. Il faisait donner l'ordre à son « ministre à Naples dans le cas où l'on y arrêterait les corsaires et où l'on avilirait le moindrement son pavillon, de quitter sur le champ cette ville », avant de se retirer, de menacer Murat. De plus il envoyait un blâme à Durant.

Ces nouvelles menaces non seulement n'apaisèrent pas Murat, mais rallièrent la reine Caroline aux idées de son mari : le comte de Mier écrit le 29 juin : « Leurs Majestés (et non plus seulement le roi) attendent avec impatience la réponse aux propositions de Cariati. »

Murat toujours hésitant à rompre avec son beau-frère, fait une nouvelle tentative pour obtenir une réponse personnelle de l'empereur. C'est le but de sa lettre du 4 juillet, dans laquelle toutefois il persiste dans les intentions qu'il a fait connaître au prince Eugène et au duc de Feltre ; il fournira 25 ou 30 000 hommes, mais à la condition qu'ils ne soient pas dispersés, qu'il les commande lui-même et en Italie, car il ne veut pas s'éloigner pour veiller, tout en servant la France, à la sécurité de son propre royaume. « Mes déterminations, dit le roi de Naples, sont inébranlables... je me dois à moi-même de ne pas m'en écarter : car après que le nom du vice-roi a été employé pour m'humilier par un parallèle offensant, je ne puis convenablement mettre des Napolitains sous ses ordres, quels que soient mes sentiments particuliers d'estime et d'amitié pour lui. » Et Murat termine comme toujours par des protestations de dévouement et des allusions aux anciennes relations si affectueuses avec son beau-frère ; il prie l'empereur de revenir à une confiance fondée sur vingt ans d'épreuves et de fidélité.

Le baron de Durant est encore persuadé après cette lettre qu'une bonne parole de l'empereur ferait renoncer Murat à ses déterminations et que le rappel à l'armée le reconquerrait tout entier. L'empereur le comprend enfin ; dans les derniers jours du mois de juillet il écrit à son beau-frère et le revirement que nous avons annoncé se produit immédiatement. Malheureusement, si les négociations que le ridicule entêtement de Napoléon a laissé s'établir entre ses ennemis et Murat ne portent pas de fruit tout de suite, elles laissent dans l'âme du roi humilié des sentiments qui se réveilleront plus tard, à sa honte, il est vrai, mais au préjudice de l'implacable tyran, sourd trop longtemps à la voix de la raison et de l'affection. Le 26 juillet, jour de l'arrivée du courrier de Dresde, Murat reste longtemps enfermé avec la reine ; le 27, il confère non moins longuement avec ses ministres. Le 2 août à dix heures du soir, il part de Naples pour Dresde. La régence du royaume est confiée à la reine Caroline et une note au corps diplomatique déclare que l'absence du roi ne pourra être de longue durée.

Vingt-quatre heures après le départ de Murat, au moment où il quittait Rome, une dépêche chiffrée du prince Cariati arrivait à Naples, ainsi que de nouvelles instructions de Metternich au comte de Mier : l'Autriche faisait des propositions fermes que Murat eût certainement accueillies si l'empereur avait tardé davantage à l'appeler auprès de lui.

En partant pour Dresde où il arriva le 17 août, juste pour la reprise des hostilités, Murat, incertain de la tournure que prendraient les événements, avait maintenu sa décision de ne pas envoyer de troupes à l'armée du prince Eugène ; aussi, le 19, la reine Caroline

ne put que répondre par une fin de non-recevoir à
une nouvelle demande du vice-roi : elle n'avait pas le
droit de laisser sortir des soldats du royaume sans avoir
reçu un ordre exprès de Dresde. Elle déclara que tout
homme sous les drapeaux qui sortirait des États napolitains serait considéré comme déserteur.

Cependant, à Dresde, une explication avait eu lieu
entre les deux beaux-frères et un commencement de
réconciliation s'en était suivi. Murat redevint le *Magis-
ter equitum* de la Grande Armée et l'empereur lui confia
le commandement des cinq corps de la réserve de cavalerie. A la bataille de Dresde, livrée les 26 et 27 août,
il joua un rôle décisif, et, à la veille d'abandonner le
drapeau de la France, se conduisit pour le défendre
comme aux beaux jours d'Aboukir, de Wertingen et de
Prenzlow. Chargé de diriger l'aile droite de l'armée
composée de quatre divisions d'infanterie et de quatre
divisions de cavalerie, tandis que l'empereur occupait
le centre de l'armée, Murat culbutait l'ennemi et l'ac-
cablait sous les charges impétueuses de sa cavalerie ;
toute la division Metzko mit bas les armes et le vaincu
dut laisser à la seule aile droite 12 000 prisonniers
et 30 canons. Dans la poursuite, Murat, harcelant sans
merci les Autrichiens, leur fit encore 6 000 prisonniers,
le 28 août. L'empereur le couvrit d'éloges et oublia un
moment le roi de Naples, pour admirer et bénir le
général intrépide qui exécutait si bien ses plans.

Malheureusement la victoire de Dresde qui faisait si
bien augurer de la nouvelle campagne, fut suivie du
désastre du corps d'armée de Vandamme à Kulm, le
30 août, et de la défaite du maréchal Macdonald par
Blücher à la Katzbach.

Pendant tout le mois de septembre le rôle de Murat
est quelque peu effacé. Il accompagne l'empereur,

mais dès les premiers jours du mois d'octobre une
tâche importante lui est de nouveau confiée; il est
chargé de contenir l'armée de Bohême pendant que
Napoléon opérera contre l'armée de Silésie et l'armée
du nord. Quatre corps d'armée lui sont confiés : c'est
peut-être le commandement le plus important qu'il ait
jamais exercé. Le 6 octobre, voulant retarder la marche
des Autrichiens, Murat rejette la division autrichienne
Murray sur Waldkirchen. Le 10, il chasse Wittgenstein de Borna et tue ou blesse aux Russes plus de
4000 hommes; il est parvenu à couvrir la route de
Leipzig, et empêche la jonction de l'armée de Bohême
avec celle de Silésie. Mais les Austro-Russes reviennent
en force. Menacé par plus de 60000 hommes, Murat doit
se replier sur Cröbern. Le 14, se livre la bataille de
Liebertwolkwitz, où la cavalerie se distingue : Murat,
menacé à la fois, en avant, à droite et à gauche, tient à
l'empereur la promesse qu'il lui a faite de résister toute
la journée. Le comte Pajol conte ainsi l'héroïque épisode : « Wittgenstein et Klenau exécutèrent deux fortes
reconnaissances offensives; le premier précédé de la
cavalerie de Pahlen, se porta par Cröbern et Gossa sur
Wachau; le second poussa droit devant lui sur Liebertwolkwitz. Le roi de Naples se tenait à Wachau avec le
4ᵉ corps de cavalerie et une partie du corps de Pajol;
il laissa la cavalerie russe s'avancer, puis, fondant sur
elle comme un tourbillon il la culbuta et la rejeta sur le
corps de Wittgenstein, qu'il eût ensuite abordé si 12 escadrons prussiens et la cavalerie de Klenau n'avaient
été lancés sur son flanc. Nos escadrons, peu en ordre
après la vigoureuse charge qu'ils venaient de pousser
ne purent résister à cette attaque; ils rentrèrent dans
leurs positions, où ils trouvèrent l'appui d'une infanterie solidement établie. Wittgenstein et Klenau durent

s'arrêter se contentant de canonner jusqu'à la nuit. »

Ce combat est le prélude des trois journées de la bataille de Leipzig (16, 17 et 18 octobre). C'est surtout pendant la première journée que donne la cavalerie et Murat est l'âme de l'action. Latour-Maubourg est blessé grièvement, puis Pajol est renversé par un obus, Murat se met à la tête de son corps d'armée et conduit lui-même la charge, mais poussant l'impétuosité jusqu'à la plus imprévoyante témérité, il engage, malgré les avertissements que lui a donnés un officier d'état-major, ses cavaliers sur un terrain situé en avant de la Gossa qui n'est qu'un vaste marécage et où les chevaux enfoncent jusqu'au poitrail. Tout le bénéfice d'une charge admirable qui mène les cuirassiers de la brigade Bessières à 300 mètres seulement de l'empereur Alexandre, est perdu.

Sous les masses énormes d'hommes que lui oppose la coalition, l'armée française est obligée de reculer. Du 19 au 24 octobre, Murat accompagne Napoléon jusqu'à Erfurt. Là, il lui demande l'autorisation de retourner dans son royaume en péril. Le prince Eugène a été obligé de se replier successivement d'abord sur la ligne de l'Isonzo, puis sur celle de l'Adige. L'adhésion de la Bavière à la coalition fait prévoir l'invasion du Tyrol. La situation précaire des États napolitains réclame la présence de leur souverain. Napoléon le reconnaît et les deux beaux-frères se séparent avec tristesse. L'un et l'autre sont même très émus : ont-ils le pressentiment qu'ils ne se reverront plus ?...

CHAPITRE XII

LA DÉFECTION

Dans quelles dispositions Murat revenait-il dans ses
États ? Le général avait fait tout son devoir ; comment
se conduirait le roi ? Le 31 octobre, Murat, qui avait
dû laisser sa voiture dans les neiges du Simplon,
arriva à Milan ; il n'y séjourna que quelques heures,
comme Melzi en informa le lendemain l'empereur. Il se
donna pourtant le temps d'écrire à son beau-frère une
lettre qui pouvait faire prévoir l'attitude qu'il prendrait
un jour. Avec une certaine perfidie dont nous l'avons
vu user d'autres fois au cours de sa carrière et qui le
fait ressembler à Bernadotte, méridional comme lui, il
cherchait à jeter le soupçon sur la conduite du prince
Eugène devenu son ennemi depuis les événements que
l'on sait ; suivant lui, le vice-roi battait en retraite sans
même tirer un coup de fusil ; il insinuait encore, attri-
buant au prince ses propres manœuvres, que celui-ci
se préparait à recevoir, par les soins du roi de Bavière,

SOURCES IMPRIMÉES. — Correspondance de Napoléon, t. XXVI. —
H. Weil, *le Prince Eugène et Murat*, t. II. — Lumbroso, *Miscel-
lanea napoleonica*, t. III et IV. — L. Madelin, *Fouché*, t. II. —
Duchesse d'Abrantès, *Mémoires*, t. IX et t. X.

SOURCES MANUSCRITES. — Archives historiques de la guerre. Correspondance, 1813. — Archives des affaires étrangères : Naples, Correspondance.

une principauté en Italie, etc. Murat se déclarait lui-même tout disposé à marcher à la tête de 40000 hommes, mais il avait besoin de connaître les intentions de l'empereur d'une manière certaine. Il voulait avoir le commandement des États romains et demandait, « *en cas de réunion avec le vice-roi* » qui commanderait.

C'est ce qu'il lui importait le plus de savoir.

Que l'empereur charge Murat de défendre l'Italie et de diriger les opérations militaires, ou tout au moins qu'il lui laisse le commandement suprême et indépendant des forces qu'il amènera en Lombardie, et Murat restera fidèle. Sa vanité se contentera de cette réparation de ce qu'il appelle « l'affront de l'article du *Moniteur* ». Il est capable de sacrifier, s'il le faut, son royaume à une satisfaction d'amour-propre ; mais si cette satisfaction ne lui est pas donnée, le désir de garder son trône l'emportera, il négociera avec les ennemis de l'empereur pour rester roi et en même temps humilier les Beauharnais. Il n'a pas cessé, du reste, même dans le moment où il risquait sa vie pour Napoléon de réserver sa liberté d'action à son retour. Le comte de Mier, le ministre accrédité |par l'Autriche près du royaume de Naples, a continué de résider à Naples, malgré toutes les instances du baron de Durant pour obtenir son renvoi ; et le prince Cariati est resté à Vienne ou bien a suivi le quartier général autrichien ; les relations diplomatiques n'ont pas été interrompues entre l'Autriche et Naples. Aux représentations du baron de Durant, le duc de Gallo répondait qu'il venait d'écrire au prince Cariati qu'il eût à quitter Vienne, mais qu'il craignait que sa lettre ne lui parvînt pas : c'était proprement se moquer du ministre de France. Un peu plus tard, lorsque le comte de Mier vient à quitter Naples, il y laisse M. de Menz, conseiller d'am-

bassade ; l'Autriche espère donc toujours amener Murat
à traiter définitivement avec elle.

A Milan, Murat emprunte une calèche et se dirige
vers Florence où la grande-duchesse Elisa lui donne
une voiture. En passant à Rome, il confère assez longuement avec le général Miollis, gouverneur militaire
des États romains et ne lui cache pas que la cause de
Napoléon lui semble perdue. Le 4 novembre, à neuf heures du soir, il entre dans sa capitale. La reine, avertie
de son arrivée par sa sœur Elisa, est allée à sa rencontre,
mais elle l'a manqué ; elle a envoyé son secrétaire
avertir le comte de Mier du retour du roi et le prévenir
que celui-ci le recevra le lendemain ou le surlendemain,
elle lui fait savoir que le roi de Naples a quitté la
Grande Armée avec le consentement de l'empereur,
mais qu'il a l'intention de faire des propositions à
l'Autriche pour obtenir la garantie de l'indépendance
de ses États.

Un changement complet s'est en effet produit dans
l'attitude respective des principaux personnages de la
cour de Naples. Presque jusqu'à la veille du départ de
Murat pour Dresde, la reine Caroline avait été la plus
ardente et la plus utile auxiliaire de la politique
française dans le royaume napolitain ; c'est à elle que
s'adressait sans cesse le baron de Durant, c'est sur elle
qu'il s'appuyait pour présenter ses réclamations. Maintenant, c'est la reine qui va pousser son mari vers
l'alliance autrichienne, et plus tard à la défection. Les
hésitations, les tergiversations continuelles de Murat
ne se constatent pas chez Caroline. Les caractères des
deux époux sont bien différents : la vanité exaltée
guide le mari, l'ambition froide inspire la femme. A
l'inverse de ce qui semblerait naturel, le mari est un
impulsif que dominent ses nerfs, la femme raisonne,

réfléchit et calcule. Quand Murat luttait contre Napoléon
tout-puissant, uniquement pour être un vrai roi au lieu
d'un préfet couronné, ou pour se venger de l'humiliation de se voir préférer le prince Eugène, Caroline
sentait le danger des bouderies et des provocations
inutiles de son mari, le désapprouvait et prenait le
contre-pied de sa politique. Maintenant, elle est per-
suadée que s'il s'unit à l'empereur, le roi de Naples
expose sa couronne et elle devient le plus ferme soutien
de l'alliance autrichienne qui maintiendra le diadème
sur sa tête. L'inconstant et faible Murat ne pourra que
glisser de plus en plus sur la pente où la reine ne l'ar-
rêtera pas. L'empereur ne paraît pas le prévoir ; le 3 novembre il écrit au prince Eugène que le roi de Naples
sera bientôt à Bologne avec 30 000 hommes : « Agissez
avec le roi le mieux qu'il vous sera possible ; envoyez-
lui un commissaire italien pour assurer la nourriture
de sa troupe et faites-lui toutes les prévenances possibles afin d'en tirer le meilleur parti ». Comment un
tel manieur d'hommes, si habile souvent à deviner les
desseins de ses serviteurs, ne voit-il pas plus clair dans
l'esprit et le cœur de son vieux compagnon d'armes et
ne comprend-il pas qu'après les récents conflits sur-
venus entre eux, il ne peut plus l'attacher à sa cause
qu'en épargnant son amour-propre et en lui confiant
la défense de l'Italie ?

Le comte de Mier apprit avec joie la nouvelle du retour
de Murat. Le jour même de l'arrivée à Naples du souverain, il se rendit chez le duc de Gallo et connut les
instructions envoyées au prince Cariati pour négocier
avec le gouvernement autrichien et l'ordre donné à Pescara, qui servait de courrier diplomatique, de rappor-
ter le plus tôt possible du quartier général la réponse de
Metternich. Mier se montra satisfait, tout en regrettant

que le roi ne l'eût pas chargé de terminer lui-même les négociations après avoir massé l'armée à la frontière. Les propositions de Murat au gouvernement autrichien nous sont connues par le récit du conseiller d'État Hudelist auquel elles furent transmises par le prince Cariati : le roi promettait de porter son armée au chiffre de 80 000 hommes et déclarait « qu'il ne désirait rien tant que de faire cause commune avec les puissances alliées »; mais exigeait d'abord qu'on lui garantît la possession du royaume de Naples, ensuite qu'en échange de l'abandon de la Sicile on lui offrît une compensation dans les États romains; « aussitôt que ce point serait éclairci et mis en règle, les puissances alliées le trouveraient prêt à coopérer de la manière la plus active. »

Murat adressa à son armée, le 6 novembre, un ordre du jour à double entente dicté par l'alternative où il se trouvait de recevoir soit une réponse de Cariati favorable à ses propositions, soit une décision de Napoléon lui confiant la défense de l'Italie. L'armée, d'après cet ordre du jour, ne devait plus combattre qu'en Italie, mais cela pouvait être aussi bien pour arrêter l'invasion autrichienne que pour l'aider.

Le même jour, paraissait au *Moniteur des Deux-Siciles* une note déclarant que Murat n'avait quitté l'armée française que pour venir, avec la permission de l'empereur, embrasser sa femme et ses enfants et qu'il retournerait à l'armée dès qu'on y aurait besoin de lui. Cette note surprit et inquiéta le comte de Mier qui en manifesta son étonnement au duc de Gallo : cependant, il avait la promesse de la reine que le roi ferait « tout ce que l'Autriche exigerait pourvu qu'on laissât croire à Joachim que toutes les résolutions venaient de lui. »

Bientôt, en effet, Murat s'engage dans l'impasse où l'ont attiré les diplomates de la coalition. Il accorde au comte de Mier, le 8, une entrevue qui dure toute la nuit et est presque décisive : il l'autorise à quitter Naples en n'y laissant qu'un conseiller d'ambassade et à se rendre près de Metternich pour lui faire connaître les bases fermes de la coopération du gouvernement napolitain : les mêmes d'ailleurs que le prince Cariati a exposées à Hudelist. Mier ne discute rien, semble acquiescer à tout, ne voulant pas, dit-il cyniquement dans son rapport à Metternich « faire ralentir ses démarches hostiles contre la France en lui faisant entrevoir des difficultés à l'accomplissement de ses désirs », et pensant « qu'il valait mieux lui faire entendre raison par la reine en qui il a confiance, et lorsqu'il sera brouillé avec la France, il ne pourra plus reculer ».

Mier prend six jours plus tard le chemin de l'Allemagne. En même temps, Murat envoie à Palerme Schinina « pour régler une suspension d'hostilités avec l'Angleterre et des arrangements préliminaires pour le commerce des deux pays. » Le voilà engagé à fond dans la voie de la défection et c'est Fouché, l'homme de la duplicité par excellence et de la politique louche que l'empereur va lui adresser pour le ramener dans le droit chemin [1].

Le duc d'Otrante promenait depuis quelques mois sa disgrâce à travers l'Europe. Napoléon le tenait soigneusement éloigné de France : en juin 1813, il l'avait nommé gouverneur des provinces illyriennes et le

[1] Pour connaître la composition des troupes dont Murat marchandait le concours en même temps à la France et à l'Autriche, consulter l'état de l'armée napolitaine en 1813 publié par M. Weil (*op. cit.*, t. II). On y voit que Murat ne disposait que de 20.000 hommes actifs et 12.000 de réserve. Il y a loin du total de ces deux sommes au nombre de 80.000 hommes dont parlait Cariati.

29 juillet, Fouché était arrivé à Laybach, « sa nouvelle
capitale ». L'invasion de l'armée autrichienne l'en
chassait un mois après et il transportait sa résidence
successivement à Trieste, à Goritz et à Udine, puis se
réfugiait à Milan et y attendait avec impatience que
l'empereur l'autorisât à rentrer à Paris qui serait bientôt un superbe terrain de manœuvre pour un intrigant
de son envergure.

L'Italie ne l'intéressait guère. Pourtant, il aurait bien
voulu connaître les intentions de Murat dont il pourrait
avoir besoin plus tard et, dans les premiers jours de
novembre, il se rendit à Bologne pour se rapprocher
de Naples. Il y rencontra le lieutenant général de la
Vauguyon, l'un des officiers de confiance du roi de
Naples et l'invita à dîner avec le général italien Pino,
lieutenant du vice-roi. En causant, il leur montra le
rôle que pouvait jouer Murat en proclamant l'indépendance de l'Italie. Cette conversation, dont l'effet devait
être bien dangereux sur un esprit faible et impressionnable, fut aussitôt rapportée à Murat qui s'empressa de
faire partir de Naples le général Coletta, pour aller
demander les conseils de Fouché. Le duc d'Otrante
avait déjà quitté Bologne. Il se préparait à rentrer en
France, quand justement l'empereur lui ordonna par
une lettre en date du 15 novembre de se rendre à Rome
et à Naples et de s'y informer de la situation. Étrange
mission après les conseils qu'il avait donnés gratuite-
ment à de La Vauguyon. M. Madelin, qui connaît bien
le personnage, apprécie ainsi la mission de Fouché à
Naples : « Ce rôle d'arbitre que Fouché a voulu assumer
en passant, dit-il, il s'en trouve officiellement investi
par l'empereur quelques jours après. Le point de vue
change ; dès lors, Fouché peut avoir, sous le poids de sa
responsabilité, changé ses batteries et loyalement poussé

Murat à rester l'allié fidèle de Bonaparte. Seulement, suivant ses habitudes, à côté du plan qui pouvait échouer, qui échouait, il y avait toujours un autre plan prêt à être substitué au premier. Il était sans aucun doute, dès novembre 1813, plus préoccupé d'assurer la fortune de Murat que de servir celle de l'empereur ; c'est là que réside de fait le crime de trahison. Il dut certainement proposer, avec son cynisme ordinaire, au roi Joachim, ces deux plans très opposés concourant au même but, amener Murat sur le Pô, les Alpes et peut-être le Rhône. L'un consiste à rester l'allié de l'empereur et son unique lieutenant dans la péninsule, à apporter à Napoléon l'appoint d'une Italie unie, groupée derrière Murat, partant à ne pas repousser les avances des patriotes, pas même celles des alliés qui pouvaient, grâce à l'équivoque soigneusement entretenue, lui permettre d'arriver sans encombre jusqu'aux plaines du Pô. L'autre plan est celui de la trahison ; si le roi veut rompre avec Napoléon, il ne faut pas qu'il hésite, il doit faire la part du feu, obtenir de l'Autriche la possession de l'Italie, s'y faire malgré tout le protecteur des petites colonies, des administrations françaises contre une réaction qui peut, dans cet ardent pays, devenir terrible, épargner à ceux qui ont servi la Révolution et l'Empire de succomber victimes de nouvelles vêpres siciliennes, créer en un mot un régime de transition. Dans les deux cas, le roi sert les Français avec ou contre l'empereur. Dans les deux cas aussi, Murat se trouve, en temps utile, prêt à entrer en France et à se porter promptement sur Lyon et sur Paris : qui sait si, par cette manœuvre, les Tuileries ne se trouveront pas, en temps utile, avoir un nouveau maître ? »

Si, comme c'est plus que probable, Fouché a raisonné ainsi, il s'est rencontré avec Murat. Son projet à double face correspond bien au double moyen que le roi de Naples s'est ménagé de sortir d'affaire. Soit qu'il travaille à l'unité italienne en chassant les Autrichiens, soit qu'il combatte Napoléon, il compte sauver et rendre indépendant son royaume.

**

Fouché s'annonce à Murat le 21 octobre dans une lettre très digne, très loyaliste, faite évidemment pour être lue à l'empereur : il exhorte le roi de Naples à accourir à Bologne avec les forces qu'il a promises. « Notre fortune, écrit-il sérieusement, quel que soit l'intervalle du rang, notre fortune n'a qu'une même base. Nous la devons à l'empereur. Elle repose sur lui, sur l'intégrité de sa puissance. »

Au moment où Fouché arrive à Naples, l'empereur fait à Murat une concession : l'armée napolitaine formera un corps séparé sous les ordres du roi. Il n'en eût pas fallu plus pour reconquérir Murat six mois plus tôt; maintenant c'est trop tard. Joachim fait répondre à Napoléon qu'il va diriger 30 000 hommes, par Ancône et Bologne, vers le Pô, mais ne dit pas — il l'ignore d'ailleurs encore — pour qui ses soldats se battront. Le baron de Durant n'a aucune illusion et ne cache pas ses craintes à Bassano. Il écrit au ministre des affaires étrangères que le duc de Gallo négocie avec l'Autriche, que Campo-Chiaro tâte l'Angleterre; quant à Murat, « partout on lui a dit que lui seul pouvait sauver l'Italie ». Joachim veut faire l'unité italienne et n'a pas conscience de l'insuffisance de ses forces pour réaliser une pareille ambition.

Le baron de Durant écrit encore : « Les dispositions que le roi fait aujourd'hui ont sans doute pour objet principal, en propageant en Italie l'impression de son influence, de montrer à la fois à l'empereur ce qu'il faut faire pour la défense de l'Italie, aux cours de Vienne et de Londres ce qu'elles doivent redouter ou espérer des forces qui sont en son pouvoir. D'un côté ou de l'autre, le roi voudrait peut-être se préparer un meilleur arrangement. Il n'y aurait alors pas un moment à perdre pour empêcher une explosion tout à fait hostile et pour retenir cette cour au moyen de quelques avantages. Cette cour est déjà trop ébranlée pour qu'elle reste dans son système naturel. » Ces sages avis n'éclairent pas Napoléon sur les dispositions réelles de son beau-frère. La concession du commandement exclusif du corps napolitain lui paraît avoir aplani les difficultés et son aveuglement se manifeste dans toutes les paroles qu'il adresse au général d'Anthouard envoyé auprès du vice-roi et en Toscane : « Le roi de Naples m'a écrit qu'il marche avec 30 000 hommes. S'il exécute ce mouvement, l'Italie est sauvée, car les troupes autrichiennes ne valent pas les Napolitains. Le roi est un homme très brave ; il mérite de la considération. Il ne peut diriger les opérations ; mais il est brave, il anime, il enlève et mérite des égards. Il ne peut donner de l'ombrage au vice-roi : son rôle est Naples, il n'en peut sortir. » On peut dire que dans ces graves circonstances, Napoléon voit tout à l'envers et ce qu'il croit le plus étranger aux rêves de Murat est précisément l'idée fixe qui hante ce roi !

Le 21 novembre, la première division de l'armée napolitaine se met en marche et le général Carascosa arrive à Rome le 2 décembre ; tous les magasins français sont mis à sa disposition et lui ont fourni l'indemnité de marche. Une partie des réclamations que doit formuler Fouché se trouve satisfaite, en apparence du moins, à son arrivée à Naples. Par contre, Murat a porté une première atteinte au système du blocus continental en ouvrant les portes de son royaume aux navires de toutes les puissances amies et neutres sans autorisation préalable, belle satisfaction donnée à l'Angleterre.

Tandis que la 1re division occupe Rome et se prépare à y tenir garnison au lieu de marcher contre les Autrichiens, la 2e division sous les ordres du lieutenant général d'Ambrosio reçoit l'ordre de se porter sur Ancône et d'y concentrer ses hommes du 2 au 4 décembre ; les premiers détachements de la garde royale arrivent à Rome le 4 et toute la garde y sera rendue le 8. En même temps le duc de Gallo charge le conseiller d'ambassade autrichien Menz, resté à Naples après le départ du comte de Mier, de faire savoir au généralissime des armées de la coalition en Italie, Hiller, que les Napolitains marchent vers le Pô sans intentions hostiles contre l'Autriche et qu'ils ne franchiront pas ce fleuve avant un arrangement définitif avec la cour de Vienne. Le général d'Ambrosio a même l'ordre de correspondre avec le feld-maréchal Heller.

Murat est donc prêt à toute éventualité : il a déjà pu, sans coup férir, mettre la main sur les États romains ; il ne lui reste plus qu'à attendre la réponse de Napoléon et celle de l'Autriche. Tout semble le favoriser : Naples est le point de ralliement des patriotes italiens ; le général Lechi s'y est rendu et le général Pino correspond avec le gouvernement napolitain. Murat est entré en relations, on s'en souvient, avec les loges maçonniques ; le parti du *risorgimento* est représenté par les aristocrates dans les loges et par un élément démocratique et mystique dans les ventes de carbonari : Murat a des accointances avec les uns et les autres et il trouve près d'eux des encouragements dans ses projets.

Les Autrichiens, de leur côté, font croire, dans d'habiles proclamations, qu'ils ne sont venus en Italie que pour la délivrer du joug étranger, de la domination française et aider Murat à créer le royaume indépendant d'Italie. Le général Carascosa s'étant abouché à Ferrare avec le général Pino, celui-ci lui a promis de passer au service du roi de Naples le jour même où seront déclarées l'indépendance et l'unité de l'Italie ; il a affirmé que les généraux Zucchi et Palombini feront de même et abandonneront le prince Eugène. Paolucci chargé par le vice-roi d'organiser à Bologne cinq bataillons de volontaires, s'est engagé à amener ces bataillons à Naples. On finit par se préoccuper à Paris de ce mouvement en faveur de l'indépendance italienne. Le nouveau ministre des affaires étrangères, Caulaincourt adresse un rapport à l'empereur sur cette question et révèle très nettement l'opinion de Murat : « Si les Autrichiens prennent Milan, dit-il, traversent le Pô, veulent rétablir le pape et partager de nouveau l'Italie, le roi de Naples ne voit qu'un seul moyen qui lui paraît tout-puissant : ce serait de proclamer la réunion de toute l'Italie et son indépendance. Il pense qu'à ce signal, toute la nation se lèverait en armes sous le drapeau de celui que Votre Majesté aurait désigné. Il ne croit pas qu'on puisse sauver autrement l'Italie. Il ne voit même que ce seul moyen de sauver sa propre couronne au milieu des mouvements qu'on a cherché à exciter dans son royaume. » Murat croit sans doute plus enracinée qu'elle ne l'est dans l'esprit populaire l'idée nationale italienne ; seule la partie la plus instruite du pays s'est éprise de l'unitarisme et de l'indépendance au point de faire pour les conquérir tous les sacrifices, mais il a raison d'affirmer que Napoléon n'a d'autre moyen d'arrêter les progrès des Autrichiens qu'en satisfaisant ces désirs. Malheureusement Napoléon a repoussé la raison et cédé à l'orgueil qui le perdra, et perdra aussi Murat.

Fouché demeure à Naples du 1er au 19 décembre. Il a presque chaque jour des entrevues avec Murat et la reine. On ne sait pas exactement ce qui s'y passe car Fouché se garde bien d'en informer Durant. Ce qui est certain, c'est qu'au lieu de morigéner Murat comme il a été prié de le faire, il critique les autorités françaises de Rome qui n'ont pas mis tout ce qu'il fallait à la disposition des troupes napolitaines, autrement dit qui n'ont pas livré tout à fait la Ville Éternelle. « Lors même que j'aurais la preuve que Murat négociait avec la coalition, écrit-il, loin de l'irriter par des reproches, je redoublerais de soins pour toucher son cœur. Il n'y aurait même plus qu'un moyen de le ramener dans les intérêts de la patrie, ce serait qu'il ignorât lui-même qu'il en est sorti. » Délicatesse de sentiments qui n'est peut-être pas de mise en la circonstance ! Fouché est-il sincère ? Derrière ces phrases doucereuses s'abrite évidemment une louche tactique; le vieux renard s'apprête à abandonner la cause de Napoléon pour celle de Murat... si cette dernière triomphe.

Du côté de la coalition, l'accord n'est pas parfait. Metternich et l'Autriche sont bien décidés à traiter au plus tôt avec Murat pour faciliter les opérations de Bellegarde, le nouveau chef de l'armée autrichienne en Italie. Metternich, à la suite de ses entrevues avec Mier, a chargé le comte Neipperg d'aller demander à Murat une réponse définitive. On rompra si le roi de Naples ne s'engage qu'à observer la neutralité. Au contraire, s'il veut entrer réellement dans la coalition, on lui accordera à peu près tout ce qu'il souhaite : de concession en concession, Metternich en arrivait à permettre au diplomate de promettre le concours de l'Autriche pour amener, même par la force, le roi de Sicile à renoncer au royaume de Naples et d'augmenter cet État des trois départements du Tronto, du Musone et du Metauro.

L'Angleterre n'est pas si généreuse. Là deux plans sont en présence : le ministre anglais, lord Castlereagh et son représentant près des empereurs, lord Aberdeen, ne veulent que sauvegarder la dignité de l'Angleterre en défendant les intérêts des Bourbons de Naples et ne s'engageront qu'à garantir à Murat son royaume ; d'autre part, lord Bentinck, représentant de la Grande-Bretagne en Sicile, plus Anglais que son gouvernement, ne réclame pas moins que la disparition de Murat : les Bourbons retourneront à Naples et céderont la Sicile à l'Angleterre. Bentinck défend son idée avec l'entêtement de ces Anglo-Saxons pour qui la Grande-Bretagne sera toujours trop petite et qui feraient leur proie de l'univers, s'ils le pouvaient.

Neipperg arrive à Naples dans la nuit du 30 au 31 décembre 1813.

Murat qui l'attend, sait qu'il va falloir en finir.

Ce n'est pas sans regret, peut-être faut-il dire sans remords, qu'il abandonne Napoléon et il sent que l'Autriche ne laissera jamais faire l'unité italienne. Trois jours avant il a écrit à Napoléon cette lettre si importante, retrouvée par M. Lumbroso, où il lui propose la création de deux royaumes en Italie, séparés par le Pô. Toute l'Italie transpadane serait son lot, le reste irait à Eugène. Sa persuasion intime est que l'Italie se soulèverait après ce partage pour repousser les Autrichiens et conquérir son indépendance.

Coïncidence curieuse : dans une lettre adressée de

Rome à la même époque, Fouché suggère à Napoléon la même combinaison ou à peu près et semble excuser par avance la défection de Murat si on n'adopte pas son idée. Les ministres de l'empereur examinent de nouveau la question et Caulaincourt écrit un rapport où ne manquent pas les vues judicieuses ; il critique l'unité italienne et la proclamation de son indépendance, pour deux raisons : d'abord, il faudrait choisir comme roi entre le prince Eugène et Murat, or, il serait injuste d'écarter le prince Eugène et de le punir pour ainsi dire de ne pas avoir été exigeant envers la France ni complaisant pour l'Autriche, et d'autre part, si l'on écartait Murat on n'en aurait que plus sûrement la guerre que l'on veut éviter ; ensuite, il est contraire à l'intérêt de la France d'avoir à côté d'elle une Italie unie : « L'Italie, dit Caulaincourt, a 16 millions d'habitants et tous les avantages d'un sol fertile et d'une heureuse situation maritime et commerciale ; une bonne administration peut en une seule génération augmenter de moitié cette population. Ses arsenaux, son commerce, sa marine s'étendent en même temps. Elle enlève à la France le commerce du Levant, la prépondérance sur la Méditerranée et, forte de sa position entre une chaîne de rochers et les deux mers, elle devient la première puissance du Midi ». Caulaincourt croit aussi qu'il est déjà trop tard pour que la déclaration d'indépendance aide à terminer la guerre. Sa conclusion est qu'il ne faut pas soulever actuellement cette question : plus tard on créera deux royaumes, l'un au nord, l'autre au sud, mais en rétablissant le pape dans sa souveraineté temporelle pour que ses États servent de tampon entre les deux autres [1].

---

[1] Ce curieux rapport, inédit, se trouve aux Archives des affaires étrangères, Naples, vol. 139, p. 571.

Neipperg est vite édifié sur la faiblesse de caractère de Murat : il va donc mener militairement les négociations, suivant les instructions dont il est pourvu. C'est un ultimatum qu'il pose au roi de Naples : ou Joachim signera le traité, ou l'Autriche entamera immédiatement les hostilités et malheur à son trône. Ces menaces émeuvent Caroline au plus haut point. Éperdue, se voyant déjà privée de son titre de reine, elle appuie de toutes ses forces Neipperg et le comte de Mier. De même le duc de Gallo, pour qui la débâcle napoléonienne est inévitable, n'oppose qu'une faible résistance à leurs prétentions. Le ministre, le diplomate du royaume français s'efface tant qu'il peut pour faire reparaître aux yeux de l'Autriche l'ancien négociateur italien au temps de Lunéville.

Murat va-t-il savoir faire désirer son alliance; comprendra-t-il qu'il peut obtenir de l'Autriche plus qu'elle ne lui offre, et surtout saura-t-il se ménager l'adhésion de l'Angleterre indispensable pour affermir son trône dans l'avenir ?

Lord Bentinck persiste à vouloir évincer Joachim, malgré l'avis de son gouvernement. Prévenu par le conseiller d'ambassade Menz que l'Autriche va traiter, il se fait représenter à Naples par un homme aussi froid, aussi hautain et aussi dissimulé que lui-même, son secrétaire, Graham. Ce diplomate a l'ordre d'écouter et d'observer, de s'informer des moindres détails, de retarder le plus possible le dénouement des négociations, de profiter de la confiance de Murat pour obtenir un laissez-passer qui lui permette de se rendre au quartier général du généralissime autrichien, le comte de Bellegarde, et de lui exposer la situation au point de vue militaire et les idées de lord Bentinck : de là, il ira en Allemagne dissuader lord Aberdeen de jamais traiter avec Murat.

Graham remplit à merveille cette difficile mission ; il fait dire à Neipperg tout ce que Bentinck à intérêt à connaître et le joue ainsi que le duc de Gallo sans rien concéder, sans rien décider.

Le 3 janvier 1814, Murat adresse une nouvelle lettre à l'empereur : il lui annonce l'arrivée d'un plénipotentiaire autrichien dans sa capitale et le prévient qu'il va se trouver obligé de traiter sous peine de perdre son royaume, si l'empereur ne se décide pas à faire la paix et à souscrire aux conditions qu'il lui a proposées dans ses lettres du mois de novembre et de décembre. Une coïncidence semblable à celle que nous avons déjà vu se produire, se renouvelle : en même temps que cette lettre de Murat, l'empereur en reçoit une de Fouché qui est à Rome : « Le roi de Naples est toujours dans des irrésolutions continuelles. Son cœur ne saurait être ingrat envers vous et envers la patrie, mais son caractère a plus d'héroïsme que de fermeté. Il lui manque la force de repousser les séductions de ses ennemis. La France ne lui semble plus un appui et les adresses qu'on lui envoie de tous les coins de l'Italie et qu'il prend pour les vœux des Italiens flattent son amour-propre... L'esprit de ce prince est convaincu, son cœur est ouvert à toutes les vérités. Il veut le bien. Toutefois son imagination est sans cesse détournée par les idées qu'on lui donne de votre éloignement pour lui, de votre préférence pour le vice-roi, de l'arrière-pensée qu'on vous suppose de lui ôter son trône et enfin par les offres et les flatteries de la coalition qu'on oppose sans cesse à la sécheresse qu'il croit voir dans vos lettres. »

Si ce n'est pas l'expression d'une entière sincérité, c'est la preuve d'une grande perspicacité.

Le 6 janvier, Murat fait demander par le général Manhès, qui commande toujours dans les Calabres, à lord Bentinck s'il compte venir à Naples en personne, puisqu'il a reçu du prince régent d'Angleterre pleins pouvoirs pour traiter, ou s'il préfère recevoir à Palerme un plénipotentiaire napolitain. Bentinck, qui n'a pas envie de traiter, fait répondre par Castelreagh qu'il ira à Naples, mais sans dire à quelle époque. Le comte de Mier rejoint Neipperg, et, le 11 janvier 1814, tous deux s'entendent avec le duc de Gallo pour signer une convention par laquelle Murat promet de mettre à la disposition de la coalition un corps d'armée de 30 000 hommes, et de ne poser les armes que d'accord avec l'Autriche ; l'empereur d'Autriche, de son côté garantit à Murat et à sa dynastie la souveraineté entière et libre de tous les États qu'il possède actuellement en Italie ; si le roi de Naples se met à la tête de son armée, il aura également le commandement du corps autrichien qui y sera adjoint ; quand il en sera absent, c'est le général autrichien qui remplira les fonctions de généralissime. Des articles secrets contiennent l'engagement de l'empereur d'Autriche d'employer tous les moyens pour obtenir la renonciation du roi de Sicile au royaume de Naples, Murat renonçant lui-même à la Sicile et consentant à donner une indemnité à son souverain ; de plus, le gouvernement autrichien s'efforcera d'obtenir de l'Angleterre qu'elle traite avec Murat et de procurer à ce dernier une compensation territoriale en Italie pour les efforts qu'il aura faits en faveur de la coalition. Enfin, un article additionnel — le seul succès du duc de Gallo au cours de ces négociations — précise la nature de la compensation territoriale : on prendra sur l'État romain pour le remettre à Murat un territoire peuplé de 400 000 âmes. Le conseiller d'ambassade Menz est chargé de porter le texte de ce traité en Allemagne et d'en obtenir la ratification, mais Graham est autorisé

à l'accompagner. Bentinck se promet de faire combattre
aussi, au dernier moment, près de lord Aberdeen, de
Metternich et de Bellegarde, l'œuvre de Neipperg.
L'obstiné lord craint l'influence de ce dernier qui lui a
envoyé, le 8 janvier, un de ses officiers, le baron d'Aspre,
avec un long mémoire exposant les causes de la politique adoptée par l'Autriche et insistant pour la signature d'un armistice entre la cour de Naples et les
représentants de l'Angleterre. Lord Bentinck a reçu le
message de Neipperg le 12 janvier, mais n'y a répondu
que le 21 janvier. En même temps, il a envoyé un rapport à lord Castlereagh, où il critique durement le traité
avec Naples : « Murat, j'en suis sûr, écrit-il, se serait
contenté d'un équivalent pour Naples. De toute façon
il est inadmissible qu'il ait jamais rêvé d'obtenir plus
que Naples. Il n'y a aucun fond à faire sur Murat. Il
convient donc de lui donner le moins possible. Le traité
ne crée pas seulement un rival à l'Autriche, il rend
Murat maître de l'Italie. Quand on aura rejeté le vice-
roi au delà des Alpes, pour qui son armée d'Italie et
d'Italiens prendra-t-elle parti ? Les Italiens n'aiment pas
les Autrichiens. La preuve en est dans la résistance que
le vice-roi leur oppose avec des Italiens. Ils préfèrent
donc Murat à l'Autriche. Il est devenu prince italien et
s'est déclaré le champion de l'indépendance italienne.
L'intervention de l'Angleterre aurait pu amener comme
en Espagne et en Allemagne un soulèvement national
et donner l'indépendance au pays. L'Italie sous Murat
sera une menace constante pour la France et pour
l'Autriche, un véritable danger pour la paix du monde.
Il est trop tard maintenant. Mais c'est chose lamentable
de voir accorder de pareilles faveurs à un homme dont
toute la vie n'a été qu'un crime, qui a été l'actif et
intime complice de Bonaparte et qui ne trahit son bien-

faiteur que par ambition et sous la contrainte de la nécessité. »

Mais, lord Bentinck n'est pas seul maître : le 22 janvier, il reçoit de lord Castlereagh une note lui prescrivant de signer un armistice avec le gouvernement napolitain et de suspendre toutes les hostilités de ce côté. Lord Bentinck « signera donc l'armistice puisqu'il le faut, mais en se réservant d'agir au mieux des intérêts de la famille royale de Sicile ». Ainsi Neipperg l'emporte malgré l'intervention de Graham. La convention conclue entre l'Angleterre et le roi de Naples est du 3 février : il y aura cessation entière d'hostilités entre les forces britanniques de terre et de mer et entre les forces napolitaines ; durant l'armistice le commerce sera libre entre la Grande-Bretagne et les ports du royaume de Naples ; si l'armistice cesse, les parties contractantes ne pourront recommencer les hostilités que trois mois après sa rupture ; enfin, il sera conclu une convention militaire entre les officiers généraux et supérieurs des armées autrichienne, napolitaine et anglaise.

Mais ce n'est là qu'un éphémère accord. Nous avons maintenant la réponse à la question que nous nous posions précédemment.

Murat, comme son ministre Gallo, a fait preuve d'une légèreté et d'une maladresse incroyables. Il n'a su ni profiter des dispositions de l'Autriche dont le représentant était autorisé à lui accorder un million de sujets de plus s'il les avait réclamés, ni exiger la signature de l'Angleterre pour donner au traité avec l'empereur d'Autriche une valeur réelle et durable. La vanité et l'égoïsme l'ont amené à se faire duper. Il avait le choix entre deux partis : en se souvenant qu'il était soldat et Français, oublier les torts de Napoléon à son égard et sacrifier son royaume pour laisser intacte de toute souil-

lure la gloire d'Aboukir, de Wertingen, de Prenzlow et de
la Moskowa, ou bien, s'il croyait sincèrement que le roi
de Naples avait le devoir de sauver sa couronne et de
rester à la tête d'un peuple entièrement acquis, proclamer, avant toute négociation avec l'Autriche ou avec
l'Angleterre, l'indépendance et l'unité de l'Italie. Vainqueur, il triomphait de tous ses adversaires et ceignait
son front de la plus brillante auréole de gloire ; vaincu,
il n'encourait pas le mépris et donnait à sa défection
la seule excuse légitime. Avec ses intrigues à deux fins,
ses louvoiements, ses demi-mesures, ses hésitations, ses
pas en avant et ses retours continuels, il aboutit finale-
ment à une stérile lâcheté, ne fit que mécontenter tout
le monde et laissa à la postérité la plus triste opinion
de son caractère et de sa valeur intellectuelle.

Les officiers italiens dont le patriotisme ardent rêvait
déjà l'unité nationale, ne s'y trompèrent pas ; dès la fin
du mois de décembre, Gabriele Pepe écrivait dans ses
notes journalières : « Le roi négocie avant d'être entré
en opérations. Il est désormais évident que les vœux des
bons Italiens seront une fois encore déçus, puisque dans
le traité, il n'est même pas fait mention de l'unité italienne. S'il avait commencé par agir, s'il avait proclamé
l'indépendance de l'Italie, s'il avait lancé un appel aux
peuples de la Péninsule, l'Italie aurait couru aux armes,
les troupes du vice-roi se seraient unies aux nôtres et
alors, à la tête de plus 100 000 combattants, on aurait pu
tenir un autre langage à l'Autriche et à l'Europe. Le
roi manque de courage politique. Les alliés qui n'ont
pu encore le constater ne tarderont pas à s'en aperce-
voir et ne manqueront pas d'en profiter. » Et Fouché
qui observait tout cela en dilettante, disait de son
côté : « C'est une chose humiliante pour l'espèce
humaine que le contraste et la confusion des idées du

roi de Naples. Il sacrifierait sa vie pour l'empereur et il va signer un pacte avec ses ennemis. Il a de l'attachement pour la grande duchesse (*Élisa*) et il la trompe et il la compromet. Il cherche son indépendance et ne songe même pas à sa sûreté ».

Les effets de la défection de Murat se firent immédiatement sentir. Dans les premiers jours de février, le prince Eugène, ne pouvant plus compter sur les troupes napolitaines, dut abandonner la ligne de l'Adige pour celle du Mincio et les troupes de Murat assiégèrent le château Saint-Ange, à Rome, où le général Miollis, incapable de compromission, encore moins de trahison, s'était réfugié avec les quelques détachements français qui se trouvaient dans les États romains.

Le général Barbou, bloqué dans la citadelle d'Ancône, capitula le 15 février ; le même jour, le général Millet signifia au général Vignolle que le roi de Naples déclarait la guerre à la France.

CHAPITRE XIII

LE DÉNOUEMENT. — PIZZO

Quand on a observé les mille hésitations de Murat
avant de faire défection, on ne peut s'attendre à ce que
cet acte, si grave pourtant, soit définitif et irrévocable
de sa part. Au lieu de se prononcer pour une solution
franche, il a pris un parti bâtard et ne sait pas s'y tenir.
La générosité naturelle n'est pas tout à fait morte chez
lui : il fléchit devant les jugements sévères portés sur
sa conduite, et voilà les tourments de conscience qui
l'assaillent. De nouveau, il tergiverse. Incapable d'aller
jusqu'au bout dans la voie où il s'est engagé, il ne
donne qu'un demi-concours aux Autrichiens et excite de
ce fait la défiance du généralissime Bellegarde. En
même temps, lord Bentinck qui voudrait toujours le

SOURCES IMPRIMÉES. — H. Weil, *le Prince Eugène et Murat*, t. III,
VI. — Correspondance de Napoléon, t. XXVII. — Bianchi, *Storia
della diplomazia italiana*. — Desvernois, *Mémoires* publiés par
M. Dufourcq. — Tivaroni, *Storia d'Italia durante il dominio fran-
cese*, t. II. — Giovanni de Castro, *Storia d'Italia dal 1789 al
1814*. — Martini, *Storia d'Italia dal 1814 al 1834*. — A. Dufourcq,
Murat et la question italienne en 1815. — Guglielmo Pepe, *Memorie*.
— *Notizia generale sul Tenente generale Manhès*, Naples, 1843. —
Macirone, *Faits intéressants relatifs à la chute et à la mort de
Joachim Murat*, Gand, 1807. — Marquis de Sassenay, *les Derniers
mois de Murat*. — Guardione, *Giaochimo Murat in Italia*. — Gae-
tano Gaspari, *la Fina di un re; Murat al Pizzo*, Monteleone, 1894.
— J. Romano, *Ricordi Murratiani. L'Arrestie e il supplizio di
J. Murat*, Pavie, 1890.

chasser d'Italie, continue à le poursuivre et achève de le troubler.

Un Fouché, un Talleyrand, un Metternich, un Bernadotte, s'ils eussent adopté une ligne de conduite même si mauvaise, s'y fussent tenus sans dévier. Murat ne sait s'engager à fond ni dans le bien, ni dans le mal.

Bientôt, il parlemente avec Napoléon et le prince Eugène. Et cela dure de février au 16 avril 1814, jour de la signature de la convention de Schiarino Rizzino par le prince Eugène. Il se rend suspect aux Autrichiens et aux Français sans garder les sympathies des Italiens, qui ne l'ont pas vu se placer nettement sur le terrain de l'indépendance et de l'unité. Il a bien laissé les généraux Joseph Lechi et Carascosa annoncer dans de vibrantes proclamations que l'ère de la liberté allait s'ouvrir sous l'égide du « généreux souverain » de Naples, mais tout le monde sait que le roi est lié à l'Autriche.

Les premiers actes de Joachim sont pourtant rassurants pour les Italiens.

Le général autrichien Nugent veut marcher sur Plaisance : Murat le prie de retarder son expédition, car il y veut prendre part, plus désireux de s'établir dans les États pontificaux que d'appuyer l'Autriche. A la même époque, il se fait livrer par Fouché les dernières places fortes que la France possède en Toscane. Le comte de Ficquelmont écrit à Ferdinand d'Este dans des termes qui prouvent que l'Autriche n'est pas dupe : « Murat voudrait voir livrer des combats sanglants qui nous affaiblissent et qui augmentent sa force ; cependant il devra sous peu de jours se déclarer catégoriquement et ses vues se dévoileront ». Le 26 février, lorsque le général Grenier, commandant en chef le corps de droite de l'armée du prince Eugène, reprend l'offensive et force

Nugent à se replier, les Napolitains au lieu de le soutenir, évacuent Guastalla, Carpi et Novi. Murat subit assurément l'influence des victoires que Napoléon remporte
sur Blücher. De son côté, Napoléon ne désespère pas de
reconquérir Murat ; le même jour il écrit de Troyes à
son frère Joseph : « Il paraît que les alliés n'ont pas
encore ratifié le traité du roi de Naples ; je désire que
vous lui expédiez quelqu'un des vôtres qui se rende en
toute diligence auprès du roi ; que vous lui écriviez avec
franchise sur l'iniquité de sa conduite en lui offrant
d'être son intermédiaire pour le faire revenir... Les
Anglais même ne le reconnaissent pas comme roi...
Une bataille n'ayant pas eu lieu entre les troupes françaises et napolitaines, tout peut encore s'arranger,
mais il n'y a pas un moment à perdre ». Cette bataille,
jusqu'au dernier moment, Murat cherche à l'éviter, ce
que les Autrichiens peuvent facilement constater. Le
28 février, nouvelle retraite des Napolitains : ils évacuent San Benedetto, à peu de distance de la rive droite
du Pô ; le feld-maréchal de Bellegarde prend prétexte
de l'attitude du roi de Naples pour rester immobile sur
le Mincio. Les généraux du prince Eugène et ceux du
roi de Naples confèrent entre eux, tels Zucchi et Carascosa à Sailetto. A la bataille de Parme, le 2 mars, les
troupes napolitaines abandonnent le terrain dès le commencement de l'affaire ; soixante napolitains sont faits
prisonniers pendant la retraite, mais le prince Eugène
les renvoie aussitôt à Murat. On comprend l'irritation
des Autrichiens. Murat semble préparer à plaisir
l'abandon dont il sera plus tard la victime. Les pensées
les plus contradictoires s'agitent dans son cerveau. Il
ne sait vraiment à qui aller. Le même jour, il se déclare
dans une lettre à Metternich, l'irréconciliable ennemi
du système de domination universelle de Napoléon, et

il écrit à son beau-frère une lettre déchirante qu'il doit interrompre parce que les larmes troublent sa vue !

Tandis que Murat, affolé, divague ainsi, le froid et méthodique lord Bentinck l'observe et enregistre toutes ses fautes. A son instigation, les Bourbons de Sicile ont déclaré qu'ils maintenaient tous leurs droits sur le royaume de Naples et invité logiquement les alliés à récompenser « Murat en lui donnant ce qu'ils voulaient offrir au roi », s'ils le jugent à propos. Enfin, le 13 avril, Murat se décide à commander son armée et à lui faire passer le Taro. Trois jours après, la convention de Schiarino Rizzino met fin aux hostilités sur les deux rives du Pô.

L'isolement commence à se faire autour du roi de Naples.

La Russie n'a pas encore approuvé le traité passé avec l'empereur d'Autriche.

Murat s'humilie inutilement devant lord Bentinck. Celui-ci a accepté par ordre de son gouvernement, l'épée de général français, sa propre épée, que Joachim a eu la bassesse de lui offrir pour le féliciter de la prise de Gênes, mais il ne cache pas le mépris que cet acte lui a inspiré : « Si cet officier, écrit-il, peut oublier les graves accusations que j'ai portées sur son honneur, il m'est à moi, infiniment plus facile de me contenter d'opposer le dédain à la fausseté et à la duplicité dont il s'est servi pour se laver de mes accusations ».

Même insuccès dans les tentatives de rapprochement avec le pape : Murat doit se résigner à un *modus vivendi* très précaire.

Les généraux autrichiens lui reprochent la campagne sans gloire qu'ils viennent de terminer et rejettent sur lui jusqu'aux fautes dues à leur propre incapacité.

Tandis que Napoléon, vaincu, arrive à l'île d'Elbe,

Murat rentre à Naples (2 mai) mécontent de tous et
surtout de lui-même. Victor-Emmanuel reprend possession de l'ancien royaume de Sardaigne. Le pape est
ramené à Rome en triomphateur. Les Autrichiens s'éta-
blissent en maîtres dans le nord de l'Italie. Un grand
duc redevient souverain de Toscane. Tout annonce que
l'Italie va se retrouver telle qu'elle était avant 1796.
Une seule chose console Murat : l'accueil de ses sujets,
et tout de suite il fonde des espérances sur leur dévouement. Un incident fortifie ses illusions : les habitants
de Bologne ont été si mécontents du départ de l'administration napolitaine qu'ils ont tenté de s'insurger et
les Autrichiens ont dû établir une forte garnison dans
cette ville.

Ce n'est pas, en effet, l'indépendance que la victoire
de l'Autriche a apportée à l'Italie, c'est de nouveau la
servitude. Et c'est une raison de plus pour que Murat
y soit mal supporté par les autres puissances : il y rap-
pellerait la Révolution française et Napoléon, deviendrait
le chef de tous les mécontents et sans doute d'un parti
militaire, et constituerait une perpétuelle menace pour
la domination autrichienne. Les Bourbons de France
et ceux d'Espagne appuient naturellement les Bourbons
de Sicile et intriguent auprès des puissances alliées; la
Russie lui est plutôt hostile, l'Angleterre assurément;
seul, l'empereur d'Autriche le soutient par respect
pour la parole jurée, mais à condition que Murat ne
commette pas la faute que souhaite Metternich et qui
servira de prétexte pour déchirer le traité. Or, la situation créée par la maladresse et les hésitations de Murat
rend cette faute inévitable. Du côté de la Sicile, les provocations au roi de Naples sont incessantes. Le général
Desvernois, alors commandant des Calabres pour la
deuxième fois, raconte que, malgré le traité de com-

merce signé avec la médiation de l'Angleterre, Ferdinand avait fait établir une croisière dans le détroit de Messine pour obliger les bâtiments marchands napolitains qui allaient trafiquer sur la côte de la Sicile à n'y aborder qu'avec le pavillon britannique. Il dut protester près du gourverneur de Messine, le général Philipps, et planter, en manière de protestation, le pavillon napolitain sur le territoire sicilien. Les équipages des bateaux siliciens étaient composés à dessein, en majeure partie, d'anciens brigands napolitains, sous le coup de graves condamnations et qui venaient sans cesse jeter le trouble sur le littoral de leur pays d'origine. Un corps de chasseurs calabrais, licencié par l'Angleterre et ramené en Sicile, débarqua un beau jour dans les Calabres et s'y partagea en dix-neuf bandes, pour y propager une insurrection, etc. La main de Bentinck se devine dans toutes ces menées qui divisent de plus en plus Palerme et Naples, et par conséquent l'Angleterre et Murat.

Le roi de Naples, inquiet, cherche partout des appuis. Il offre à Pie VII de lui restituer les Marches à condition qu'il le couronne et lui donne l'investiture : le pape refuse.

L'Angleterre le menace publiquement, laissant dire à ses agents qu'elle voudrait voir un Bourbon sur le trône de Naples.

A Vienne, on reproche à Murat ses relations avec sa belle-sœur Pauline, avec Fesch, avec l'ancien roi de Westphalie, et il doit s'en expliquer à l'empereur d'Autriche le 29 novembre 1814. Metternich ne songe plus qu'à se débarrasser de lui et à lui offrir les îles Ioniennes en échange du royaume de Naples, qui serait restitué aux Bourbons.

*
* *

La lutte suprême s'engage. En dernier ressort, Murat tente de provoquer en Italie le mouvement national qu'il n'a pas osé soulever plus tôt lui-même et dont il aurait voulu jadis laisser la responsabilité à Napoléon... pour n'en tirer que le profit. De toutes parts les patriotes italiens, furieux d'avoir été joués par l'Europe, s'agitent : en Lombardie, les anciens généraux de l'armée du prince Eugène, Fontanelli, Zucchi, Lechi, Demeester Bellotti, le colonel Moretti, Olini, Varese et Pavoni, le chef d'escadron Roagani auxquels se sont joints quelques civils comme Rezia, Rasori et Porro Lambertonghi ont formé un complot pour délivrer leur pays du joug autrichien. D'accord avec Murat, les conjurés doivent, au jour fixé, s'emparer des places fortes de Mantoue, Vérone, Legnago et Palmanova et susciter une émeute à Milan. Mais le général Fontanelli, le chef de l'entreprise hésite et se dérobe ; Lechi refuse de marcher et Zucchi ne paraît pas. Les Autrichiens, informés, dispersent les régiments italiens et font arrêter Rasori et quelques-uns de ses complices. Pour discréditer Murat dans l'esprit des patriotes, ils font répandre le bruit que c'est lui qui leur a livré le secret du complot. Murat essaie aussi d'entrer en relations avec les carbonari. En sa qualité de chef de la franc-maçonnerie, il a compté pouvoir agir sur eux par les loges. Mais les carbonari n'ont pas oublié la mort de Capoliano, exécuté sous les ordres des lieutenants de Murat, ni la répression sévère exercée contre eux par le général Manhès. Si quelques-uns d'entre eux pensent que la liberté de l'Italie gagnerait à leur union avec Murat plutôt qu'avec les Bourbons, la majorité des carbonari des Abruzzes et des Calabres, travaillés par Ferdinand, soudoyés, même à leur insu, par l'argent anglais, penchent vers les Bourbons ou bien nourrissent la chimère de faire proclamer la République, grâce à la rivalité des deux rois.

Des soulèvements ont lieu à Civita Sant'Angelo et à Penne; ils sont vite réprimés. Les républicains et les partisans de l'indépendance des autres provinces de l'Italie se montrent mieux disposés à l'égard de Napoléon et de ses rois. D'après de curieux documents qui paraissent authentiques, car il contiennent le tableau de ce qui dut se passer dans les loges italiennes, deux Génois, quatre Piémontais, deux Lombards, deux Corses, quatre Romains et Napolitains se réunirent à Turin à la fin du mois de mai de l'année 1814 et établirent le programme suivant : l'Italie est indivisible avec Rome comme capitale, deux chambres des représentants siégeant alternativement à Rome, à Milan et à Naples; quatre vice-rois dans les quatre principales cités de la Péninsule, etc. Puis, l'un deux se rendit à l'île d'Elbe et remit à l'empereur déchu une adresse fort éloquente où on lui disait que l'Italie avait besoin de lui et qu'il répondrait à son appel; on lui représentait comme une œuvre digne de son génie la création de l'Italie une et indépendante; douze millions étaient à sa disposition dans une banque génoise et de nombreux émissaires des conjurés parcouraient l'Italie pour faire de la propagande en faveur du projet.

Devant tant d'intrigues et de menaces Murat n'a plus pour toute chance de salut qu'à prendre hardiment l'offensive à la prochaine occasion. Sur ces entrefaites, Napoléon quitte brusquement l'île d'Elbe et débarque sur le littoral de Provence à la grande stupéfaction des diplomates qui discutent encore sur le sort de l'Europe. A cette nouvelle, Murat ne bouge pas immédiatement, il veut voir comment tourneront les événements, et, le 8 mars, écrit au maréchal de camp Desvernois : « Quant à l'événement de l'île d'Elbe, un courrier a porté en

Angleterre l'assurance que les résultats, quels qu'ils soient, ne changeront en rien ma politique envers le gouvernement anglais. J'ai fait donner la même assurance au consul anglais résidant à Naples ainsi qu'à tous les Anglais qui s'y trouvent. Je vous autorise à voir le général anglais et à lui déclarer verbalement ma déclaration », mais en même temps Murat commande à Desvernois d'inonder la Sicile de ses agents, de pousser à la révolte l'armée napolitaine de Ferdinand, de prendre en son nom l'engagement de payer la solde arriérée de ces troupes et ajoute avec une naïveté incompréhensible : « Si quelques régiments napolitains de Sicile demandaient à quitter cette île et à rentrer à mon service, procurez-leur tous les moyens de transport ; demandez même s'il le faut des moyens de transport aux Anglais qui, j'ose le croire, ne se refuseront pas à vous rendre ce service ».

Cependant d'importantes nouvelles de France parviennent à Naples ; la marche de Napoléon a été triomphale et les Bourbons n'ont eu que le temps de gagner au plus vite la Belgique. Aussitôt, Murat envoie son aide de camp, de Beauffremont, rejoindre Napoléon à Auxerre, mais avant d'avoir reçu la réponse de l'Empereur qui l'engage à pousser les préparatifs de guerre, mais à ne pas ouvrir les hostilités sans avertissement, il déclare étourdiment la guerre à l'Autriche, le 15 mars. Dans cette précipitation, la vanité qui a toujours perdu Murat entre pour une large part. Persuadé que sa déclaration de guerre à l'Autriche sera suivie de la prise d'armes de tous les patriotes italiens, il veut paraître délivrer l'Italie à lui seul et, avant l'intervention des troupes françaises, enlever toute possibilité au prince Eugène d'élever des prétentions au trône d'Italie.

Il confie donc de nouveau la régence à Caroline, lui

laisse 10 000 hommes et, le 17 mars, se dirige vers l'Italie centrale à la tête de son armée composée d'environ 40 000 hommes, et pourvue de 56 canons. Mais le plus grand nombre de ses soldats consiste en recrues et son corps d'officiers généraux est plus ou moins sûr. L'armée est divisée en deux colonnes : la première marche sur la Toscane par Rome, la deuxième se dirige vers les Marches. Pie VII s'enfuit de Rome à l'approche des troupes napolitaines, laissant le peuple mécontent de l'interruption des cérémonies de la semaine sainte.

Murat déclare les Marches réunies au royaume de Naples et invite l'Italie, dans une proclamation, à se soulever pour son indépendance et l'unité de son pays. « Pour la première fois, écrit M. A. Dufourcq, un état italien, fort de ses seules forces, du passé qu'il invoque et de l'avenir qu'il rêve, pose à l'Europe la question de l'unité et de l'indépendance de l'Italie; en 1815, pour la première fois apparaît ce nouveau facteur de la politique européenne, l'Italie en tant que nation : les tragiques aventures de Murat en cette année ouvrent l'histoire du Risorgimento ». C'est prêter à Murat une influence qu'il n'eut pas dans ces circonstances. La même proclamation, à la fin de 1813, eût produit grand effet, mais à l'époque ou nous sommes parvenus, l'Italie, qui a reçu depuis deux ans tant de promesses de tous côtés, ne prend plus ces appels à la liberté que pour le refrain d'un air connu. Elle se méfie spécialement de Murat qui passe pour avoir trompé tout le monde, et les chefs de parti trouvent l'entreprise trop risquée pour se jeter dans les bras d'un sauveur si douteux.

Le général Coletta veut qu'on se tienne sur la défensive tout simplement et Filangieri propose un plan impossible à exécuter : l'attaque de Venise par mer et la prise des Autrichiens à revers. Ceux-ci, cependant, concentrent leurs troupes. Jusqu'au 1er avril, il n'y a que quelques engagements sans portée entre les adversaires. Alors, l'infanterie napolitaine dispute aux ennemis le passage du Panaro avec une ardeur qui enthousiasme Murat, mais elle échoue au pont d'Occhobiello et les Autrichiens prennent Carpi.

Caroline envoie à son mari de mauvaises nouvelles : les Anglais menacent la côte napolitaine. Murat n'avait pas prévu cela. Naïvement, il avait donné l'ordre au général Desvernois, avant de partir, d'entretenir avec les généraux de Sicile les plus amicales relations « sa politique n'étant aucunement changée vis-à-vis du gouvernement anglais ». A ces avances, Bentinck avait répondu par une note où il annonçait que l'Angleterre se joignait à l'Autriche pour châtier Murat et le détrôner. Neipperg arrivait par la Romagne avec 16 000 hommes, Bianchi avec 30 000 par la Toscane : l'armée napolitaine dut battre en retraite.

Si Murat avait eu le génie militaire de Napoléon, il eût pu, comme dans la campagne de France, profiter de la séparation des deux corps autrichiens et les battre l'un après l'autre. Il lui eût été facile notamment d'accabler le corps du comte de Neipperg qui était inférieur en nombre à l'armée napolitaine. Ce général, qui suivait pas à pas le roi de Naples, voulut surprendre son arrière-garde dans la nuit du 20 au 21 avril sur les rives du Ronco, mais l'intrépide officier polonais, Malchewsky, qui commandait cette arrière-garde, repoussa avec 1 500 hommes 4 000 Autrichiens. Voyant ce succès, Murat croit que l'armée autrichienne va lui livrer bataille et fait prendre de belles positions le 22, près de Bertinoro, à la seconde et à la troisième divisions ; il s'imagine avoir devant lui le généralissime ennemi

Fremont. Faute irréparable : Murat a laissé passer l'occasion de pousser jusqu'à Bologne et de couper Bianchi de la haute Italie. Le maréchal de camp Napoletani est surpris à Cesenatico ; le roi de Naples remporte un dernier succès à Macerata en évacuant la Toscane, puis est défait à Tolentino, à Chianti et à Castel Sagro.

Murat accorde, le 12 mai, à Pescara, aux Napolitains, une constitution qui crée deux chambres de représentants et qu'il antidate. Trop tard encore : six mois plus tôt cette mesure lui eût attaché son peuple entier, aujourd'hui on sait qu'on ne doit cette concession qu'à la défaite.

En quelques jours, la déroute de l'armée napolitaine est complète : 5 000 napolitains s'enfuient éperdus du camp de Mignano, surpris par 800 Autrichiens. Murat rentre précipitamment à Naples, après avoir chargé Coletta et Carascosa de traiter avec les Autrichiens. Il vient de prouver une fois de plus qu'habile chef de cavalerie dans les opérations de détail, il ne sait pas s'élever aux grandes conceptions stratégiques.

La situation est désespérée, Bianchi, commandant l'armée autrichienne, ne veut pas connaître le roi Joachim ; il signe avec les généraux vaincus la convention de Capoue mais refuse d'y faire figurer le « maréchal Murat » ; le sort des soldats napolitains y est seul réglé ; on leur fera accorder par le roi Ferdinand IV amnistie pleine et entière.

Caroline épouvantée par la menace des Anglais de bombarder la capitale si elle résiste, leur a livré la petite flotte napolitaine. Seule, la garnison de Gaëte tient encore. Murat songe à se jeter dans la place, mais ses amis l'en détournent. La meilleure solution serait pour lui de gagner la France.

*
* *

Le 19 mai, il passe la journée dans son palais à distribuer à ses amis les ressources qui lui auraient été si utiles. A la nuit, il part à cheval, n'emportant que 3 ou 400 000 francs et des diamants. Pour ne pas éveiller l'attention il est vêtu d'un costume civil ainsi que ses compagnons qui sont : ses deux neveux Bonnafous, le colonel de Beauffremont, son secrétaire, de Coussy, le duc de Roccaromana, le marquis Giulano, le colonel Malchewsky et Leblanc, son valet de chambre. Les fugitifs louent à Miniscola deux bateaux de pêche et s'y embarquent. Le golfe est sillonné de navires anglais et le vent contraire .Murat voudrait gagner Gaëte, s'il ne peut se diriger vers la France. La première barque où se trouve Malchewsky est prise par un navire de guerre anglais. Le roi se décide alors à se réfugier à Ischia et y passe la nuit chez un commerçant français. Le lendemain il fait demander passage sur un chebec qui navigue entre Ischia et Procida. Par bonheur, ce chebec a été frété par le lieutenant-général Manhès qui s'enfuit aussi de Naples, les Français n'ayant pas été compris dans la capitulation ; Manhès est accompagné de sa femme, de son beau-père, le lieutenant-général Pignatelli Cerchiara, et de quelques amis ; il ne peut prendre à son bord que Murat, le colonel Bonnafous, le secrétaire de Coussy et le valet de chambre Leblanc. Après de nombreuses péripéties fort émouvantes, le chebec la *Santa Caterina* mouille le 25 mai dans le port de Cannes[1].

[1] Belliard raconte dans ses Mémoires (t. I, pp. 231 et suiv.), que, parti le 22 avril 1815 de Paris, il débarqua à Naples après une tempête et divers incidents le 9 mai. La reine le reçut en présence de Fesch et l'envoya rejoindre Murat à Castel di San-

Murat se croit sauvé ; Napoléon est de nouveau le maître de la France ; il triomphera de la coalition et ses armées victorieuses le ramèneront en Italie. En cachant son identité, il envoie une lettre à Fouché pour savoir quel accueil lui fera l'empereur. Celui-ci se souvient de la défection de 1814, il est plus fâché encore de la campagne inopportune où vient de se briser Murat et répond qu'il ne peut pas pour le moment employer son beau-frère dans l'armée française. Fouché conseille à son ami d'attendre patiemment. Brune et M. de Brandus qui viennent le voir lui donnent sans doute le même conseil et Murat paraît s'y résigner d'autant plus volontiers qu'il est sans nouvelles de sa famille.

Waterloo : Murat est dans la plus mauvaise passe, les Bourbons règnent, la Terreur blanche sévit dans le midi ; quelle victime de choix serait pour les égorgeurs ce roi de Naples dont les vêtements sont, dit-on, doublés de bank-notes et de pierreries ! Brouillé avec le lieutenant-général Manhès, on ne sait exactement pour quel motif, Murat quitte Cannes et, rejoint par Roccaromana, Ischitella, Beauffremont et Rossessi qu'il avait laissés à Ischia, vient s'établir dans les environs de Toulon, à Plaisance ; il demande au gouvernement royal de protéger sa vie et de l'autoriser à rester à la campagne jusqu'à ce que son sort ait été décidé par les puissances coalisées.

Un anglais d'origine italienne, Macirone, fait démarches sur démarches à Paris pour faire agréer cette demande. En attendant le résultat, Murat croit prudent

zio. Là, Murat raconta à Belliard qu'il avait attaqué les Autrichiens « pressé par les Russes ». — Belliard rapporte dans le même passage comment Murat fut déposé à Gaëte et sortit d'Ischia le 19 mai. — Voir dans l'ouvrage de Belliard le *Précis historique sur Murat du 25 mai à sa mort.*

de quitter son asile et cherche à se rendre par mer au Havre. Le duc de Roccaromana et les Bonnafous, restés à Toulon, y frètent un navire suédois sur lequel ils s'embarquent avec toute la fortune du roi de Naples : 200 000 francs. Mais le patron du canot qui doit mener Murat pour les rejoindre, se trompe sur le lieu du rendez-vous et le navire part sans emporter son principal passager.

Le pauvre roi détrôné, n'ayant plus que quelques centaines de francs et ses diamants, séparé de tous ses compagnons d'infortune, se voit abandonné sur cette terre de Provence où on le recherche. Il erre deux jours et deux nuits sur les routes, dans les champs, couchant à la belle étoile, se nourrissant de raisins et d'autres fruits cueillis dans la campagne. Il se risque à demander à manger dans une ferme un peu isolée : par bonheur il tombe chez un ancien soldat qui le reconnaît et le recueille généreusement. Mais sa retraite ne peut manquer d'être bientôt découverte. Quatre amis dévoués, le capitaine Oletta, Donnadieu et Langlade, anciens officiers de marine et Blancard, ancien employé à la suite des armées du roi d'Espagne, se procurent avec peine une petite barque et prennent la mer dans la nuit du 22 au 23 août. Il s'agit de gagner la Corse où du moins Murat trouverait dans la majorité des habitants des défenseurs et des protecteurs. Le mauvais temps met l'équipage en péril ; ils vont peut-être succomber quand ils sont rencontrés par la balancelle qui fait le courrier entre Toulon et Bastia : le capitaine consent à les prendre à son bord. C'est sur ce bateau-poste que Murat retrouve Galvani, son secrétaire, ancien commissaire des guerres à Barleto[1]. Le

[1] Galvani a laissé des *Mémoires sur les événements qui ont pré-*

25 août Murat débarque enfin à Bastia et se réfugie à l'auberge Couturier.

Il ne faut pas songer à demeurer dans cette ville : les autorités, prévenues, arrêtent bientôt Oletta, Donnadieu et Langlade. Le même sort est réservé à Murat s'il ne parvient à gagner Vescovato, situé aux environs, et où il sait pouvoir se fier au dévouement du général Dominique César Franceschetti. Galvani et le commandant Bigiglia, autre Corse jadis au service du royaume de Naples, s'emploient à le faire sortir de la ville et le conduisent à la Torretta où l'on amène des chevaux. Il était temps. Le découragement gagnait le pauvre roi. Pompeux dans sa détresse, il empruntait une parole divine pour se plaindre et s'écriait : « Mon Dieu, mon Dieu, je ne trouverai donc plus un endroit où reposer ma tête ! »

A Vescovato, Franceschetti l'accueille affectueusement et le beau-père de ce dernier, Colonna Ceccaldi, maire de Vescovato, bien que royaliste, observant rigoureusement les lois de l'hospitalité chères à tout Corse, se met à la disposition du fugitif. Prévenu du débarquement de Murat, le colonel Verrier, gouverneur militaire de l'île, envoie de Bastia dix gendarmes sous les ordres du lieutenant Serra pour l'arrêter ; mais la population de Vescovato en armes se groupe autour de la maison du maire et déclare qu'elle empêchera, même par la force, le lieutenant Serra de remplir sa mission. Le colonel Verrier ne disposant pas de troupes en nombre suffisant se contente d'informer son gouvernement de ce qui se passe : c'est un répit de quelques

cédé la mort de Joachim (Paris, 1843). Ils sont pleins de détails intéressants dont nous avons fait notre profit. Il ne reste rien à prendre, quand on les a consultés, dans ceux du général Franceschetti qui ont le même titre (Paris, 1826).

jours pour Murat. Il emploie ce temps à deux projets qui séduisent également son esprit resté aventureux jusque dans le plus grand malheur ; ou s'emparer de l'île d'Elbe qu'occupe encore la garnison laissée par Napoléon avant son débarquement à Fréjus, ou tenter de reconquérir son royaume. Un Corse, Simon Lambruschi, consent à aller s'enquérir de la situation de l'île d'Elbe, puis de celle de Naples et à le renseigner exactement.

Pour l'île d'Elbe, il est trop tard ; le général Dalesmes qui serait sans doute entré dans les vues de Murat, vient de signer une capitulation et essaie en vain de la déchirer sous divers prétextes.

A Naples, Lambruschini questionne le général Filangieri qui lui démontre que l'entreprise à laquelle songe son ancien roi est une folie et le conjure de retourner au plus vite pour l'en dissuader. Mais quand Lambruschini revient à Bastia le 12 octobre, Murat n'y est plus ; téméraire une fois de plus, Joachim a quitté la Corse le 29 septembre.

Il est parti malgré ses quatre amis qui lui ont déclaré qu'ils l'abandonneraient s'il persistait à vouloir débarquer en Italie méridionale. Le dévoué Franceschetti lui-même, tout en consentant à partager le sort de Murat, désapprouve entièrement son idée. Enfin, Macirone est revenu de Paris avec le sauf-conduit des puissances alliées tant désiré de Murat. C'est à Ajaccio qu'il le lui a remis. Ne pouvant trouver à Bastia la flottille nécessaire pour se rendre dans les Calabres, Murat est parti de Vescovato pour le chef-lieu de la Corse avec 400 partisans bien armés et s'en est rendu maître sans difficulté, après avoir été accueilli avec enthousiasme à Cotone et Bocognano.

D'Ajaccio, Murat avait adressé au peuple napolitain

une proclamation qu'il faut lire dans les *Mémoires*
de Galvani. Elle était suivie d'un décret en 36 articles dont 19 réorganisaient le royaume et 16 dis-
tribuaient les emplois. Le dernier déclarait nationale la couleur amarante. C'est pendant qu'il se livrait
à ces excentricités que Macirone le suppliait, de
Calvi, de ne pas s'éloigner avant d'avoir pris connaissance des propositions qu'il avait mission de lui
faire.

La note obtenue par Macirone du prince de Metternich était ainsi conçue ; « M. Macirone est autorisé
par les présentes à prévenir le roi Murat que Sa Majesté
l'Empereur d'Autriche lui accordera un asile dans ses
États sous les conditions suivantes: 1° le roi prendra
un nom particulier. La reine ayant pris celui de comtesse de Lipona, on le propose également au roi ; 2° il
sera libre au roi de choisir une ville de la Bohême, de
la Moravie ou de la haute Autriche pour y fixer son
séjour. S'il voulait se fixer à la campagne, cela ne souf-
frirait point de difficultés ; 3° Le roi engagera sa parole
vis-à-vis de Sa Majesté impériale et royale qu'il ne
quittera pas les États autrichiens sans le consentement
exprès de Sa dite Majesté et qu'il vivra dans l'attitude
d'un particulier de marque, mais soumis aux lois en
vigueur dans les États autrichiens ». Tout en consti-
tuant pour Murat une captivité déguisée , les conditions
de ces offres sont autrement douces que le sort fait par
l'Angleterre à Napoléon sur le roc de Sainte-Hélène. Le
beau-frère de l'empereur n'hésite pas un instant cependant à les refuser. Il répugne au soldat qui a risqué sa
vie tant de fois sur les champs de bataille, qui a conquis fortune et royaume en partie à la pointe de l'épée,
de finir ainsi bourgeoisement ses jours sous la surveillance de la police autrichienne, en homme trop

heureux qu'on lui permette seulement de vivre; et vraiment si ce seul sentiment le guidait il n'y aurait qu'à l'en louer. D'autres mobiles, sans doute, l'animent aussi. Il ne reste plus à l'ancien souverain de sa fortune que des diamants et peut-être les deux cent mille francs que lui a rapportés Macirone; il faudra renoncer au luxe, au faste qu'il aime tant et que Caroline aime encore plus que lui, et les rois en exil sont encore tenus, par fierté au moins, à mener grande vie. D'autre part, Murat n'a peut-être guère envie de se retrouver en présence de celle qui n'est plus que la comtesse de Lipona et qu'il soupçonne de l'avoir trahi; il croit que c'est de plein gré que Caroline, au lieu de le rejoindre en France, s'est embarquée à Naples sur un navire de guerre anglais, le *Tremendous*, avec les ministres Macdonald, Zurlo et Mosbourg et s'est laissée conduire à Trieste pour se placer sous la protection de l'Autriche, tandis que la reine, en réalité a été contrainte par les circonstances à prendre cette décision. Il s'écrie en s'adressant au général Manhès : « J'avais tout souffert : la perte de ma fortune, la perte de mon royaume et quel royaume! Mais me voir trahi, abandonné par la mère de mes enfants qui préfère se livrer à mes ennemis plutôt que de se réunir à moi,… non,… je ne résisterai pas, à un pareil coup. Quelle infortune que la mienne! je ne reverrai plus ma femme, je ne reverrai plus mes enfants! »

Enfin, il a entraîné à sa suite quatre cents Corses en leur promettant gloire et honneurs sur la terre napolitaine, il a équipé une flottille : quelle humiliation d'annoncer à tous les braves gens qu'il a dérangés et compromis que le roi des batailles, que le preux de la Grande Armée en qui ils ont cru se résout à cultiver des tulipes et à élever des perruches dans un village de

Moravie, ou à vivre en Bohême entre sa femme, sa pipe et sa chope de bière.

Toutes ces raisons qui se ramènent à la vanité, fond du caractère de Murat, suffiraient à lui dicter le parti qu'il prend. Voici que par surcroît les encouragements lui arrivent d'Italie.

M. de Sassenay suppose, en se basant sur certaines lettres du baron de Koller, intendant général de l'armée autrichienne d'occupation de Naples, que le gouvernement napolitain a tendu à Murat un véritable guet-à-pens à Pizzo et que si Joachim s'est décidé à sa folle tentative, ce n'est que poussé par des agents provocateurs envoyés par le chevalier de Medici, ministre de la police de Ferdinand IV. Certes, les ministres du « *recarnifice* » étaient capables d'agir ainsi, mais les témoignages de Macirone et de Galvani, rapportés par M. de Sassenay lui-même, prouvent que l'un de ces agents de Koller, Carabelli, qui arriva à Ajaccio avec Macirone, avait au contraire pour mission du gouvernement napolitain, non pas simplement d'espionner les actes de Murat, mais surtout de le décider à renoncer à toute entreprise sur ses anciens États. Il ne fit que lui conseiller d'aller à Trieste. Carabelli, après le départ de Murat, demanda à Macirone un certificat attestant qu'il avait coopéré avec lui de tout son pouvoir à empêcher le départ du roi. Copie de cette pièce se trouva dans les papiers saisis par devers Macirone lors de son arrestation à Toulon. Il est vrai que Franceschetti attribue un double sens au langage de Carabelli. Si Murat a débarqué à Pizzo plutôt que sur tout autre point de la Calabre, ce sont les incidents du voyage qui l'y ont poussé. Son idée dernière était bien de débarquer à San Lucido puisqu'il y envoya Barbara et Ottaviani en reconnaissance, et lorsque la tempête eut dispersé son

escadrille, il manifesta bien l'intention de renoncer à
son entreprise et de se rendre à Trieste : la mauvaise
volonté de Barbara, qui lui représenta l'épuisement des
vivres et l'impossibilité pour la barque royale de résister au gros temps dans l'Adriatique, le décida à faire
voile vers Pizzo. La trahison indiscutable du capitaine
de la flottille s'explique suffisamment par la cupidité.
Il faut aussi observer que le gouvernement de Ferdinand IV n'aurait pu que courir de gros risques en sug-
gérant à Murat une telle entreprise alors que lui-
même était si peu solidement établi. Nous lisons dans
une dépêche du comte de Narbonne Pelet, ambassadeur de France à Naples, au prince de Talleyrand,
dépêche publiée par M. de Sassenay lui-même : « Quoique le cabinet soit composé de personnes qui aient
suivi le roi en Sicile et que les premières charges de la
cour soient remplies par ses plus fidèles adhérents, la
plus grande partie des emplois subalternes est entre
les mains de ceux qui les occupaient sous Murat et
parmi eux, il y en a qui ne sont rien moins qu'attachés
de cœur au gouvernement qu'ils servent à présent. Il
en résulte que les royalistes n'en sont point satisfaits et
qu'ils se plaignent même quelquefois d'être maltraités ».
Le général Pepe écrit de son côté dans ses Mémoires :
« Depuis le retour de Ferdinand tout allait de mal en
pis. Les sommes qu'il fallait payer à l'armée autrichienne absorbaient presque toutes les ressources
financières du royaume et cette armée dépensait peu
dans le pays. La magistrature avait cessé d'être intègre
et impartiale comme auparavant ».

Les fonctionnaires ou les magistrats qui avaient
souffert de la misère en Sicile, cherchaient à remettre
leurs affaires en bon état ; le brigandage sévissait de
plus en plus ; dans ces conditions Ferdinand eût réelle-

ment joué avec le feu s'il avait eu l'idée que M. de Sassenay lui prête. C'est pourquoi il faut plutôt penser qu'il avait donné mission à Carabelli de détourner Murat de ses projets et, s'il y éprouvait de la peine, de tâcher d'en dégoûter au moins les compagnons de l'ancien roi, de les détacher de sa personne et d'indiquer à l'entêté comme lieux de débarquement les points où il serait le plus mal accueilli. Cette interprétation met d'accord tous les textes. Quant à Trentacapilli, ancien brigand devenu capitaine de gendarmerie, sa présence à Pizzo lors du débarquement de Murat est assez énigmatique, il faut en convenir. Le général Nunziante lui-même ne se l'explique pas. C'est sans doute que l'ancien détrousseur avait été chargé, comme l'écrit le baron de Koller, d'assassiner Murat si par hasard le peuple napolitain l'accueillait bien, quitte à ne pas se montrer si Murat était mal reçu. On comprend, si l'on admet cette explication, que Nunziante n'ait pas connu sa présence et que malgré les accusations portées par ce général contre Trentacapilli qui avait dérobé les diamants et les papiers de Murat, ce personnage peu honorable ait reçu le brevet de colonel dès le commencement de l'année 1816[1].

Des lettres venues de Naples avaient exposé la situation à Murat sous un aspect favorable et exagéré ses chances de succès (on en trouva une écrite dans ce sens parmi les papiers qu'il portait), et cela contribua à lui donner de l'audace.

Koller veut aussi que Barbara ait fait croire faussement à Murat que les eaux italiennes étaient infestées de barbaresques, pour qu'il ne cherchât à s'approcher d'aucun navire de commerce qui l'eût renseigné sur la vraie situation politique du royaume de Naples, mais il est si vrai que les corsaires parcouraient les mers que Barbara lui-même fut arrêté en revenant de Pizzo par l'un d'eux, entre la Calabre et la Sardaigne.

Puisque, de toutes manières, on en est réduit aux hypothèses, nous en ferons une autre : on sait que Murat occupait un des plus hauts grades dans la franc-maçonnerie italienne, et qu'à un certain moment il avait compté sur l'appui de cette société pour agir sur les carbonari de son royaume qui lui étaient hostiles ; on peut donc bien supposer qu'après la restauration de Ferdinand, les carbonari, voyant s'évanouir toutes leurs espérances de constitution et de régime libéral, envoyèrent quelques délégués de loges de Milan, de Bologne ou de Turin qui firent luire aux yeux de Murat la possibilité d'un mouvement en sa faveur ; or, les carbonari avaient leurs centres d'action dans les Calabres et les Abruzzes.

M. Albert Dufourcq insiste sur un dernier fait qui a bien pu laisser espérer à Murat l'appui des loyalistes des mêmes provinces : lorsqu'il revit Desvernois près de Toulon en juin 1815, celui-ci lui assura que 20.000 Calabrais avaient répondu à son appel et étaient prêts à se faire tuer pour la défense de leur roi, si Murat rejoignait leur armée ; la situation qu'avait occupée Desvernois en Calabre donnait du poids à ses paroles dont le souvenir influença sans doute Murat.

*
* *

Sourd aux avertissements du dévoué Macirone, dans la nuit du 28 au 29 septembre 1815, Murat s'embarqua en rade d'Ajaccio sur la barque n° 1 de sa petite flotille, pauvre vaisseau amiral que commandait le capitaine Barbara, corsaire maltais précédemment au service de Naples. La barque n° 2 avait à son bord le chef de bataillon Courrand ; sur le n° 3 était le capitaine Ettore ; sur le n° 4 les capitaines Mattei et Giacometti ; sur le n° 5 les capitaines Semidei et Medori. En tête marchait comme éclaireur d'escadre, une felouque menée par le patron Cecconi. Les forces dont disposait Murat varient, suivant les auteurs, de 200 à 251 soldats. La liste des personnes auxquelles Ferdinand IV fait grâce le 6 décembre suivant ne contient que 108 noms, mais les barques 2 et 3 ne furent pas capturées.

Après avoir franchi avec peine le détroit de Bonifacio, l'escadrille mouilla le 30 septembre à Pozzo dell'Oglio, anse de l'île déserte de Tavolara. Murat y passa en revue ses 250 hommes et distribua à 40 d'entre eux des uniformes qu'il avait fait confectionner à Ajaccio. Le lendemain on repartait ; le 5 on était en vue de Naples et du Vésuve, et le 6 de Paola, dans la Calabre citérieure. C'est là que Joachim se proposait d'aborder, mais un violent coup de vent rejeta les barques au large et le 7 octobre la felouque ne suivait plus. Le commandant Ottaviani envoyé à terre, à San Lucido, pour se renseigner, fut retenu prisonnier par le service de santé, puis, le commandant Courrand et le capitaine Ettore désertèrent.

Résolu, malgré ces pertes de forces, à aller jusqu'au bout, Murat, sur le conseil de Barbara, parla de débarquer à Amantea : les autres officiers lui démontrèrent que ce serait folie de se risquer avec 26 hommes pour toute armée. Désolé, il consentait à faire voile vers Trieste, lorsque Barbara affirma que l'embarcation ne résisterait pas aux coups de vent, et insista pour qu'on s'arrêtât à Pizzo : on y trouverait un navire et tout au moins des vivres.

Tout de suite, l'idée de débarquer en roi et non en voyageur inconnu revint à Murat. Il endossa un habit bleu à épaulettes de colonel, passa un pantalon de nankin par-dessus ses bottes, se coiffa d'un chapeau

tricorne à ganse de soie noire et dont la cocarde
était ornée de 22 brillants gros comme des pois
chiches.

Il mit pied à terre entouré de ses 26 hommes qui
se mirent à crier : « Vive notre roi Joachim ! » Sur
la place de Pizzo se tenait le marché, très fréquenté. Le
premier sentiment des paysans fut l'étonnement. Bientôt, ils se concertèrent, s'armèrent et, en vociférant,
chassèrent la petite troupe qui gagna la campagne.

Les événements qui suivirent sont bien connus[1].

Fait prisonnier avec tous les hommes descendus à
terre à sa suite, sauf un qui fut tué, Murat fut enfermé
dans le château appartenant au duc espagnol de l'Infantado et administré par Francesco Alcala, ancien gouverneur au nom du duc. Le marquis de Narbonne Pelet,
ambassadeur de France à Naples, parle, dans une
dépêche adressée à Talleyrand de fers et de mise au
secret dans un fort. S'il faut en croire une lettre écrite
par Alcala au duc de l'Infantado, Murat fut au contraire
très bien traité par ses geôliers : tout en rappelant au
roi déchu le mal qu'il avait fait à Madrid et à lui-même,
Alcala le fit panser ainsi que ses compagnons : tous
avaient été malmenés, y compris Murat, à coups de
bâtons et à coups de poing, par les gens de Pizzo ; une
femme avait frappé Murat au visage en lui criant : « Tu
parli di liberta et tu mi hai fatto fucilare tre figli ! »
Alcala leur fit aussi distribuer de bonne nourriture et
donner des vêtements neufs. Le général Nunziante,
commandant la Calabre, tenta de faire subir un premier
interrogatoire à Murat, mais le roi s'y prêta mal. Le peu
qu'il consentit à répondre n'était pas conforme à la
vérité. Il déclara qu'il n'était venu à Pizzo que

---

[1] Surtout par l'ouvrage du marquis de Sassenay, qui renferme
une série de documents diplomatiques pleins de détails.

poussé par la tempête, pour se procurer des vivres et les moyens de se rendre à Trieste, puis en Autriche ; il nia qu'il eût invité les Napolitains à crier : Vive le roi Joachim ! en débarquant.

Une commission militaire, composée en majorité d'officiers qui lui devaient leurs grades fut constituée le 13 octobre pour le juger[1]. Murat refusa de comparaître devant elle. Le même jour elle se réunit à dix heures du matin et à quatre heures du soir et condamna à l'unanimité l'ancien roi de Naples à être fusillé sur l'esplanade de Pizzo[2].

L'exécution suivit immédiatement.

Le chanoine Masdea, vieillard de soixante-dix ans, membre du clergé de Pizzo, se rendit auprès de Murat pour le préparer à la mort. Il le trouva en train d'achever la lettre suivante pour Caroline :

Ma chère Caroline,

Ma dernière heure est arrivée ; dans quelques instants j'aurai cessé de vivre ; dans quelques instants tu n'auras plus d'époux. Ne m'oublie jamais ; ma vie ne fut entachée d'aucune injustice. Adieu, mon Achille, adieu, ma Lœtitia, adieu, mon Lucien, adieu, ma Louise ; montrez-vous au monde dignes de moi. Je vous laisse sans royaume et sans biens au milieu de mes nombreux ennemis ; montrez-vous supérieurs à l'infortune, pensez à ce que vous êtes et ce que vous avez été et Dieu vous bénira. Ne maudissez pas ma mémoire. Je déclare que ma plus grande peine dans les derniers moments de ma vie est de mourir loin de mes enfants. »

---

[1] Voir la composition de cette commission dans Guardione, *op. cit.*, p. 99.

[2] Voir le jugement dans id., pp. 168 et suivantes, et dans le même ouvrage (pp. 161 et 190), la liste des personnes arrêtées avec Murat.

Murat après avoir donné au capitaine Stratti cette lettre où il avait mis une mèche de ses cheveux, s'avança vers le prêtre qui lui demanda s'il se souvenait de lui et du don d'argent qu'il lui avait fait pour achever son église, deux années auparavant, lors de son passage à Pizzo. Joachim lui répondit qu'il se rappelait parfaitement lui avoir donné deux mille ducats pour l'église et cent pour les pauvres. Le chanoine reprit : « Sire, je suis venu solliciter de vous une autre grâce bien plus importante. — Mais riposta le prisonnier, que puis-je faire dans la situation où je suis ? — Vous devez vous confesser. — Non, non, je ne veux pas me confesser, car je n'ai pas de péché devant Dieu. — Sire, je ne vous parle pas d'une confession judiciaire, mais d'une confession sacramentelle pour vous réconcilier avec Dieu devant qui vous allez paraitre dans le terme fatal d'un quart d'heure qui ne peut être prolongé. — Ah ! oui... je suis prêt... mais comment ferons-nous en si peu de temps ? » L'officier, chargé de commander le peloton d'exécution, interrompit ce dialogue en faisant voir la montre qu'il tenait à la main et en faisant observer que cinq minutes s'étaient déjà écoulées. Le chanoine Masdea répliqua que le quart d'heure ne pouvait commencer qu'après l'absolution, qu'aucune puissance humaine ne pouvait l'empêcher de la donner et que si on ne lui accordait pas le temps de confesser le condamné, il en appellerait à Dieu puis il se tourna vers Murat et lui dit : « Je suis ici pour vous, ne craignez rien. » Murat le fit asseoir et s'assit à son tour. Après avoir reçu l'absolution, le roi se releva : « Allons accomplir la volonté de Dieu, dit-il ». Le chanoine Masdea l'arrêta, le suppliant de constater par écrit qu'il mourait en chrétien. Murat répondit affirmativement, puis au moment d'écrire, il s'interrompit et avec inquiétude : « Vous voulez me déshonorer après ma mort ? dit-il au chanoine Masdea. — Mais non, Sire, je veux pouvoir confondre les insensés qui se servent de votre nom pour masquer leurs coupables et irréligieuses maximes. — Soit. » — Et sur une feuille de papier, Murat écrivit : « Je meurs en bon chrétien. Allons, ajouta-t-il pour la seconde fois, allons accomplir la volonté de Dieu ! » et il suivit l'officier commandant le peloton [1].

L'homme tout entier, le soldat brave mais vaniteux et bellâtre se retrouve dans les dernières paroles que Murat prononça : « Soldats, dit-il, faites votre devoir, tirez au cœur, mais épargnez le visage ! » Et il commanda lui-même le feu en souriant. Six balles trouèrent la poitrine, une autre la joue droite. Enseveli dans un misérable cercueil, le cadavre de ce roi fut jeté dans la fosse commune.

Le sang versé par Murat lave bien des taches de sa vie. Devant la mort acceptée avec un pareil sang-froid, sans peur, ni regrets, sans plaintes ni reproches, le souvenir des fautes du roi, de sa trahison même, ne se présente pas à l'esprit. On ne voit plus que l'intrépide soldat qui force l'admiration de son adversaire, le général Nunziante, et lui arrache ce cri : « Quel courage ! quel courage ! »

Le biographe, pourtant, parvenu au terme de son étude, n'a pas le droit de se laisser hypnotiser par le geste final et les propos suprêmes de son héros. Il lui faut résumer brièvement la vie, courte en somme, mais si remplie qu'il vient de raconter et en dégager un jugement d'ensemble.

Un beau garçon, plein de santé et d'ardeur, assez

---

[1] Rapporté par G. Romano.

intelligent et instruit, dirigé à tort vers les ordres, tout
à fait propre, au contraire, au métier de soldat, avec
sa bravoure naturelle, son amour du panache, son
goût prononcé pour le cheval et un contentement exagéré de sa personne que les succès féminins augmentent
encore : tel est Murat quand il quitte son Quercy pour
embrasser la carrière des armes. Il est bon garçon et
sympathique, mais léger, inconstant, sans moralité fon-
cière en dépit de l'éducation religieuse qu'il a reçue, et
les événements troublés au milieu desquels il débute
dans la vie vont développer les mauvais côtés de sa
nature. Il sera de son temps ; il n'aura pas de scrupules
sur le choix des moyens pour arriver. Sans opinion politique, ne reculant pas devant le mensonge s'il doit lui
servir, capable aussi, en vrai gascon, d'accès de sincérité, il hurle avec les loups sous la révolution, quitte à
les renier et à les combattre plus tard.

L'étoile de Bonaparte se lève ; elle éclaire le chemin
de l'avenir : Murat s'y engage. Il n'a pas d'assez grandes
conceptions pour être un rival du nouveau César ; la
véritable ambition, comme le génie, lui manque, mais
sa vanité ne sera satisfaite que s'il prend sa part de la
gloire, des honneurs et aussi des bénéfices matériels
que le succès donne au Maître. Il s'attache à lui, et dès
la première campagne d'Italie, cherche à devenir son
compagnon habituel. Déjà Bonaparte l'apprécie. Après
l'Égypte, son indomptable activité, son intrépidité sans
pareille l'ont mis au nombre des indispensables. Le
18 brumaire n'a pas d'auxiliaire meilleur, c'est-à-dire
plus brutal et plus aveuglément soumis. La récompense ne se fait pas attendre. Le voilà beau-frère
de Bonaparte. C'est la première étape des grandeurs.
C'est aussi le point de départ des malheurs de Murat.
Sans doute, il se montre admirable général de cava-

lerie pendant la seconde campagne d'Italie, mais ses services sont largement payés par l'avancement qu'il obtient. Murat n'est pas assez désintéressé pour le reconnaître, et il intrigue sans dignité et sans tact, calomniant au besoin ses rivaux, jusqu'à ce qu'il soit pourvu d'un haut commandement : le mari de Caroline Bonaparte ne peut pas être au second rang. Et pourtant, il n'a pas l'ampleur de vue nécessaire à des postes délicats. On le voit bien en 1805. Habile à exécuter des ordres précis, il est rarement heureux dans ses initiatives. S'il a parfois de belles inspirations, comme à Aboukir, à Dresde, à la Moskowa, les vastes plans, avec l'action combinée de toutes les armes, lui échappent. Ce n'est pas tout d'être un grand cavalier, au moins égal à Lasalle et à Montbrun, l'audace ne suffit pas à un stratège et l'étourderie est un grave défaut pour un tacticien. La vanité lui suggère des fautes à la guerre comme dans la vie ordinaire, et il fait preuve tour à tour de ruse malhonnête et d'incroyable naïveté.

Mis à la tête du grand-duché de Berg, il trouve que c'est encore trop peu pour lui et il ne daigne s'occuper de ses États que pour en tirer les plus gros revenus possibles. L'amour du luxe et de la représentation, plutôt que de la vraie gloire, qu'il partage avec sa femme, le rend avide. Il aurait plus d'honneur apparent et plus d'argent s'il était roi, et Napoléon doit bien un trône à son beau-frère. Il n'est plus d'action, si éclatante qu'elle soit, qu'il n'accomplisse sans cette arrière-pensée. Sur les champs de bataille de Pologne, il rêve de ceindre l'antique couronne des Jagellons ; aussi ses prodiges de valeur à Prenzlow et à Eylau sont suivis pour lui d'une amère déception.

Plus grande encore est la déconvenue qu'il éprouve en voyant le trône d'Espagne attribué à Joseph, quand

il a déployé la plus heureuse énergie à mettre l'ordre
dans cet État qu'aucun autre que lui, pensait-il, ne
devait gouverner. Il accepte Naples à contre-cœur, et
c'est une mauvaise condition pour présider aux destinées d'un peuple que de venir à lui contraint et forcé.
Pourtant il a le désir d'être un bon souverain ; encore
faut-il qu'on l'y aide ou qu'on le laisse faire. Or, Napoléon ne cherche qu'à l'amoindrir et à l'humilier. Il lui
garde rancune de fautes, graves assurément, mais que
la vanité de Murat exploitée par d'experts politiques,
plutôt qu'une perfidie calculée, lui a fait commettre.
Murat ne demande qu'à redevenir fidèle : qu'on donne
seulement satisfaction à son amour-propre, qu'on le
traite en vrai roi, qu'on lui confie le commandement à
la Grande Armée qu'il réclame sans cesse, et il se
retrouvera l'ancien ami sûr et loyal. Napoléon paraît
ignorer que Murat ne manque pas de générosité naturelle, il le fait languir après de bonnes paroles, énerve
sa susceptibilité, exaspère à plaisir sa mauvaise humeur.
Murat n'est pas assez grand pour mettre au-dessus de
mesquines taquineries la reconnaissance pour l'homme
dont la fortune a engendré la sienne. Attachement à
d'anciens et glorieux souvenirs, liens familiaux,
amour de la patrie, souci de l'honneur, tout s'efface
devant le désir fou de conserver le trône, et après bien
des indécisions, conséquence de sa déplorable faiblesse
de caractère, après bien des tentatives de retour à l'empereur, il se flétrit par la trahison.

Quelques circonstances atténuent son crime, notamment les agissements de l'ambitieuse Caroline et la
dureté avec laquelle l'empereur le traite depuis plusieurs années. C'est lui, l'Aigle, qui a donné le vertige
à tous ses compagnons en les entraînant sur des som-
mets accessibles à son seul coup d'aile. Tel dont il fit

un ingrat en même temps qu'un mauvais prince, l'eût
servi fidèlement s'il l'eût laissé dans le rang qui lui
convenait. Ainsi Murat. Toute sa vie et sa mort démon-
trent que ce brave était fait pour être soldat, rien que
soldat.

FIN

TABLE DES MATIÈRES

CHAPITRE VII

CHAPITRE VIII

CHAPITRE IX

CHAPITRE X

CHAPITRE XI

CHAPITRE XII

CHAPITRE XIII

ÉVREUX, IMPRIMERIE DE CHARLES HÉRISSEY

Librairie HACHETTE et Ce, boulevard Saint-Germain, 79, Paris.

BIBLIOTHÈQUE VARIÉE, FORMAT IN-16, A 3 FR. 50 LE VOLUME
(Extrait du Catalogue)

Albert (Paul). La poésie, 1 vol. — La prose, 1 vol. — La littérature française, des origines à la fin du xviiie siècle, 5 vol. — Variétés morales et littéraires, 1 vol. — Poètes et poésies, 1 vol. — La littérature française au xixe siècle, les origines du romantisme, 1 vol.

Barine (Arvède). Portraits de femmes, 1 vol. — Essais et fantaisies, 1 vol. — Princesses et grandes dames, 1 vol. — Bourgeois et gens de peu, 1 vol. — Névrosés, 1 vol. — Saint François d'Assise, 1 vol. — La jeunesse de la Grande Mademoiselle, 1 vol. — Louis XIV et la Grande Mademoiselle, 1 vol.

Boissier. Cicéron, 1 vol. — La religion romaine, 2 vol. — Promenades archéologiques, 2 vol. — L'Afrique romaine, 1 vol. — L'opposition sous les Césars, 1 vol. — La fin du paganisme, 2 vol. — Tacite, 1 vol.

Bossert (A.). La littérature allemande au moyen âge et les origines de l'épopée germanique, 1 vol. — Goethe et Schiller, 1 vol. — Goethe, ses précurseurs et ses contemporains, 1 vol. — Schopenhauer, 1 vol. — Essais sur la littérature allemande, 1 vol.

Bouché-Leclercq. Leçons d'histoire grecque, 1 vol.

Brunetière. Études critiques sur l'histoire de la littérature française, 7 vol. — L'évolution des genres dans l'histoire de la littérature, 1 vol. — L'évolution de la poésie lyrique en France au xixe siècle, 1 vol. — Les époques du théâtre français, 1 vol. — Victor Hugo, 1 vol.

Caro. Études morales, 1 vol. — L'idée de Dieu, 1 vol. — Le matérialisme et la science, 1 vol. — Problèmes de morale sociale, 1 vol. — Mélanges et portraits, 2 vol. — Poètes et romanciers, 1 vol. — Philosophes et philosophies, 1 vol. — Variétés littéraires, 1 vol.

Chavanon et Saint-Yves. Murat, 1 vol.

Daudet (E.). Le roman d'un Conventionnel, 1 vol.

Deltour. Les ennemis de Racine au xviie siècle, 1 vol.

Du Camp (Maxime). Paris, ses organes, ses fonctions, sa vie, 6 vol. — Les convulsions de Paris, 4 vol. — La charité privée à Paris, 1 vol. — Souvenirs littéraires, 2 vol. — Le Crépuscule, 1 vol.

Figuier (Louis). Histoire du merveilleux, 4 vol. — L'Année scientifique, 1 vol. — Le Lendemain de la mort, 1 vol.

Flammarion (C.). Contemplations scientifiques, 2 v.

Fleury (Comte). Les Drames de l'histoire, 1 vol.

Fouillée. La science sociale contemporaine, 1 vol. — La philosophie de Platon, 1 vol. — L'enseignement au point de vue national, 1 vol.

Funck-Brentano (F.). Légendes et archives de la Bastille, 1 vol. — Le drame des poisons, 1 vol. — L'affaire du collier, 1 vol. — La mort de la reine, 1 vol. — Les Nouvellistes, 1 vol.

Fustel de Coulanges. La cité antique, 1 vol.

Gebhart (E.). L'Italie mystique, 1 vol. — Moines et papes, 1 vol. — Au son des cloches, 1 vol. — Conteurs florentins du moyen âge, 1 vol. — D'Ulysse à Panurge, 1 vol.

Girard (J. J.). — Le sentiment religieux en Grèce, 1 vol. — Études sur la poésie grecque, 1 vol. — Essais sur Thucydide, 1 vol.

Giraud (V.). Essais sur Taine, 1 vol. — Chateaubriand, études littéraires, 1 vol.

Gréard. De la morale de Plutarque, 1 vol. — L'éducation des femmes, 1 vol. — Edmond Scherer, 1 vol. — Prévost-Paradol, 1 vol.

Joly. Psychologie des grands hommes, 1 vol. — Psychologie comparée, l'homme et l'animal, 1 vol. — Le Socialisme chrétien, 1 vol.

Jullian (C.). Vercingétorix, 1 vol.

Lapauze (H.). Mélanges sur l'art français, 1 vol.

Larroumet (G.). La comédie de Molière, 1 vol. — Études d'histoire et de critique dramatiques, 1 vol. — Nouvelles études d'histoire et de critique dramatiques, 1 vol. — Études de littérature et d'art, 4 vol. — Marivaux, sa vie et ses œuvres, 1 vol. — L'Art et l'État en France, 1 vol. — Petits portraits et notes d'art, 2 vol. — Derniers portraits, 1 vol.

La Sizeranne (R. de). La peinture anglaise, 1 vol. — Ruskin et la religion de la beauté, 1 vol. — Le miroir de la vie, 1 vol. — Les questions esthétiques contemporaines, 1 vol.

Lenient. La satire en France, 2 vol. — La poésie patriotique en France, 1 vol. — La Comédie en France au xviiie siècle, 2 vol.

Luce (S.). Jeanne d'Arc à Domremy, 1 vol. — La France pendant la guerre de Cent Ans, 1 vol.

Luchaire (A.). Innocent III et l'Italie, 1 vol.

Martha. Les moralistes sous l'empire romain, 1 vol. — Le poème de Lucrèce, 1 vol. — Études morales sur l'antiquité, 1 vol.

Mézières (A.). Shakespeare, ses œuvres et ses critiques, 1 vol. — Prédécesseurs et contemporains de Shakespeare, 1 vol. — Contemporains et successeurs de Shakespeare, 1 vol. — Hors de France, 1 vol. — Vie de Mirabeau, 1 vol.

Michelet. L'insecte, 1 vol. — L'oiseau, 1 vol.

Patin. Études sur les tragiques grecs, 4 vol. — Études sur la poésie latine, 2 vol. — Discours et mélanges littéraires, 1 vol.

Prévost-Paradol. Études sur les moralistes français, 1 vol. — Essai sur l'histoire universelle, 2 v.

Saint-Simon. Mémoires et Table, 22 vol. — Scènes et portraits, choisis dans les Mémoires, 2 vol.

Sainte-Beuve. Port-Royal, 7 vol.

Simon (G.). L'enfance de Victor Hugo, 1 vol.

Spencer (H.). Faits et commentaires, 1 vol.

Staël (Mme de). Lettres inédites, 1 vol.

Taine (H.). Essai sur Tite-Live, 1 vol. — Essais de critique et d'histoire, 1 vol. — Nouveaux essais, 1 vol. — Histoire de la littérature anglaise, 5 vol. — La Fontaine et ses fables, 1 vol. — Les philosophes français au xixe siècle, 1 vol. — Voyage aux Pyrénées, 1 v. — Métamorphoses, 1 vol. — Notes sur l'Angleterre, 1 vol. — Un séjour en France de 1792 à 1795, 1 vol. — Voyage en Italie, 2 vol. — De l'intelligence, 2 vol. — Philosophie de l'art, 2 vol. — Les origines de la France contemporaine, 11 vol. et table. — Carnets de voyage, 1 vol. — Correspondance, 3 vol.

Wallon. Vie de N.-S. Jésus-Christ, 1 vol. — La sainte Bible, 2 vol. — La Terreur, 2 vol. — Jeanne d'Arc, 2 vol. — Éloges académiques, 2 vol.

Zurlinden (Général). La guerre de 1870-1871, 1 vol.

EVREUX, IMPRIMERIE DE CHARLES HÉRISSEY

3 50

www.ingramcontent.com/pod-product-compliance
Lightning Source LLC
LaVergne TN
LVHW010755060726
842527LV00002B/492